Anderson da Silva Vieira



# Adobe InDesign® CS5

## Guia Prá lá de Prático e Visual

ALTA BOOKS
EDITORA
Rio de Janeiro, 2011

ISBN 978-85-7608-544-7



**Produção Editorial**: Starlin Alta Con. Com. Ltda.
**Gerência de Produção**: Anderson Vieira
**Supervisão de Produção:** Angel Cabeza
**Revisão Gramatical**: Aped – Apoio e Produção Editoral Ltda
**Diagramação:** Cristiana Marques Ribas Gomes
**Capa:** Angel Cabeza
**Fechamento**: Alessandro Talvanes

**Catalogação na fonte**
**Sabrina Leal Araujo – CRB 10/1507**

V658a Vieira, Anderson da Silva.

Adobe InDesign® CS5 : guia pra lá de prático e visual / Anderson da Silva Vieira. – Rio de Janeiro, RJ : Alta Books, 2011.

236 p. : il.

ISBN 978-85-7608-544-7

1 1. Adobe InDesign (Programa de computador). 2. Editoração eletrônica. 3. Processamento de textos (Computação). I. Título.

CDU 004.915
CDD 006.68

ALTA BOOKS
EDITORA

Rua Viúva Cláudio, 291 – Bairro Industrial do Jacaré
CEP: 20970-031 – Rio de Janeiro – Tels.: 21 3278-8069/8419 Fax: 21 3277-1253
www.altabooks.com.br – e-mail: altabooks@altabooks.com.br

"O êxito tem vários pais...
...Órfão é o seu revés"

# Sobre o Autor

**Anderson da Silva Vieira** trabalhou como Editor e Diretor Editorial nas principais editoras de livros técnicos do país (dentre elas a própria Alta Books, onde teve o prazer de iniciar o segmento de livros traduzidos) e especializou-se na publicação de livros de informática.

Seu primeiro emprego foi justamente em uma editora de livros de informática, onde acabou se apaixonando pelo excitante mercado de livros técnicos e, desde então, passou por algumas excelentes editoras onde pode aprender cada vez mais e, principalmente, ensinar a todos os membros das equipes a "fórmula mágica" para escrever e editar um bom livro. Por dominar todo o processo editorial e gráfico está sempre envolvido e sendo questionado sobre as melhores alternativas e soluções para a produção das obras.

Desde 1991, já editou mais de 2.400 livros de informática, negócios e auto-ajuda tendo diversas vezes colocado os livros nas listas dos Mais Vendidos do Brasil. No segmento de informática, sempre demonstrou paixão em especial pelos softwares gráficos e por isso acabou se especializando em diversos programas (desde o 3D Studio e o Corel Ventura até as mais recentes versões do Photoshop, CAD, e InDesign).

É autor do primeiro e melhor livro sobre Twitter no Brasil e também do primeiro livro sobre Redes Sociais voltado para os pais.

Fale com o autor através do e-mail autor@autordelivro.com.br

# Sumário

# Prefácio, ou talvez um pedido de desculpas...

Admito, antes de começar a escrever a nova edição do livro, eu relutei, e muito, por vários motivos. Entre os motivos, o principal é o fato de eu não ter feito a edição CS4 do livro e por isso ter sido muito criticado pelos leitores.

Mas como tudo na vida tem uma razão, eu não ter feito o livro da versão CS4 também teve um bom motivo, ou melhor, alguns bons motivos. São eles:

1. Preguiça...
2. Desânimo...
3. Falta de tempo...
4. Cansaço...
5. Não ter o que dizer!

Com exceção do item 5, os demais são fáceis de serem entendidos. Mas não justificam eu não ter escrito sobre a versão CS4 do Photoshop. Já o item 5 tem muito a dizer.

Antes mesmo do lançamento do pacote CS dos produtos da Adobe eu já escrevia sobre os produtos sempre de uma forma bem humorada, gráfica e prática. Infelizmente, as últimas versões do Photoshop não sofreram tantas alterações e isso foi ficando mais nítido a cada nova edição lançada. Quanto ao lançamento do CS4, efetivamente não houve uma grande mudança entre as versões. Claro, estou me referindo às alterações voltadas para 80% dos usuários (novatos, iniciantes e intermediários) e não para os outros 20% que são os experts e/ou profissionais específicos.

*Então, por qual motivo eu escreveria um novo livro sendo que o conteúdo ficaria 100% igual aos livros anteriores?*

Eis, portanto, a razão de eu não ter escrito o livro sobre a versão CS4 do InDesign (ou ID, para os íntimos). Desta forma você irá se perguntar por qual motivo eu, então, resolvi escrever o livro sobre a versão CS5 do InDesign, já que as versões anteriores não apresentaram tantas modificações. Correto?

A resposta é simples e direta:

> *Finalmente a Adobe fez jus a todo o potencial de seus engenheiros. O CS5 é maravilhoso e poderoso para todo e qualquer usuário independente de seu nível de conhecimento do programa e/ou das versões passadas.*

Então, quando do lançamento da versão CS5 eu me senti o verdadeiro "pinto no lixo" de tanta felicidade em poder compartilhar com os leitores o que realmente é o novo InDesign. Mas é claro, nem tudo será dito em apenas um livro, pois o tornaria financeiramente inviável para você leitor.

Não acredita? Então veja a seguir trechos que estão disponíveis no site da Adobe Brasil sobre as novidades do InDesign CS5 (selecionei apenas os trechos mais focados para edição de imagens).

- Vários tamanhos de página Novo
- Crie páginas com tamanhos diferentes em um único documento.
- Simplificação da seleção e da edição de objetos Novo
- Realize tarefas de layout repetitivas de modo eficiente usando ferramentas novas e aprimoradas e controles incorporados no objeto.
- Controle de alterações do texto Novo
- Marque o texto diretamente no InDesign, controlando com facilidade as revisões de texto.
- Criação de e-books Melhorado
- Crie e-books atraentes no formato EPUB para Apple iPad, Sony Reader, Barnes & Noble Nook, celulares e outros dispositivos.

Viu, agora é com você. Adobe InDesign CS5 é para você. Esse livro é para você.

Anderson

## Motivos para NÃO atualizar

Sinceramente, conheço vários motivos para você não atualizar o seu InDesign de uma versão para outra, seja ela qual for.

Mas é difícil imaginar que qualquer usuário, por mais inexperiente que seja, não queira ter em mãos a mais recente versão de um programa.

Por isso, a única real razão que eu posso citar para você não atualizar a sua versão é em relação aos projetos que você estiver em andamento no momento que optar por fazer a atualização. Caso esteja trabalhando num projeto para entregar na segunda-feira, sendo hoje sábado, nem cogite a ideia de fazer atualização. Termine o projeto, faça backups e então atualize.

## Por onde começar?

Se você já é usuário das versões anteriores poderá ler inicialmente o capítulo que trata exclusivamente das novidades do CS5 para conhecer o novo produto e depois iniciar a leitura de todo o livro para aprimorar os conhecimentos

Se você é usuário 100% leigo, não tem jeito: leia desde a capa até a quarta capa!

# Introdução

Todos os dias novos profissionais de editoração eletrônica surgem no mercado, mas nem todos realmente são aquilo que pensam ser. Não julgo a capacidade de cada um, mas sim um fator muito importante e bastante conhecido: **o amor à arte**. Não basta saber usar (e até mesmo dominar) o InDesign ou qualquer outro programa similar. É vital gostar de fazer, refazer e finalmente jogar todo o projeto fora e começar novamente. Essa é a grande arte dos softwares gráficos, ou seja, para quem faz nunca está bom! Sempre queremos mais e mais.

Sabendo da mania de todos os designers e profissionais de editoração, os fabricantes responderam à altura com a distribuição de programas que atendam cada vez mais as nossas necessidades. Porém, hoje pagamos um preço (bem alto) para termos esses programas a nossa disposição. Não só o custo do produto em si, como também todos os periféricos e acessórios que são necessários para a efetiva utilização. Ter o InDesign como principal programa de editoração em sua empresa ou em sua casa, requer dinheiro e conhecimento (tanto de hardware como de software) pois o programa sozinho não é tudo.

É bem provável que você encontre algumas respostas para os seus problemas cotidianos com o InDesign, mas infelizmente não posso assegurar que o livro irá fornecer respostas para todas as suas dúvidas, devido à vasta gama de configurações possíveis disponíveis atualmente, sejam configurações de hardware ou de software.

# Como o livro foi divido?

Não existe uma divisão nas obras da coleção Guia Prático e Visual. **InDesign CS5 Guia Prático e Visual** foi escrito tendo como ponto de partida o uso diário do programa (tarefas rotineiras). No decorrer da obra, você aprenderá, por exemplo, a criar um livro. A cada passo, novas técnicas e ferramentas serão ensinadas, porém não entraremos muito em detalhes sobre o funcionamento específico de uma ferramenta ou outra, pois isso está disponível no sistema de ajuda do programa e, com toda certeza, não é a parte mais interessante para aqueles que desejam usar efetivamente o InDesign CS. Igual a um aparelho DVD, você realmente conhece todos os recursos do seu DVD? Sabe qual a função de cada um dos 100 botões do controle remoto? Através de imagens e detalhamento de técnicas, você obterá um bom *know-how* de edição de páginas de uma forma rápida, prática e sem uma leitura cansativa.

## Design

Será que alguém saberia definir o termo design? Ao fazer essa pergunta, milhares de respostas podem surgir, mas, na minha opinião, a melhor resposta é: *Design, a arte de melhorar aquilo que já é perfeito*! Parece confuso, mas não é!

Vamos supor o projeto de uma capa para uma revista. Todo projeto requer planejamento, análise, definições gerais e criatividade, porém todos nós sabemos que por melhor que seja o planejamento do projeto, o mesmo sempre estará sujeito a problemas e imprevistos. Por mais criativos que sejamos, sempre encontraremos um ponto ou outro onde podemos ser mais criativos durante a execução de um projeto. Mas o que isso tem a ver com design? Simples, uma vez finalizado o projeto, você terá que apresentar para um seleto grupo de "avaliadores" também conhecidos como chefes. Tente adivinhar o que irá acontecer. Tente adivinhar os comentários. Tente se segurar e não jogar tudo para o alto ao ouvir de um ou mais membros da "equipe de avaliadores" que o resultado não foi o esperado. Eu já perdi as contas de quantas vezes tentei me matar ou matar os meus chefes por causa disso.

Todo o projeto foi finalizado, mas não foi aprovado, então o que fazer? Detalhe: viu como imprevistos acontecem com os planejamentos, afinal, você não contava com a desaprovação do projeto por parte da "equipe de avaliadores". É nessa hora que entra o design do projeto.

A base já está montada (elementos vitais aos projetos, como, por exemplo, o título da revista, as cores e elementos gráficos que precisam constar) e não pode ser alterada, mas mesmo assim, seu chefe quer um novo projeto de capa para a revista para o mesmo dia, caso contrário, pode deverá passar no departamento de pessoal. E agora?

## Criatividade

Tudo o que você poderia fazer pela capa da revista você já fez, mas por qual razão a capa ainda não foi aprovada? A resposta desta pergunta quem deverá responder é você mesmo, pois terá que avaliar o que pode ter saído errado. Contudo, vou apontar alguns fatores que podem influenciar:

- o gosto da "equipe de avaliadores" pode ser bem diferente do seu;
- você não está no seu melhor dia;
- o seu chefe não gosta de você, ou pior, você não é CRIATIVO.

Criatividade não é a arte de usar todos os recursos disponíveis em um programa gráfico, mas sim a arte de fazer tudo pensando nos detalhes. Às vezes a simples mudança no entrelinhamento de um texto pode fazer uma diferença enorme no projeto.

Talvez agora você tenha entendido o que realmente é o Design e por que eu falei que *Design é a arte de melhorar aquilo que já é perfeito*. A base está montada, as regras foram estabelecidas, o prazo está correndo, então a única coisa que você tem a fazer é usar as regras de design (muitas vezes definidas por você mesmo) juntamente com a criatividade para dar vida ao projeto.

## As minhas regras

- Nunca desista, nunca se canse, nunca deixe de refazer tudo o que já foi feito!
- Menos é mais!
- Se está bom, vou melhorar!
- Se está ruim, vou pensar e estudar novas alternativas - começar do zero!
- Aceite um não como resposta à avaliação de um projeto, mas só algumas vezes!
- Questione sempre a avaliação do seu projeto!
- Aprenda.

## Editoração eletrônica e design

Lembre-se de que antes de escrever, criar ou começar a montar um projeto você precisa definir o seu ambiente de trabalho e isso envolve o maquinário a ser utilizado, a plataforma, os recursos disponíveis. Quanto mais recursos tecnológicos você envolver no projeto, melhor será o resultado final, e muito mais controle você terá sobre o projeto, o que influenciará diretamente no design do projeto. No decorrer do livro, apresentarei dicas e informações preciosas para um bom trabalho, mas para facilitar a sua vida, vou apresentar a seguir um plano de ação para o processo de editoração eletrônica.

1. Analisar os recursos de software e hardware que serão as suas ferramentas de trabalho. Isso envolve, desde o monitor, DVD e câmeras digitais até mesmo os programas gráficos e auxiliares que você deverá ter.

2. **Identificar o seu cliente**, as características do projeto e certificar-se que tem tudo o que é necessário para fazer o projeto.
3. Definir o ***layout*** do projeto e também todo o **planejamento** (prazos, fluxo de trabalho, etc. ..)
4. **Determinar a mensagem** a ser transmitida.
5. **Criar, recriar e apresentar** o projeto.
6. **Começar tudo de novo**, caso alguma coisa tenha saído errado.
7. **Revisar o trabalho.**
8. **Avaliar todo o processo** para na próxima vez poder economizar tempo e dinheiro.
9. **Ficar rico!**
10. **e-book. Sempre pense na produção de e-book do produto final que você criar, claro, se for um produto final passível de ser transformado em e-book (livro ou jornal, por exemplo).**



## Versão, plataforma e idioma

Para que possamos dar início ao estudo do InDesign, gostaria de alertá-lo sobre um ponto importante no uso do programa. A escolha da versão, da plataforma e, principalmente, do idioma.

Como já é comum com os softwares de grande aceitação no mercado, o InDesign dispõe de algumas versões para escolha, porém como escolher a que melhor atenderá as suas necessidades? Essa pergunta é de fácil resposta para os especialistas e profissionais de longa data no uso do PageMaker e do QuarkXpress, mas para um iniciante, ou para aqueles que estão migrando de outros programas pode parecer uma tarefa árdua escolher qual versão utilizar já que temos que levar em conta diversos fatores, entre eles:

- custo;
- disponibilidade de suporte;
- hardware requerido;
- plug-ins disponíveis;
- compatibilidade com outros programas;

- bugs (erros);
- e vários outros que não valem a pena serem citados no momento.

Não fique surpreso se, ao ler esse livro, você tomar conhecimento da versão CS5.2 ou CS6 ou CS200 (risos). Frequentemente, a Adobe libera uma atualização (novo release ou revisão) para o programa, visando à correção de alguns *bugs* e também para aperfeiçoar algumas ferramentas. Não se preocupe, em geral essas alterações não afetam o uso diário do InDesign CS3 e visam principalmente ao mercado profissional do programa (uso de Pantone, PDF, importação e exportação e outros recursos mais específicos).

**Nota**

Tanto é verdade o que falei acima sobre atualizações que enquanto eu escrevia esse capítulo recebi um e-mail da Adobe informando sobre uma atualização importante para o InDesign CS5 relativa às falhas na geração de PDFs interativos. Portanto, sempre mantenha seu programa atualizado!

Contudo, não podemos focar apenas na versão do programa. Temos que ter em mente que além da versão, o idioma e a plataforma influenciam, e muito, no bom uso do programa. Quanto ao idioma, eu sugiro que você utilize o português, principalmente para poder contar com a Ajuda do programa na hora em que as dúvidas surgirem. Se você domina o inglês, a escolha então será sua. O idioma do programa não influencia no funcionamento e na versatilidade, mas poderá ser um problema na hora de usar o dicionário e o hifenizador de texto. Caso você esteja usando a versão em inglês, terá que configurar o sistema para trabalhar com o dicionário em português. Consulte o manual do programa para obter mais informações sobre como configurar.

Em relação à plataforma (Windows ou Mac) a escolha irá depender da finalidade da aplicação. Se você for utilizar o InDesign para trabalhos simples (livro e folhetos) e, principalmente, sem fins comerciais, eu sugiro que utilize a versão para Windows. Se a finalidade for a execução de trabalhos pesados com o uso de imagens coloridas, gráficos e diversas fontes, acredite nada melhor do que um Mac.

> *É claro, se você já tem um PC e precisa utilizar o InDesign para criar um produto, não há por que investir em Mac, pois o resultado final em ambas as plataformas será o mesmo.*

Não irei aqui defender uma plataforma ou outra já que existem na Internet estudos sobre esse ponto. Quero apenas deixar claro que você deve avaliar os prós e os contras na hora de escolher a versão, o idioma e a plataforma antes de começar a trabalhar com o InDesign. Comprovadamente, o Mac é muito melhor no gerenciamento de fontes do que o PC, em contrapartida, as peças do PC são muito mais baratas e de fácil reposição do que as do Mac. Entendeu? Esse é o tipo de levantamento que você terá que fazer ao optar por um ou por outro. Infelizmente não poderei ajudar muito, pois desconheço o tipo de produto que você pretende produzir e, principalmente, para quem deseja produzir (gráfica, bureau, seu amigo de escola).

No decorrer do livro não abordarei a plataforma Mac, por dois motivos:

1. A maior base instalada no Brasil é de PC;
2. Não quero fazer uma salada de fruta com os comandos do PC e do Mac sendo usados ao mesmo tempo em um mesmo livro.



## Requisitos do sistema

### Windows

- Processador Intel® Pentium® 4 ou AMD Athlon® 64
- Microsoft® Windows® XP com Service Pack 2 (recomenda-se o Service Pack 3); Windows Vista® Home Premium, Business, Ultimate ou Enterprise com Service Pack 1 ou Windows 7
- 1GB de RAM (recomendável 2GB)
- 1.6 GB de espaço livre em disco para a instalação; será necessário espaço adicional livre durante a instalação (não é possível instalar em dispositivos de armazenamento removíveis com base em flash)
- Resolução de 1.024 x 768 (recomenda-se 1.280 x 800) com placa de vídeo de 16 bits
- Unidade de DVD-ROM
- O software Adobe® Flash® Player 10 é necessário para exportar arquivos SWF
- É necessária conexão de banda larga com a Internet para serviços online

**Mac OS**

- Processador Intel Multicore
- Mac OS X versão 10.5.7 ou 10.6
- 1GB de RAM (recomendável 2GB)
- 2.6 GB de espaço livre em disco para a instalação; será necessário espaço livre adicional durante a instalação (não é possível instalar em um volume que use um sistema de arquivos que diferencia maiúsculas de minúsculas ou em dispositivos de armazenamento removíveis com base em flash)
- Resolução de 1.024 x 768 (recomenda-se 1.280 x 800) com placa de vídeo de 16 bits
- Unidade de DVD-ROM
- Adobe Flash Player obrigatório para exportar arquivos SWF
- É necessária conexão de banda larga com a Internet para serviços online

(Fonte: Adobe Brasil)

## Fontes, programas, equipamento e seu dinheiro...

Acho que já falei, mas em todo caso vale a pena repetir: Editoração eletrônica (ou DTP) é uma atividade baseada 100% em tecnologia de ponta. Por isso, vale a pena gastar dinheiro na aquisição de maquinários, programas, fontes, *clip arts*, escala de cores e centenas de outras coisas que não irei citar. Evite ao máximo fazer economia na hora de se preparar para trabalhar com DTP. Muitos pensam que ter um Pentium em casa com um software de editoração instalado é tudo o que será necessário para começar a trabalhar. Acredite, no primeiro projeto, você verá que está totalmente enganado. Quer um exemplo?

Experimente pegar uma imagem em EPS e inserir no InDesign. O programa aceitará, mas você será presenteado de imediato com três problemas, que são:

- O tamanho em bytes do arquivo final;
- Possíveis problemas de impressão;
- Lentidão.

Em alguns casos, é preferível converter as figuras em EPS para um formato mais popular (JPG, por exemplo), mas como fazer isso no InDesign? Resposta: **não faça**!

Você não terá opção a não ser utilizar um programa como o Photoshop ou o Illustrator para fazer a conversão da imagem. Agora, imagine que são 18 horas e trinta minutos e você tenha que entregar o projeto amanhã às sete da manhã e só agora descobriu que precisará do Illustrator para fazer a conversão, mas o grande problema é: onde conseguir o CD de instalação do programa já que todas as lojas estão fechadas e você está sem dinheiro?

Não tem jeito, a única opção que você terá será entrar em contato com o seu cliente amanhã às sete horas e explicar o problema. No mínimo, você será considerado, pelo cliente, um amador.



## Dicas mais do que preciosas

Vou dizer rapidamente algumas coisas que você tem que se preocupar antes de sentar e começar a trabalhar. São informações que facilitarão o seu trabalho, contudo, não vou entrar no mérito de julgar qual é o melhor produto dentre as dicas a seguir nem vou citar nomes devido ao fato de surgirem novos programas quase todos os dias.

- Escolha um bom editor de texto, assim você poderá ter um ganho importante de tempo na hora de manipular longos textos.
- Adquira periodicamente um novo conjunto de fontes. Fonte nunca é demais, mas cuidado para não poluir o seu trabalho com o uso demasiado de fontes. Sempre que possível, opte por fontes Type 1, True Type ou ATM, por serem as mais populares;
- Tenha instalado um bom gerenciador de fontes na sua máquina;
- Tenha um editor de fontes e de letras. Às vezes, a única opção que temos é criar a nossa própria fonte para trabalho;
- Tenha um programa de edição de ilustração;
- Tenha um programa de desenho à mão livre;
- Tenha um programa gerenciador de imagens, que seja capaz de criar catálogos de imagens para facilitar a localização de imagens na hora do sufoco;
- Invista em um bom scanner (fuja dos scanners de uso doméstico vendidos em supermercados);

- Invista em uma impressora colorida, pode ser jato de tinta;
- Invista em uma impressora a laser de pequeno porte apenas para fazer prova dos seus materiais.
- Não preciso nem falar sobre memória, HD, placas aceleradoras e similares...
- Zoom, fuja dele. Adquira um monitor de tela grande, afinal, não tem coisa pior do que ficar dando zoom diversas vezes em uma mesma página;
- Tenha sempre em estoque tinta, toner, papel e mídia de gravação;
- E a mais importante de todas: sempre gere amostras de PDF durante a produção de qualquer material no ID e, principalmente, antes de entregar o produto final. Não sei o motivo, mas é fato que muitos erros você conseguirá enxergar no PDF e não no ID. É sério, faça a experiência de produzir um material no ID, fazer várias revisões no arquivo e considerá-lo pronto. Minutos depois, gere um PDF do mesmo arquivo e com certeza você encontrará um erro que não tinha visto no antes.

## Backup, Backup, Backup e Backup do Backup...

Não estou brincando. Tenha em mente que você está lidando com uma série de fatores que trabalham em equipe para que tudo dê errado. Acredite, se você não tiver um *backup* atualizado dos arquivos a sua HD vai falhar! Ou se você está mais do que atrasado, a sua máquina irá fazer com que tudo seja mais lento. Invista em equipamentos de *backup*, seja um gravador de DVD, uma HD extra, HD removível, o bom e velho *Zip driver*, uma máquina funcionando como central de backup de arquivos ou qualquer outro recurso que esteja ao seu alcance.

Caso dinheiro seja o seu problema, sugiro que invista na aquisição de um gravador de CD ou DVD cujo preço atual é relativamente baixo.

Não adianta ter os equipamentos de *backup* e não saber tirar proveito deles. Crie uma rotina de *backup* diário, semanal e mensal que lhe permita ter acesso aos arquivos de uma forma rápida, prática e segura na hora que você precisar recuperar um *backup*.

## PageMaker & Quark X InDesign, quem vence a batalha?

Se for a primeira vez que você utiliza um programa de editoração, talvez nunca tenha tomado conhecimento da briga entre o PageMaker, o Quark

Xpress e o InDesign. Por motivos éticos, não vou dar a minha opinião quanto a isso, mas recomendo que você acesse fóruns e grupos de usuários disponíveis na Internet para conhecer todos os capítulos desta "novela".

O fato é: a Adobe, proprietária do PageMaker e do InDesign, fez um excelente trabalho no InDesign e isso poderá, finalmente, ditar o *final da novela*.

Alguns ainda preferem não acreditar, ou melhor, experimentar o InDesign (talvez por causa de problemas ocorridos nas versões passadas). Contudo, posso assegurar que migrar do PageMaker ou do Quark para o InDesign é a opção mais correta.

# Capítulo 01

# O primeiro passo é o mais importante

## Neste Capítulo...

| | | |
|---|---|---|
| Atualização | .indd | Página Mestra |
| Preferências | Ferramentas | Área de trabalho |
| Teclas de atalho | Incluir páginas | Régua |
| Guias | Zoom | Paletas |

**Fato: tudo dará errado se começar errado!**

**Parece estranho, mas é a premissa básica de qualquer projeto. Fazer certo logo no início. Por isso, é vital ter em mãos algumas "coisas" antes de se aventurar a montar, criar e editar no InDesign®. Veja, abaixo, quais são essas "coisas":**

- O esboço do projeto.
- Qual o tamanho total desejado?
- Quanto tempo o projeto poderá levar?
- Quais os recursos disponíveis?
- Acesso rápido e fácil a todo o material a ser utilizado (requer organização).
- O material será impresso em frente e verso?
- É colorido ou não?
- Pode-se usar colunas?
- Qual a orientação do papel?
- Principalmente, saber para quem é o projeto (Seu? De um cliente? Um simples esboço?).

Feito isso, você terá a garantia de não cometer o principal erro dos "diagramadores caseiros" que é a necessidade de refazer um projeto inteiro, pois esqueceu um detalhe comprometedor.

Tendo isso na mão, o próximo passo é conhecer o básico do InDesign®. Então, vamos lá!

**Nota**

Para essa edição do livro sobre o InDesign, optei por deixar as telas das versões anteriores e complementar com telas do CS5, quando realmente necessário, para que o livro possa ser útil aos usuários de todas as versões e, principalmente, para você ter a clara certeza de que, na interface do programa, não ocorreram tantas mudanças e também para se sentir seguro ao usar qualquer versão do InDesign no dia a dia.

# InDesign® CS5 - uso e abuso

Neste primeiro capítulo, você entenderá como o InDesign® funciona e conhecerá na prática as suas ferramentas básicas, ferramentas que serão usadas em qualquer projeto independente do seu tamanho ou conteúdo.

# Arquivos do InDesign® CS5

Todo material produzido em InDesign® terá no nome do arquivo a extensão **.indd**. Mas lembre-se, dependendo da configuração do seu Windows (XP, Vista ou Seven) provavelmente a extensão do arquivo não será exibida no Windows Explorer.

# Iniciando o projeto

Com base nas informações iniciais que você já deve ter em mãos sobre o projeto que deseja criar, temos que dizer ao InDesign® o que ele terá que fazer para nos ajudar a produzir com o máximo de eficiência possível.

Neste primeiro projeto, criaremos uma Página-mestre (Master Page) que servirá como base para produzir um livro de 320 páginas em formato 17cm x 24cm. Será na página mestra que definiremos tudo o que deve aparecer (e como) em cada página do documento. Mas antes de criar a página mestra, temos que ter certeza de que o InDesign® está configurado de acordo com as necessidades dos projetos, ou seja, as preferências do programa e de que você conheça as principais ferramentas do programa. Clique em Editar > Preferências > Geral para ter acesso à caixa de diálogo Preferências, como mostram as figuras a seguir:

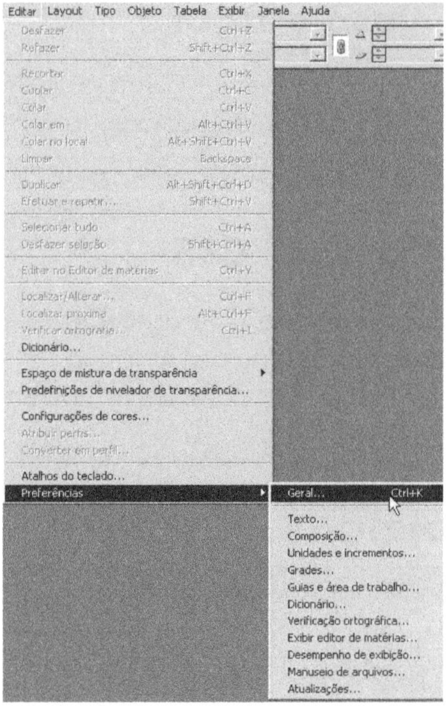

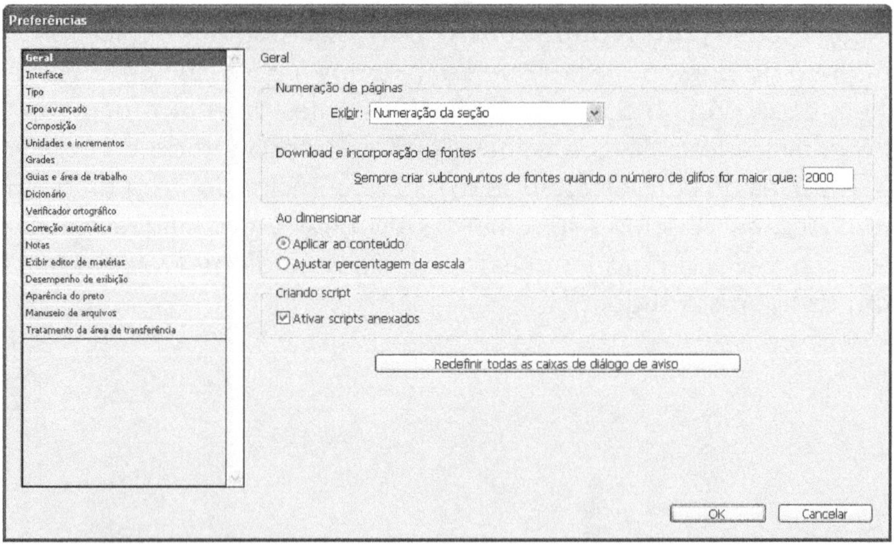

Clique na opção Unidades e incrementos, para configurar as medidas usadas pelo InDesign®.

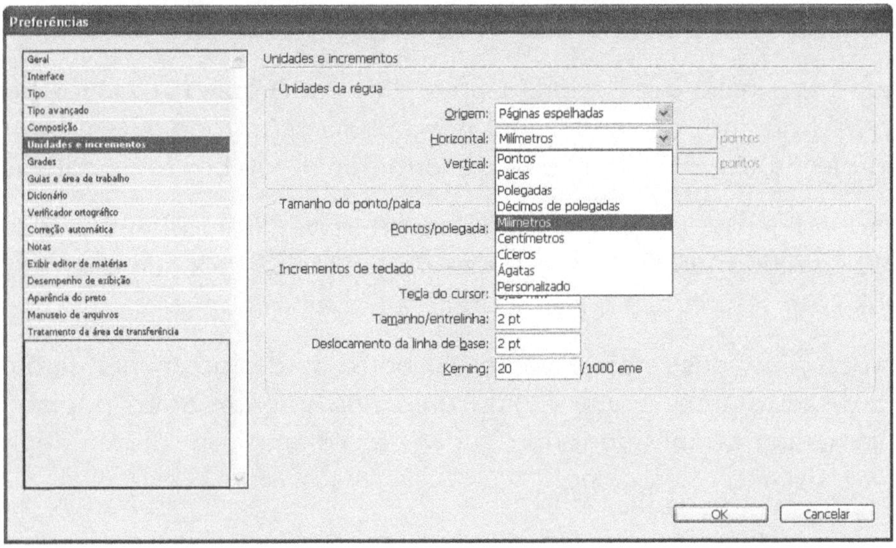


Na caixa, você terá que dizer ao InDesign® a unidade de medida a ser utilizada nas réguas (milímetros ou centímetros). Agora, clique em Dicionário no lado esquerdo da caixa, para configurar a hifenização a ser usada.

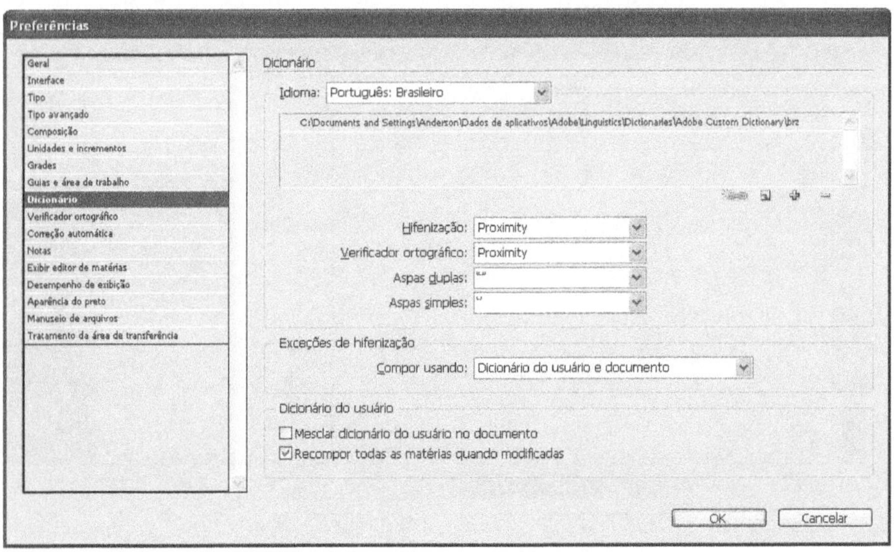


Optei por usar Português Brasileiro, mas, dependendo do material que você estiver produzindo, fique a vontade para escolher outro idioma.

As demais opções deixaremos como estão, por enquanto. Essas serão as configurações básicas que o InDesign® irá utilizar para todos os arquivos criados. Com o tempo e com a necessidade de cada projeto, você será obrigado a configurar o InDesign® de diversas maneiras para que ele atenda plenamente as suas necessidades.

# Área de trabalho do InDesign® CS5

Quando você inicia o InDesign® CS5 e clica em Arquivo > Novo, ele exibe a área de trabalho, contendo uma nova publicação (página em branco), a página-mestre, as réguas, a caixa de ferramenta (toolbox) e as paletas.

Note na figura a presença das linhas guias que irão orientá-lo durante o projeto. Contudo, você deve estar se perguntando de onde elas surgiram, correto? Não se preocupe, pois já iremos trabalhar com elas.

Se você clicar nas setas existentes na barra de deslocamento, terá acesso a área de transferência que é uma área não imprimível da página e que pode ser usada da mesma forma que você costuma usar a área de transferência do sistema operacional

Qualquer elemento, gráfico ou texto, existente na área de transferência estará disponível em todas as páginas do arquivo atual. Na parte inferior da tela, você verá a barra de status e nela a opção para visualizar a página-mestre e as páginas do documento.

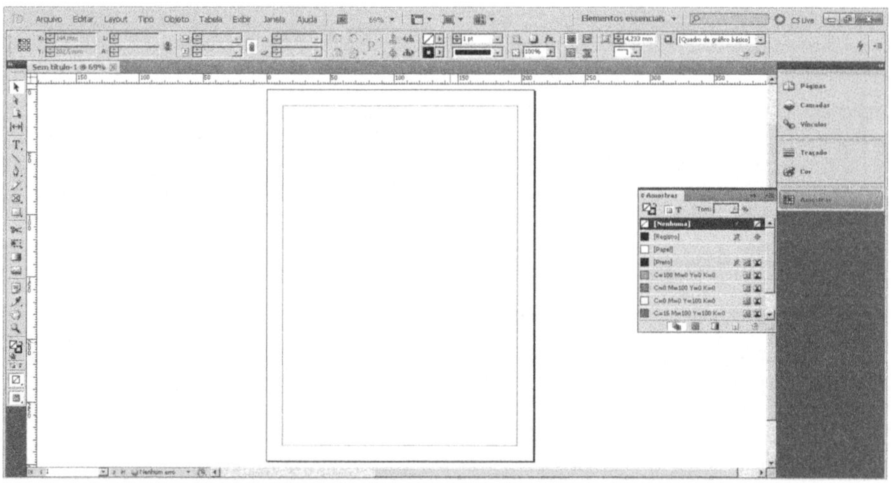

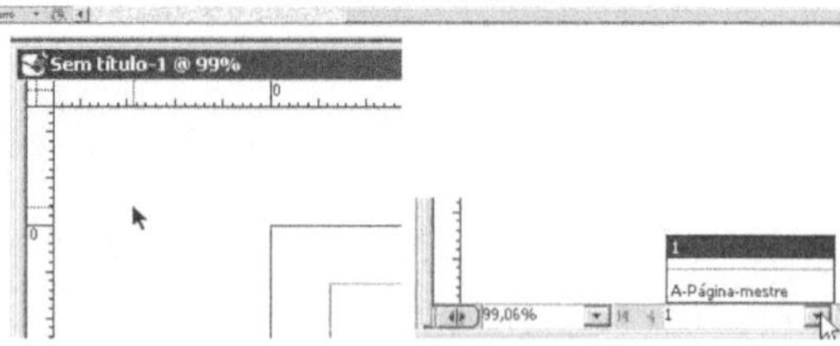


Falaremos sobre páginas-mestre mais adiante.

# Caixa de Ferramentas

É com a Caixa de Ferramentas que tudo acontece no InDesign® CS5. Veja a seguir a relação das ferramentas e das ferramentas ocultas (aquelas que só aparecem quando você clica e segura o botão do mouse sobre a ferramenta). Caso a sua caixa de ferramentas não esteja aparecendo, clique em Janela > Ferramentas.

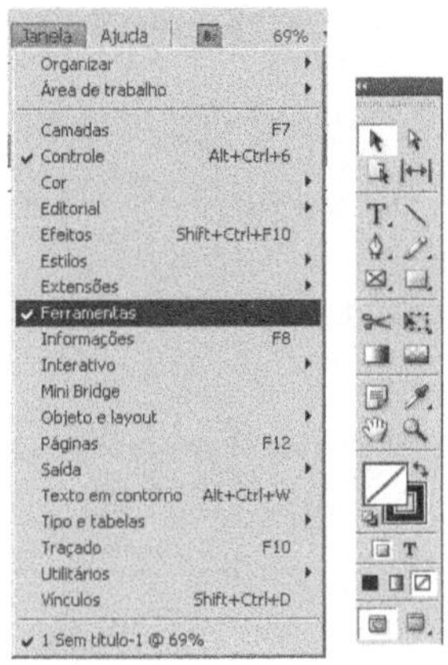


Clicando sobre as setas existentes na parte superior da caixa de ferramentas, é possível modificar a disposição das ferramentas na caixa.

Como o software está em português, não há tanta necessidade de detalhar agora o uso de cada ferramenta, pois o seu próprio nome já indica a sua função.

Ferramenta Seleção e ferramenta Seleção direta

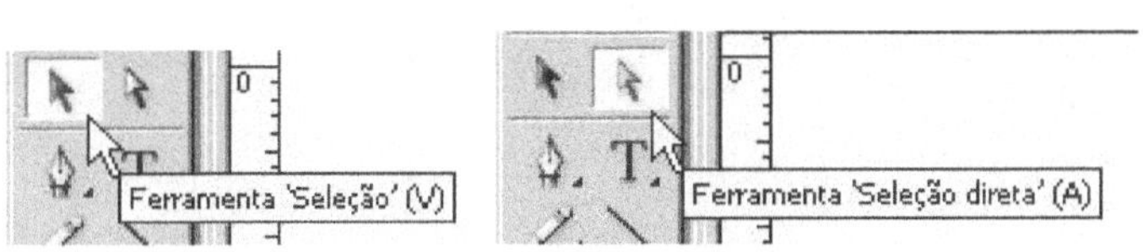


Ferramenta Caneta e as ferramentas ocultas

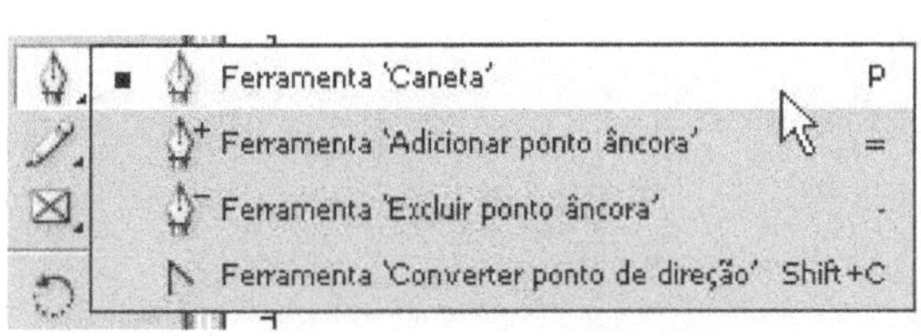

Ferramenta Tipo e as ferramentas ocultas

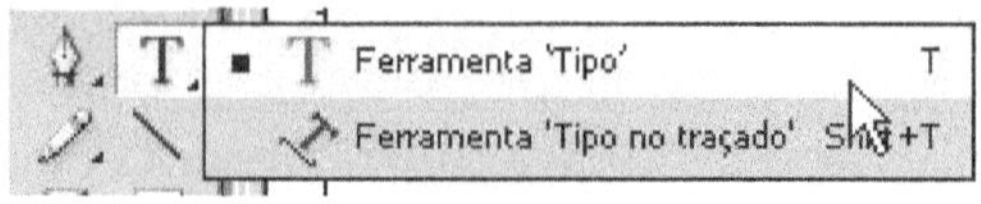


Ferramenta Lápis e as ferramentas ocultas

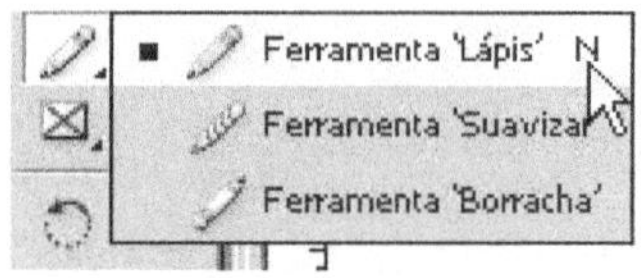


Use a ferramenta Linha para desenhar linhas retas em qualquer direção.

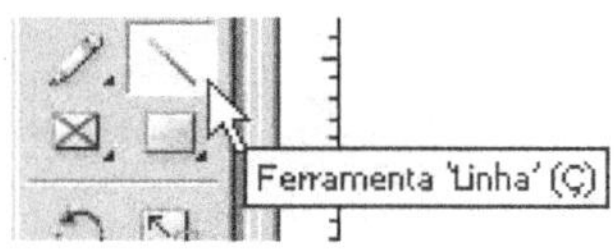


Ferramenta Quadro e as ferramentas ocultas

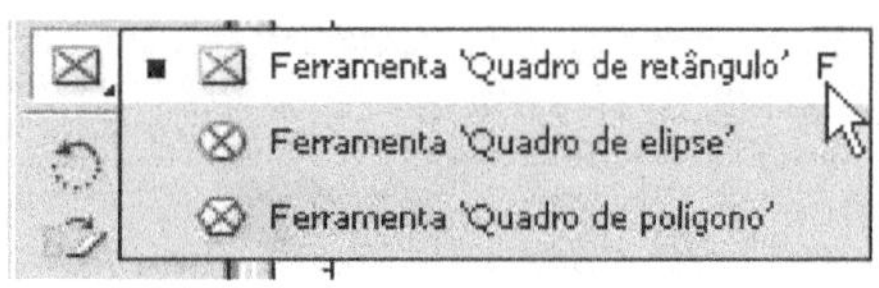


Ferramenta Retângulo e as ferramentas ocultas

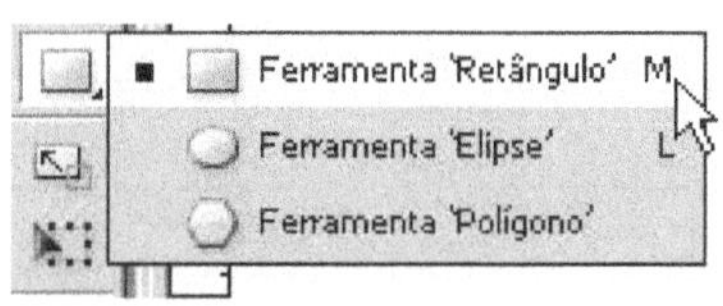


Ferramenta Rotação

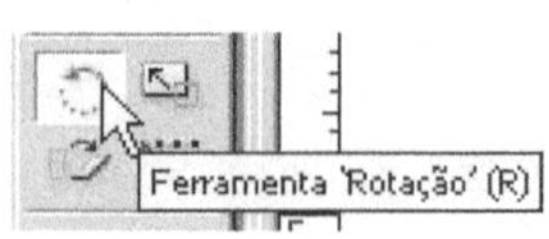


Ferramenta Escala

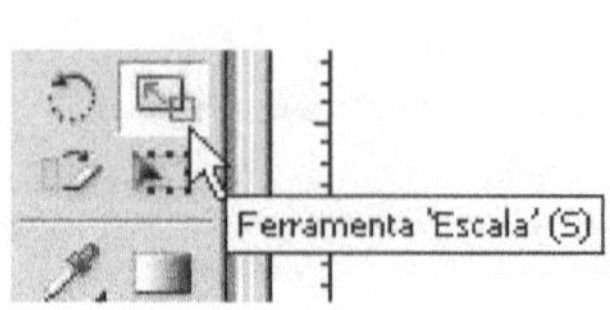

Ferramenta Distorção

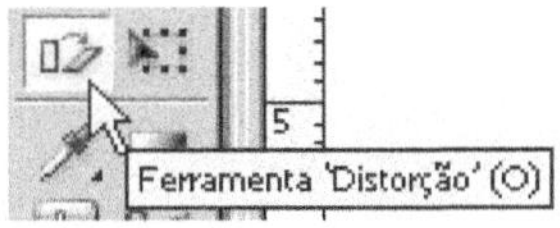


Ferramenta Transformação livre

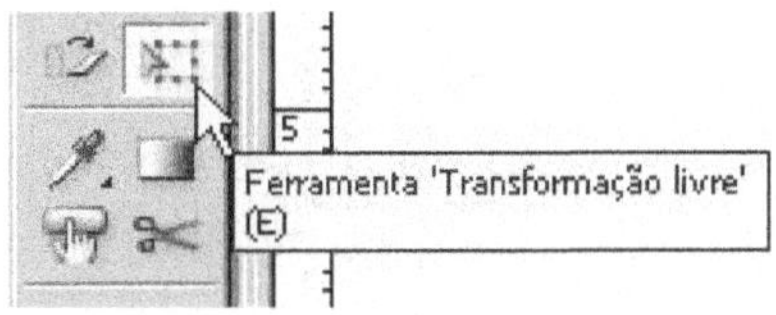


Ferramenta Conta-gotas e as ferramentas ocultas

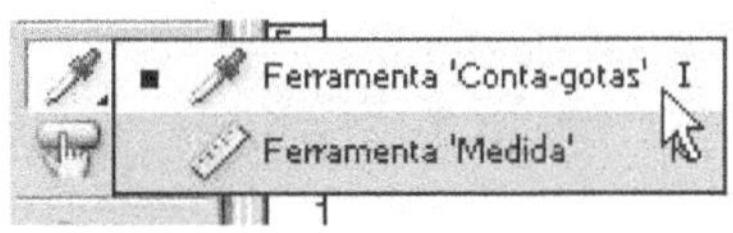


Ferramenta Gradiente

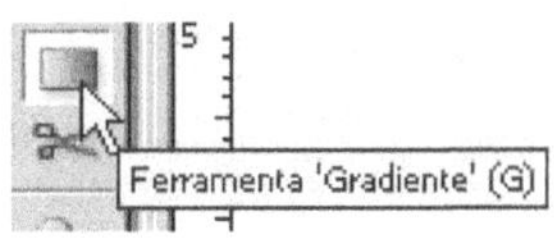


Ferramenta Botão

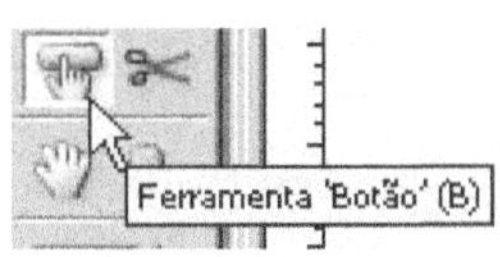


Ferramenta Tesoura

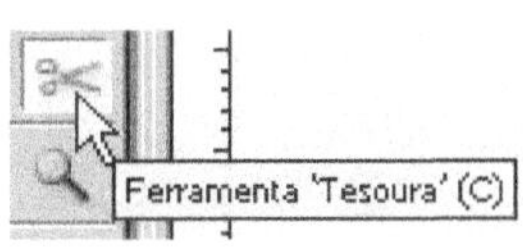


Ferramenta Mão

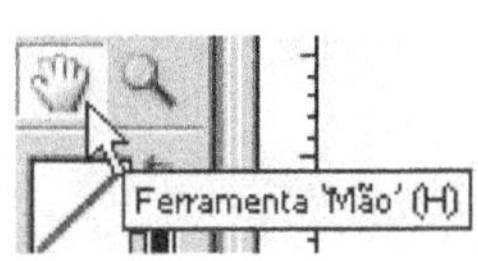


Ferramenta Zoom

Ferramenta Zoom

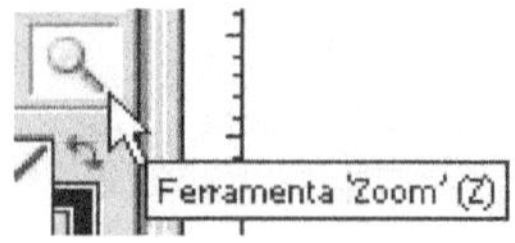


Preenchimento

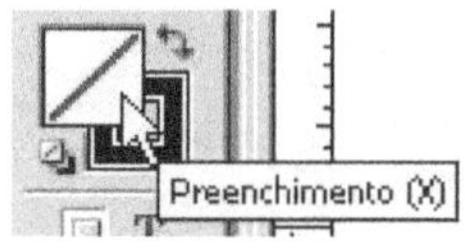


Formatação

Na versão CS5, novos recursos/botões foram inseridos na barra tais como:

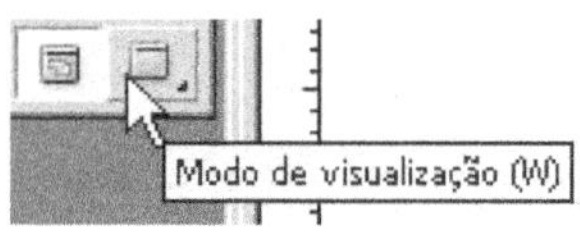


Ferramenta Espaço

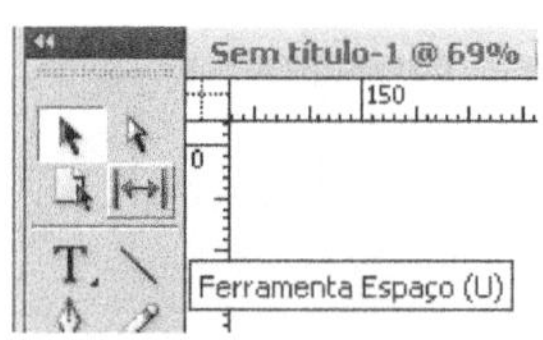


Ferramenta Página

Mais adiante no livro você verá o uso das ferramentas.

## Modos de visualização

Note que as letras que aparecem ao lado do nome da ferramenta são teclas de atalho e, à medida que você escolhe uma ferramenta, a paleta de controle na parte superior da tela muda para exibir as opções da ferramenta selecionada.

Com a ferramenta tipo ativa, a paleta exibida é:

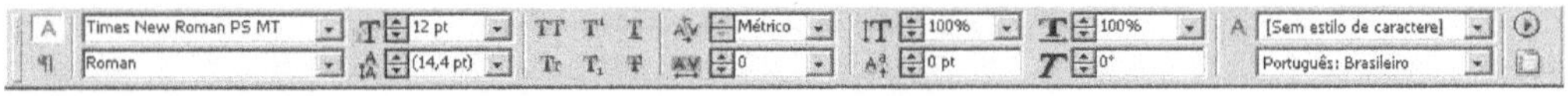

Com a ferramenta seleção ativa, a paleta exibida é:

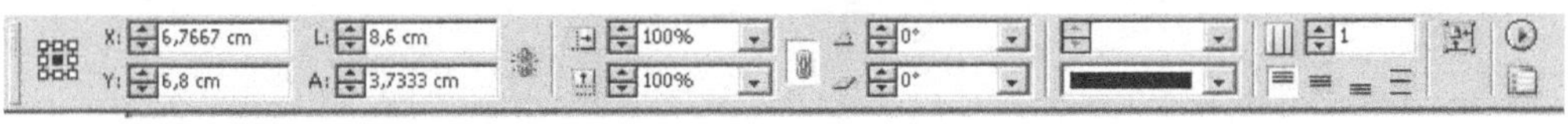

Para ocultar a paleta Controle, escolha Janela > Controle para exibir/ocultar a paleta Controle.

Mais uma vez é possível perceber que entre a versão CS5 (imagem abaixo) e as versões anteriores (imagens acima).

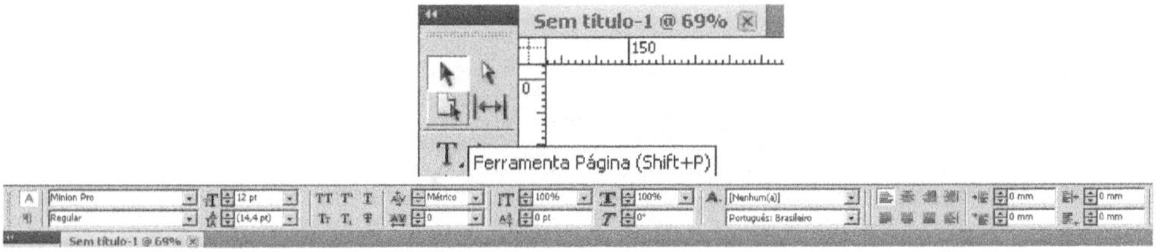


## Paleta de Controle na visualização de caracteres

Sempre que a ferramenta tipo estiver selecionada, a paleta de controle de caracteres estará disponível para uso. Veja a seguir o conteúdo e a função de cada ferramenta na paleta.

Botões de visualização no modo de caractere ou parágrafo: Alterne entre essas duas formas de definição de tipo.

Fonte: Digite ou escolha uma fonte de letra.

Estilos da fonte: Aplicam Normal, Negrito, Itálico, e outros de acordo com a fonte selecionada.

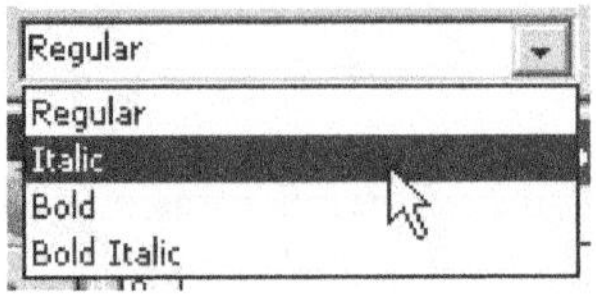


Opção Tamanho da fonte: Especifique o tamanho do tipo em pontos.

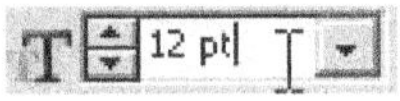


Opção Entrelinha: Especifica o espaço vertical entre as linhas em um parágrafo. Ativa automaticamente a entrelinha automática em 120% do tamanho da fonte. Valor de ajuste: 0,1 ponto.

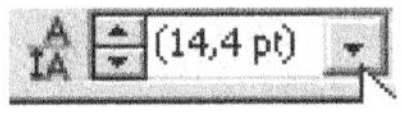


Aplicação de estilos como o sublinhado ou o sobrescrito.

Opção Ajuste entre Letras (kerning): Digite ou selecione a quantidade de espaço entre letras e palavras.

Opção Ajustar Largura: Digite valores de 5% a 200%, com incrementos de um décimo de 1% (o normal equivale a 100% ou a largura de caractere na fonte original).

Escala vertical.

Escala horizontal.

Inclinado (falso itálico).

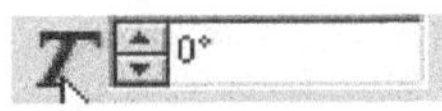


Opção Deslocamento da linha de base: Especifica a posição vertical do texto em relação à linha de base. Valor de ajuste: 0,01 ponto.

Estilo.

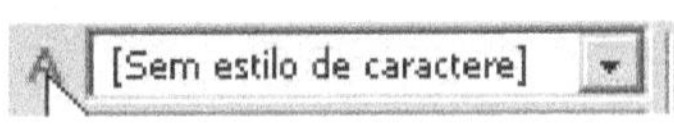


Idioma.

## Paleta de Controle na visualização de parágrafo

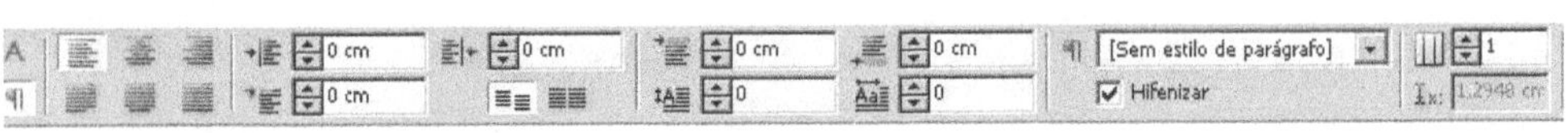

Botões de visualização no modo de caractere ou parágrafo: Alterne entre essas duas formas de definição de tipo.

Botões de alinhamento: Alinhar à esquerda, Alinhar à direita, Alinhar ao centro, Justificar e Forçar a justificação.

Recuo à esquerda: Especifica o valor da endentação para o lado esquerdo do parágrafo.

Recuo da primeira linha: Especifica o valor da endentação para a primeira linha de um parágrafo.

Recuo à direita: Especifica o valor da endentação para o lado direito do parágrafo.

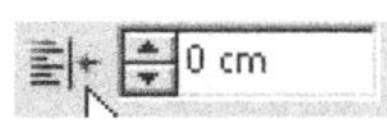


Botões de não alinhar e alinhar à grade de linha de base.

Opções de espaço antes e depois: Especificam o valor do espaço a ser inserido acima ou abaixo dos parágrafos selecionados.

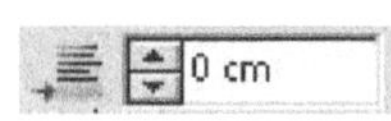


Número de linhas da capitular.

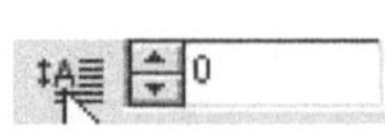


Capitular com um ou mais caracteres.

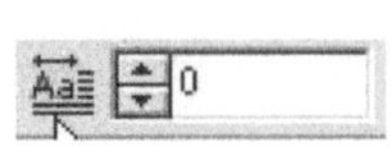

Aplicar estilo e hifenizar.

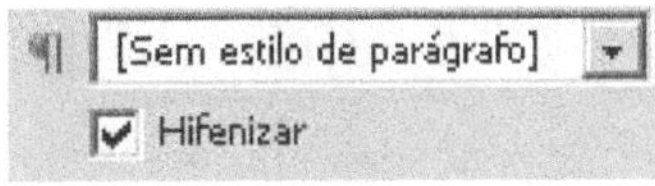


Colunas.

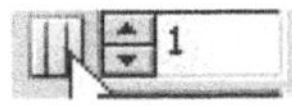


Posição horizontal do cursor.

## Paleta de Controle com um objeto selecionado

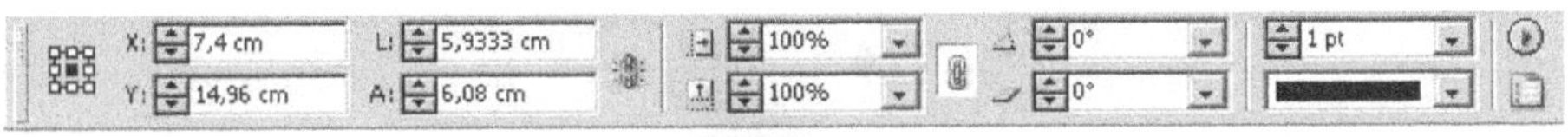

Representação: Representa o objeto selecionado. Clique para definir um ponto de referência ou o ponto no qual está manipulando o objeto.

Eixo X

Eixo Y

Largura

Altura

Escala dos eixos

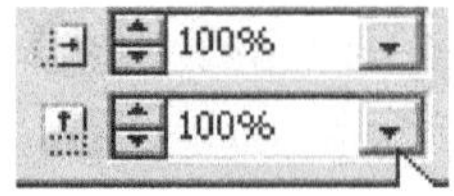


Rotação

Distorção

Espessura do fio    Tipo do fio

## Teclas para selecionar ferramentas

| Ferramenta | Ação no Windows | Ação no Mac OS |
|---|---|---|
| Ferramenta Seleção | V | V |
| Ferramenta Seleção direta | O | O |
| Alternar entre as ferramentas Seleção e Seleção direta | Ctrl + Tab | Command + Control + Tab |
| Ferramenta Caneta | I | I |
| Ferramenta Adicionar ponto âncora | = | = |
| Ferramenta Excluir ponto âncora | - | - |
| Ferramenta Converter ponto de direção | Shift + C | Shift + C |
| Ferramenta Tipo | A | A |
| Ferramenta Tipo no traçado | Shift + T | Shift + T |
| Ferramenta Lápis | N | N |

| Ferramenta | Ação no Windows | Ação no Mac OS |
|---|---|---|
| Ferramenta Linha | ç | \ |
| Ferramenta Quadro de retângulo | F | F |
| Ferramenta Retângulo | M | M |
| Ferramenta Elipse | L | L |
| Ferramenta Rotação | R | R |
| Ferramenta Escala | S | S |
| Ferramenta Distorção | D | D |
| Ferramenta Transformação livre | E | E |
| Ferramenta Conta-gotas | A | A |
| Ferramenta Medida | K | K |
| Ferramenta Gradiente | G | G |
| Ferramenta Botão | B | B |
| Ferramenta Tesoura | C | C |
| Ferramenta Mão | H | H |
| Ferramenta Zoom | Z | Z |
| Selecionar temporariamente a Ferramenta Mais zoom | Ctrl + Barra de espaço | Command + Barra de espaço |
| Alternar entre Preenchimento e Traçado | X | X |
| Trocar traçado e preenchimento | Shift + X | Shift + X |
| Alternar entre Formatação afeta container e Formatação afeta texto | J | J |
| Aplicar cor | , [vírgula] | , [vírgula] |
| Aplicar gradiente | . [ponto] | . [ponto] |
| Não aplicar cor | / | / |
| Alternar entre Exibição normal e Modo de visualização | Q | Q |

## Teclas para localizar e alterar texto

| Resultado | Ação no Windows | Ação no Mac OS |
|---|---|---|
| Insere o texto selecionado na caixa Localizar | Ctrl + F1 | Command + F1 |
| Insere o texto selecionado na caixa Localizar e localiza a próxima ocorrência | Shift + F1 | Shift + F1 |
| Localiza a próxima ocorrência do texto da caixa Localizar | Shift + F2 | Shift + F2 |
| Insere o texto selecionado na caixa Alterar para | Ctrl + F2 | Command + F2 |
| Substitui a seleção pelo texto da caixa Alterar para | Ctrl + F3 | Command + F3 |

## Teclas para trabalhar com tipo

| Resultado | Ação no Windows | Ação no Mac OS |
|---|---|---|
| Negrito | Shift + Ctrl + B | Shift + Cmd + B |
| Itálico | Shift + Ctrl + I | Shift + Cmd + I |
| Normal | Shift + Ctrl + Y | Shift + Cmd + Y |
| Sublinhado | Shift + Ctrl + U | Shift + Cmd + U |
| Tachado | Shift + Ctrl + ~ | Shift + Cmd + / |
| Todas maiúsculas (ativar/ desativar) | Shift + Ctrl + K | Shift + Cmd + K |
| Versalete (ativar/desativar) | Shift + Ctrl + H | Shift + Cmd + H |
| Recompõe todas as matérias | Alt + Ctrl + ~ | Option + Cmd + / |
| Insere o número da página atual | Alt + Ctrl + N | Option + Cmd + N |

## Teclas para usar as paletas Caractere e Parágrafo

| Resultado | Ação no Windows | Ação no Mac OS |
|---|---|---|
| Abre a caixa de diálogo Justificação | Alt + Ctrl + Shift + J | Option + Cmd + Shift + J |
| Abre a caixa de diálogo Fios de parágrafo | Alt + Ctrl + J | Option + Command + J |
| Abre a caixa de diálogo Opções de separação | Alt + Ctrl + K | Option + Command + K |
| Ativa a paleta Caractere | Ctrl + T | Command + T |
| Ativa a paleta Parágrafo | Ctrl + Alt + T | Command + Option + T |

Uma outra forma de ter acesso às teclas de acesso do InDesign® é através do comando Editar> Atalhos do teclado. Ao ativar esse comando, a caixa Atalhos do teclado será exibida.

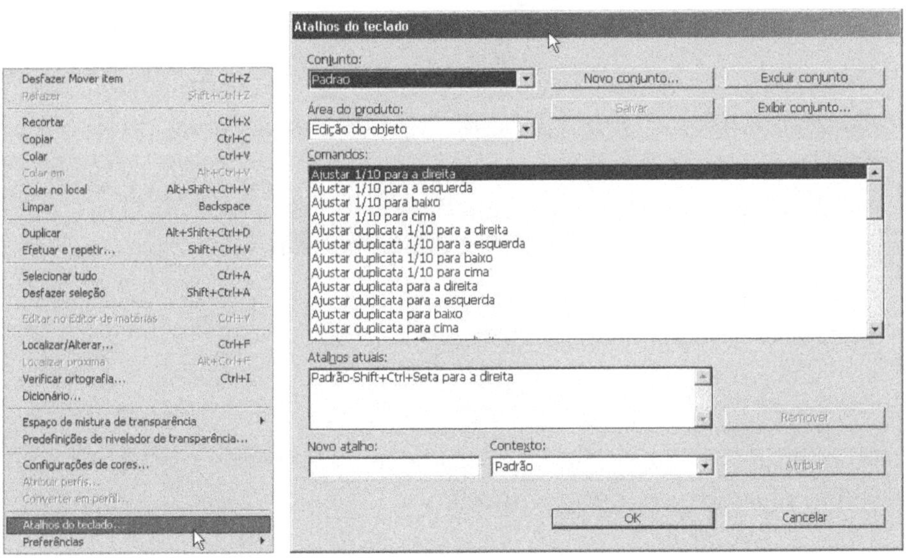


Na caixa, você poderá atribuir novas teclas de atalho bem como checar as teclas atualmente atribuídas.

A primeira coisa a fazer é selecionar o conjunto de teclas que deseja configurar/alterar. Neste exemplo, optei por Padrão, mas repare que existe uma opção direcionada aos usuários do QuakXpress 4 e aos usuários do PageMaker.

Em seguida, selecione a área do produto a ter as teclas configuradas/alteradas. Neste exemplo, optei pelo Menu Arquivo.

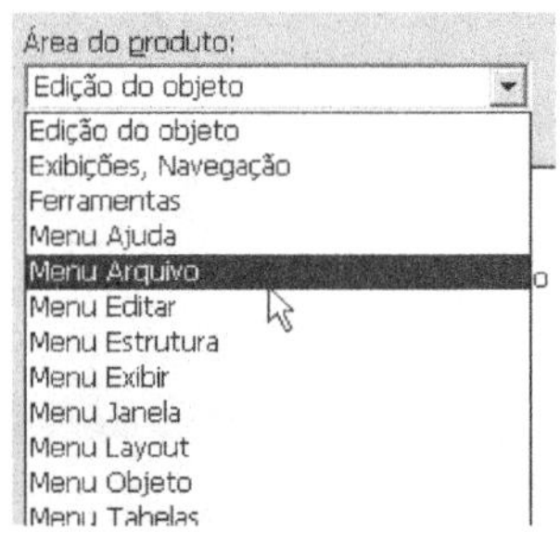


Na caixa Comando, serão exibidas as ações disponíveis no Menu Arquivo.

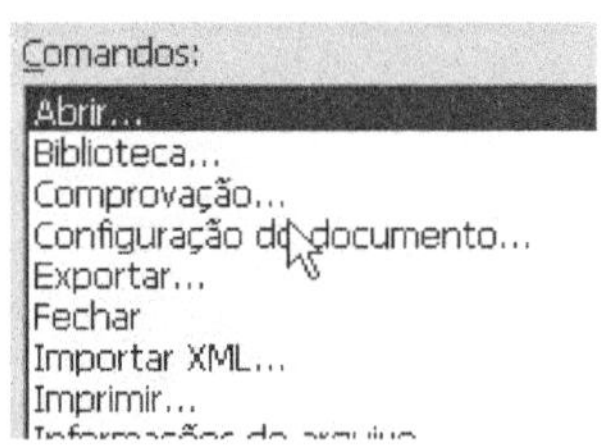


Logo abaixo, na caixa Atalhos atuais será exibido, caso exista, o atalho atualmente utilizado para o comando.

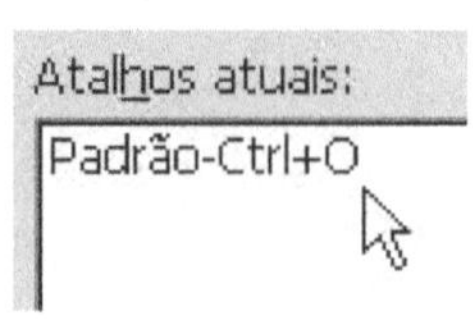

Como mostra a figura o atalho Ctrl+O já está atribuído, mas supondo que essa combinação não é do seu agrado, basta clicar na caixa Novo atalho e inserir o novo atalho. Se pressionar o Esc o resultado será:

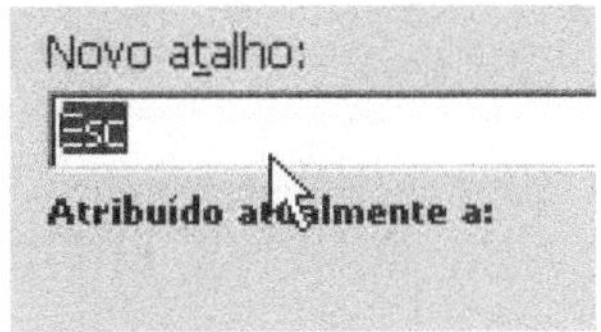


Se pressionar o Delete o resultado será:

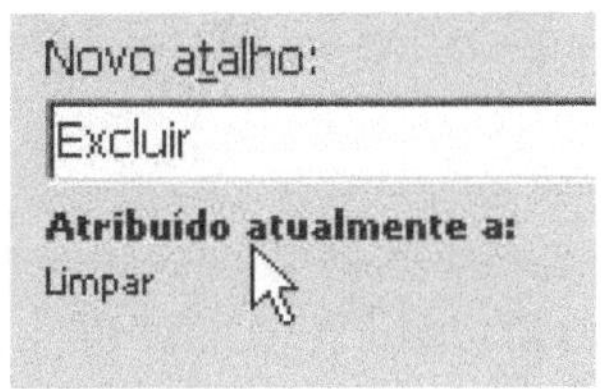


Se pressionar o Ctrl+R o resultado será:

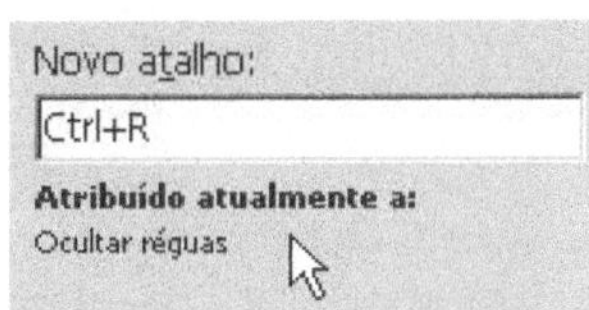


Agora, repare que nas duas últimas combinações testadas anteriormente é informado pelo InDesign® que a combinação já está em uso por algum processo. Se esta situação ocorrer, você poderá optar por sobrepor a combinação em uso atual ou testar uma nova combinação que esteja disponível.

Após escolher, clique em Atribuir para concluir o processo.

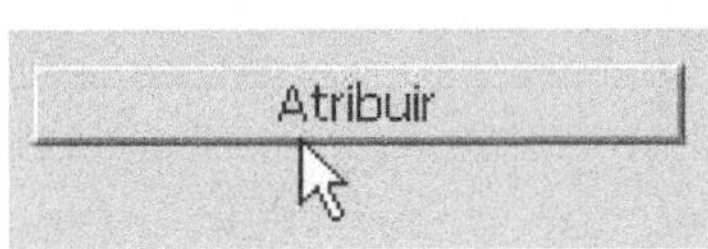

## Atalhos avançados

Agora que você já sabe como criar um atalho, lembre-se de duas coisas:

1. A melhor forma de ganhar produtividade no InDesign é conhecer a fundo o programa e, principalmente, saber usar seus atalhos.
2. Crie conjuntos personalizados para cada ação que você costuma executar no InDesign. A seguir veremos como fazer isso.

Suponha que todo trabalho que você produz no InDesign® obrigatoriamente tenha que ser convertido para PDF. É fácil perceber que com isso algumas rotinas serão repetitivas e até cansativas. Pensando nisso, a criação de um conjunto de atalhos poderá facilitar muito o trabalho.

**Nota**

Leia o livro Adobe Acrobat 6 Professional Guia Prático e Visual para aprimorar seus conhecimentos na geração de PDFs.

Na caixa Atalhos do teclado, clique em Novo conjunto.

Insira um nome para o novo conjunto.

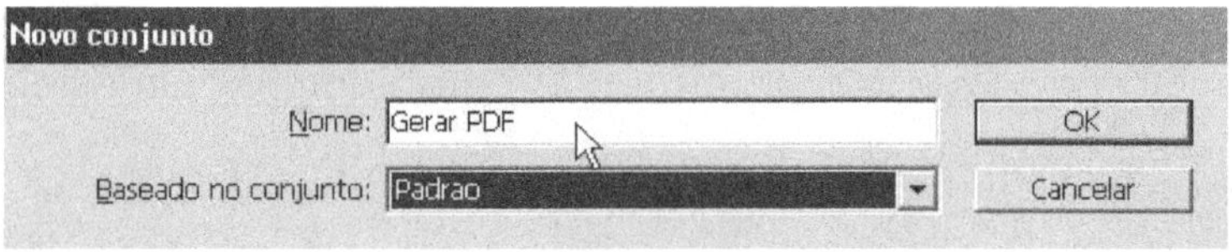


Agora, repita o procedimento ensinado anteriormente para atribuição de teclas. Porém, neste conjunto mantenha apenas as combinações que serão necessárias durante a geração de um PDF. Note que será necessário excluir algumas combinações, clicando sobre ela na caixa Atalhos atuais e depois no botão Remover.

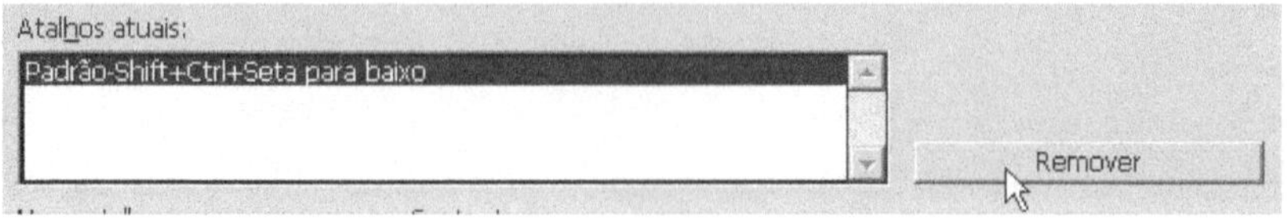

Após concluir a produção do conjunto, clique no botão salvar para guardar as alterações.

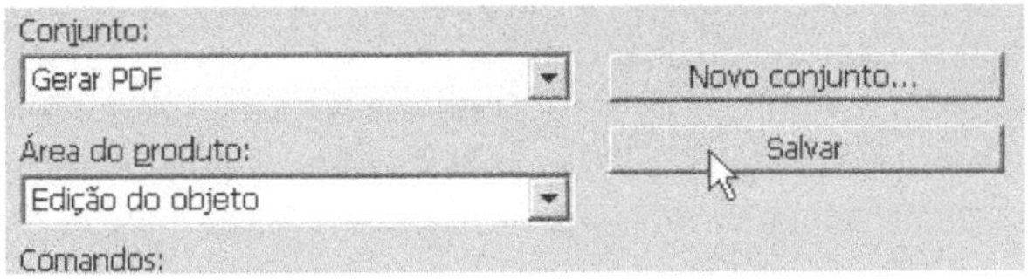


**Nota**

Todas as alterações feita no conjunto Gerar PDF não irão afetar os demais conjuntos.

## Criação e configuração do documento

Quando você inicia o InDesign®, você precisa escolher que tipo de material será produzido. Um documento, um livro ou uma biblioteca.

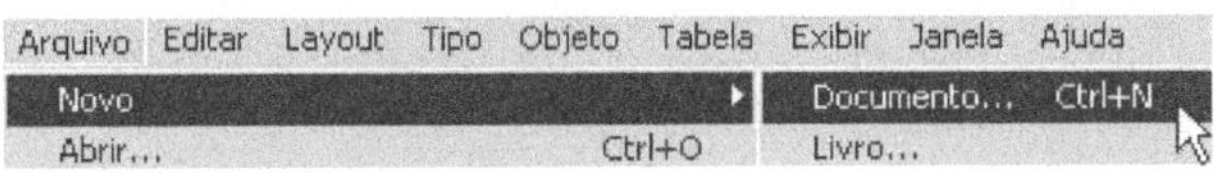


Se escolher documento, poderá fazer as configurações personalizadas através da caixa de diálogo Novo Documento.

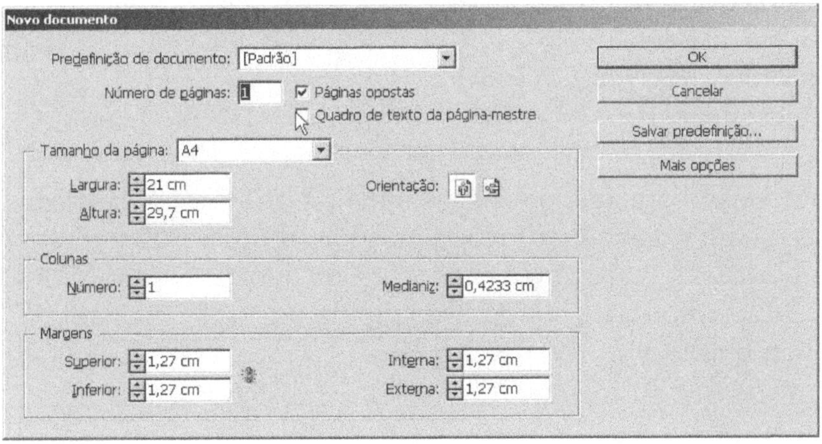


Será possível definir o formato da publicação na caixa Tamanho da página, as suas dimensões e a orientação (retrato ou paisagem). É nesta caixa que você poderá, num primeiro momento, configurar as colunas e as margens do documento.

**Nota**

Todas as operações na caixa Novo Documento podem ser modificadas a qualquer momento, mas isso implicará a perda da formatação do documento (dependendo do tipo de alteração feita na configuração).

Quando você seleciona Páginas opostas (frente e verso) na caixa de diálogo Novo documento, as margens laterais são chamadas de Interna e Externa. Caso contrário, as margens laterais são Esquerda e Direita.

As figuras a seguir mostram a diferença entre as duas opções.

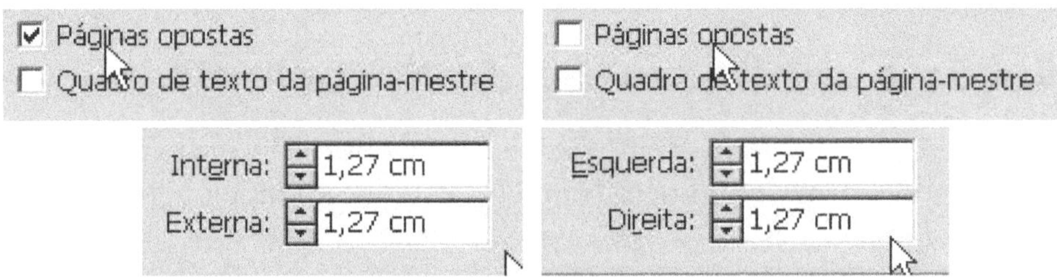


**Nota**

Até aqui já deu para você perceber algumas vantagens em migrar do PageMaker ou do Quark para o InDesign®, entre elas os novos recursos de edição que antes só podiam ser obtidos através do uso de outros aplicativos em conjunto com o Page ou o Quark. Por exemplo, ficou bem mais fácil fazer um gradiente.

Use a opção Páginas opostas para definir as margens interna e externa a fim de acomodar a encadernação nas páginas que serão impressas dos dois lados e para disponibilizar a opção Páginas duplas. Desmarque essa opção se você quiser imprimir a sua publicação de um lado do papel (páginas simples) e não quiser ativar Páginas duplas.

**Nota**

A medida das margens deverá seguir algumas regras básicas de editoração que não serão abordadas aqui. Dependendo do tipo de produto a ser criado, às vezes, é necessário testar diversas medidas até encontrar o perfeito encaixe entre a área total do papel e a mancha de trabalho.

Agora, clique no botão Mais opções. 

A caixa Novo documento ganhará mais alguns recursos (só para constar, recursos que não estavam disponíveis no PageMaker). Estou falando das sangrias e espaçador.

Agora que você já sabe como criar um documento, experimente criar um livro.

**Dica**

Sangria é a área usada para alinhar objetos a serem estendidos até a linha de aparagem do documento impresso.

Espaçador é a área usada para instruções para a impressora, formulários de *sign-off* ou outras informações do documento. Ela é descartada quando o documento é aparado para o tamanho de página final.

## Incluindo e excluindo páginas

Depois de configurar o documento no qual irá trabalhar, o próximo passo será informar quantas páginas o documento terá. Contudo, nem sempre é possível determinar a quantidade de páginas em um projeto, portanto não se preocupe, pois o processo de inclusão e exclusão de páginas (bem como renumeração de páginas) é bem fácil e prático. Clique em Janela > Páginas para ter acesso à paleta páginas.

Se preferir, poderá clicar diretamente na paleta página, que fica escondidinha no canto direito da tela.

Se você já estiver acostumado a usar o Adobe Photoshop ou outros programas da Adobe, verá que o procedimento para inserir uma página no InDesign® é similar aos outros programas da Adobe.

Na paleta, clique no ícone Criar nova página. O InDesign® fará a inserção de uma página logo após a página atual.

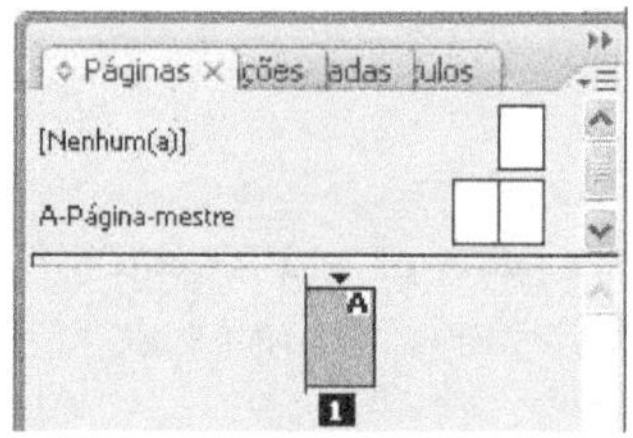


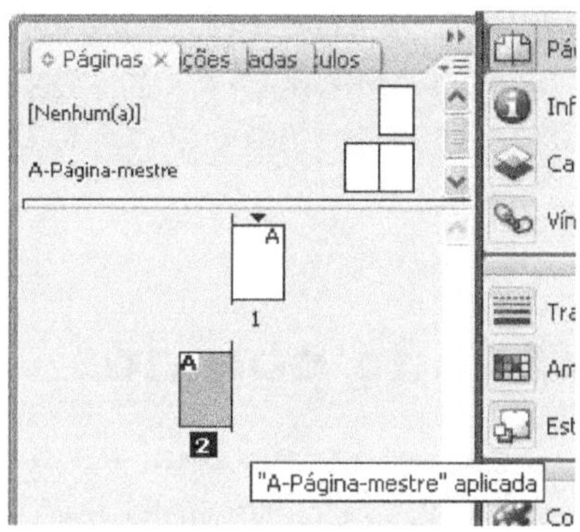


Compare, apenas para efeito de aprendizado, na imagem a seguir as mudanças na paleta Páginas na versão CS5.

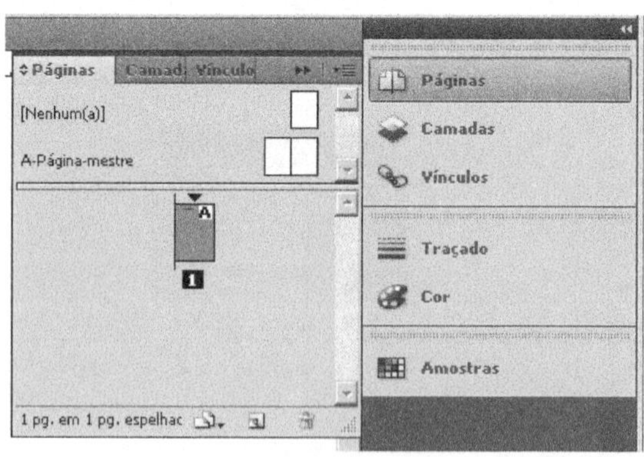

Percebeu alguma diferença? Sim, com certeza sim, mas não uma mudança tão significativa. O mais nítido, em termos de mudança é a aparência da paleta que ganhou um novo termo para descrever esse tipo de paleta: "Paleta flutuante", por ser mais sutil e também por ser possível movimenta-la por toda a área de trabalho com redimensionamento de seu tamanho. Os comandos e funcionamento não sofreram alteração.

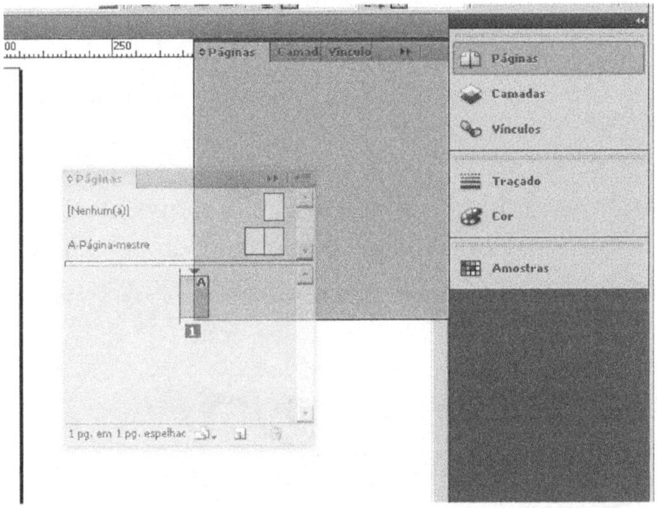


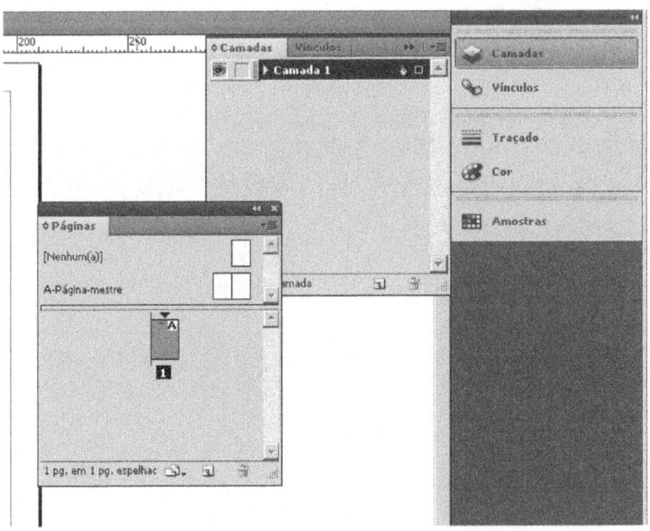


Note que o InDesign® inseriu a página e aplicou as configurações da página-mestre à nova página.

Agora, clique no botão de menu () existente na paleta para acessar outras opções de página.

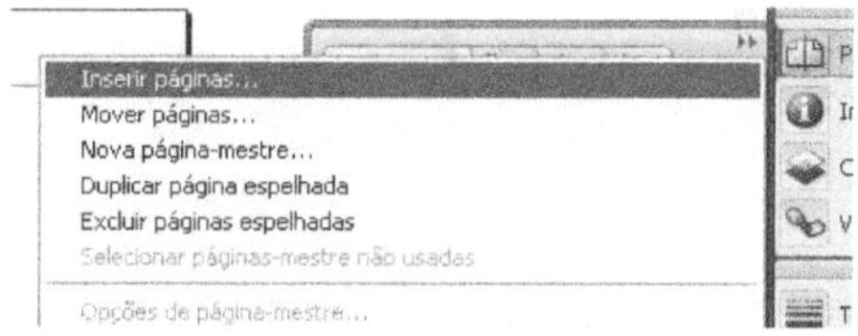


No menu você verá a opção Inserir páginas que, ao ser acionada, exibirá a caixa Inserir páginas, onde você poderá inserir quantas páginas desejar, bem como determinar onde as mesmas serão inseridas e qual modelo de página-mestre deverá ser aplicado.

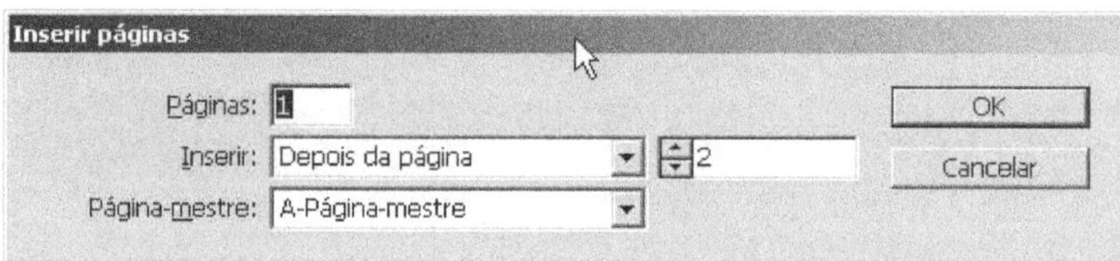


## Nota

Você pode incluir ou remover páginas em qualquer ponto da publicação, além de especificar que página mestra aplicar às novas páginas inseridas.

Repare que agora a barra de status passou a exibir todas as novas páginas do documento.

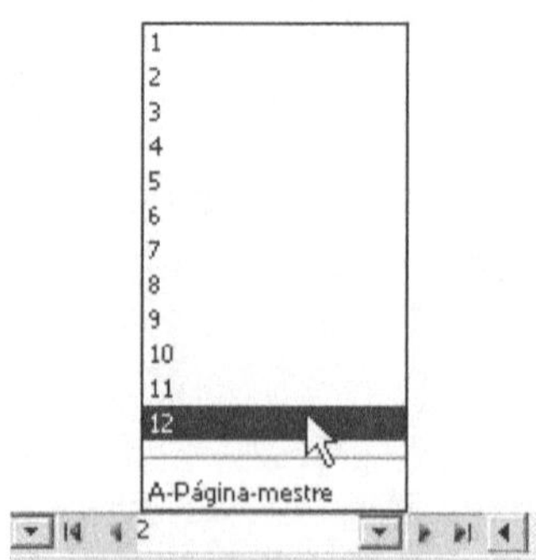

## Remover uma ou mais páginas

Já para a remoção de páginas, basta você informar a sequência de páginas a serem excluídas. Para isso, clique no menu da paleta e escolha Excluir páginas.

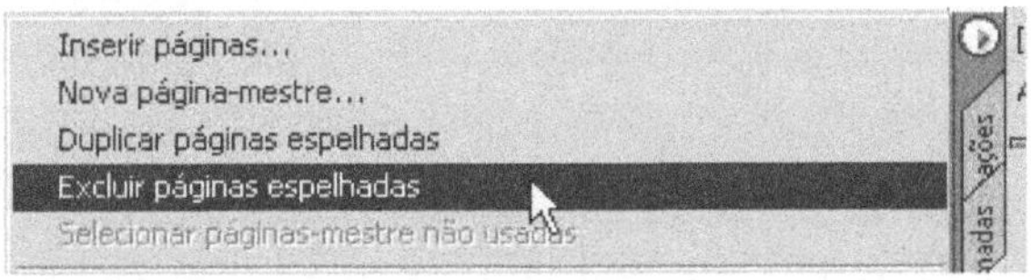


Pronto. As páginas foram excluídas. **Mas espere: Quais páginas foram excluídas?**

Antes de excluir, você precisa selecionar a página ou as páginas a serem "detonadas". A seleção precisa ser feita através da paleta páginas, clicando sobre o número da página desejada como mostra a próxima figura.

**Nota**

Cuidado com a exclusão acidental de páginas.

Se preferir, arraste a página a ser excluída para o ícone da lixeira existente na paleta.

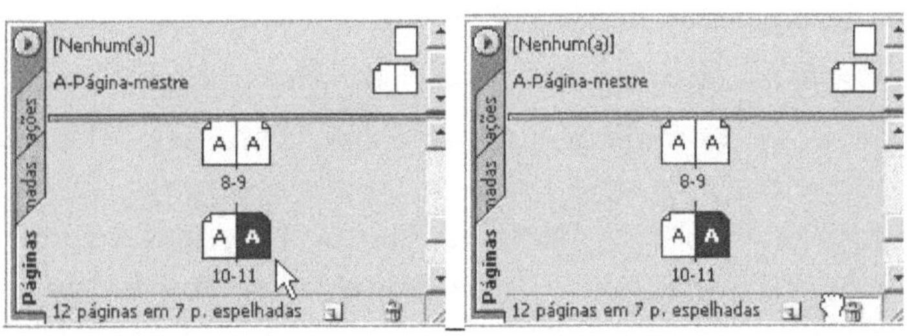


**Nota**

Se nenhuma página estiver selecionada na paleta, o InDesign® irá remover a(s) página(s) atual(ais).Para preservar texto ou elementos gráficos das páginas removidas, arraste-os para a área de transferência. Se você remover uma página do meio da publicação, o InDesign® fará a organização automática do texto das páginas anterior e posterior à página excluída (se o texto fizer parte da mesma matéria) e renumerará todas as páginas subsequentes.

**Nota**

Em publicações em frente e verso com margens internas e externas diferentes, incluir ou excluir um número ímpar de páginas fará com que o InDesign® altere as margens e a numeração das páginas subsequentes e reposicione o conteúdo da página para que fique dentro das margens. Quando você aumenta ou diminui o número inicial ou o número de páginas de uma publicação com um número ímpar (1, 3, 5 e assim por diante), as páginas pares situadas à esquerda se tornarão páginas ímpares situadas à direita e vice-versa. Em publicações em frente e verso, o texto e os elementos gráficos sangrados nas páginas ficam nas novas páginas ímpares situadas à direita e se espalham para a área de transferência.

Se você mudar de uma página em frente e verso para uma página ou vice-versa, os elementos situados nas páginas da esquerda podem ser reposicionados com relação às novas margens. Quando o texto fluir para a área de transferência ou para páginas em que você não quiser que fique, terá de reposicioná-lo manualmente em cada página.

## Usando páginas-mestras

Em projetos com um grande número de páginas é, sem sombra de dúvidas, obrigatório ter uma ou mais páginas-mestre. Com isso o trabalho de editoração será muito mais prático e preciso, se cada página do projeto for criada com um gabarito. A página-mestre contém elementos básicos de diagramação, como quadros, imagens, cabeçalhos, rodapés e números de página, comuns à maioria ou a todas as páginas da sua publicação.

### Diretrizes para trabalhar com páginas-mestre

Lembre-se das seguintes diretrizes quando for trabalhar com páginas-mestre:

- Adicione espaços reservados para texto e gráficos à página-mestre para criar uma aparência consistente.
- Para criar um conjunto de páginas-mestre com design ligeiramente diferente, crie primeiro a página-mestre principal e defina as variações com base nela.

* Como as páginas de documento, as páginas-mestre podem conter várias camadas. Use camadas para determinar como os objetos em uma página-mestre são sobrepostos aos objetos em uma página de documento.

* Para criar rapidamente o layout de novos documentos, salve um conjunto de páginas-mestre em um modelo de documento, com estilos de parágrafo e caracteres, bibliotecas de cores e outros estilos e predefinições.

* Se alterar as configurações de coluna ou margem na página-mestre ou usar uma nova página-mestre com configurações diferentes, você pode forçar os objetos da página a se ajustar automaticamente ao novo layout.

* É possível encadear quadros de texto em uma página-mestre, mas apenas em uma página espelhada única. Para o fluxo automático de texto em várias páginas espelhadas, encadeie quadros de texto nas páginas do documento.

* Embora páginas-mestre não possam conter seções, você pode criar uma única página-mestre para cada seção do documento.

* Se o documento contiver páginas espelhadas personalizadas (como páginas espelhadas triplas ou quádruplas em uma revista), as páginas-mestre devem conter o mesmo número de páginas.

* Para personalizar a aparência de uma página do documento, substitua objetos seletivamente na página-mestre.

* Para exibir itens de página-mestre em uma página do documento, selecione a página ou páginas espelhadas e escolha Exibir > Exibir itens mestre.

## Criar uma página-mestre

Tarefa árdua, mas que precisa ser feita. No menu da paleta página, clique em Nova página-mestre.

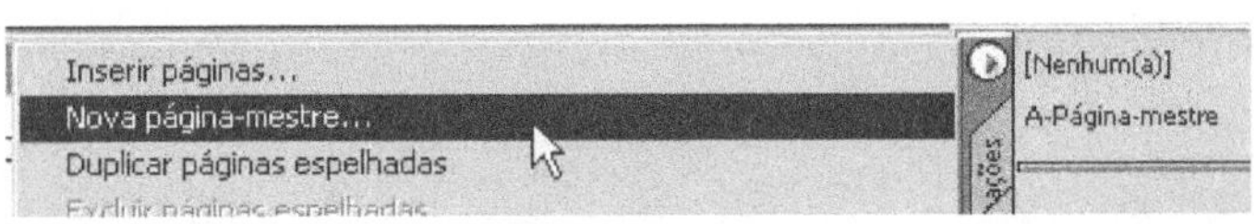

A caixa Nova página-mestre será exibida.

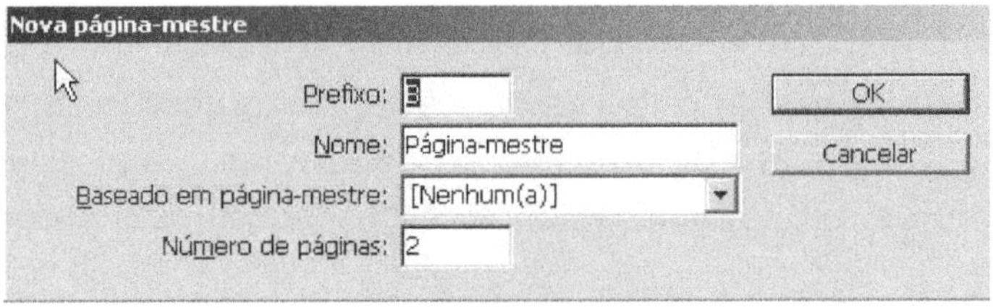


Coloque um prefixo para o nome da página, no exemplo foi sugerido pelo InDesign® a letra B. Em seguida, dê um nome para a página e informe se a mesma será baseada em alguma outra página ou em nenhuma outra. Por último, entre com a quantidade de páginas que compõem a página-mestre.

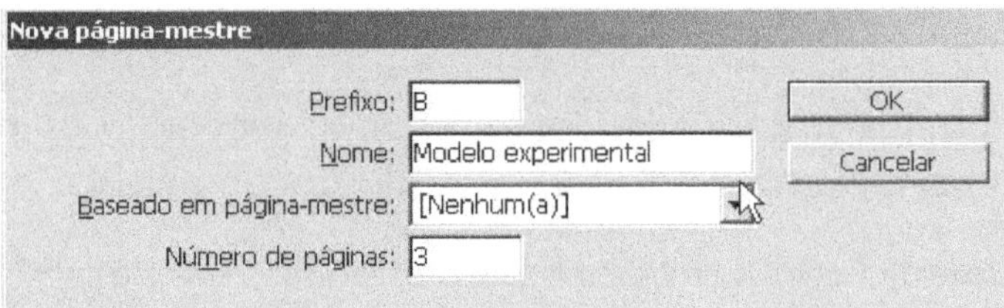


A nova página será exibida tanto na área de trabalho do InDesign® como na barra de status.

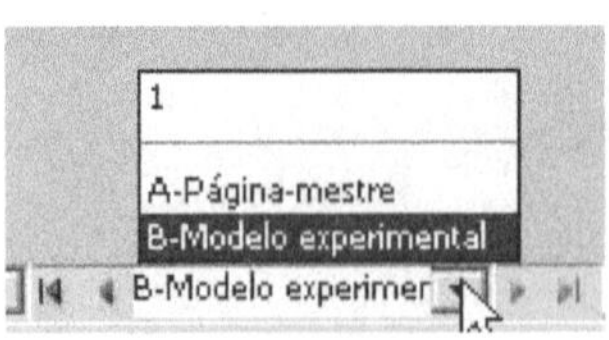


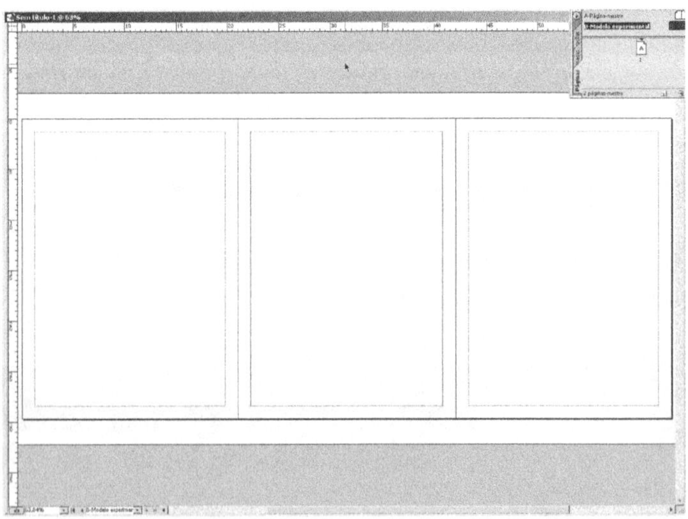

Você pode escolher a opção Duplicar no menu da paleta, como mostra a figura a seguir:

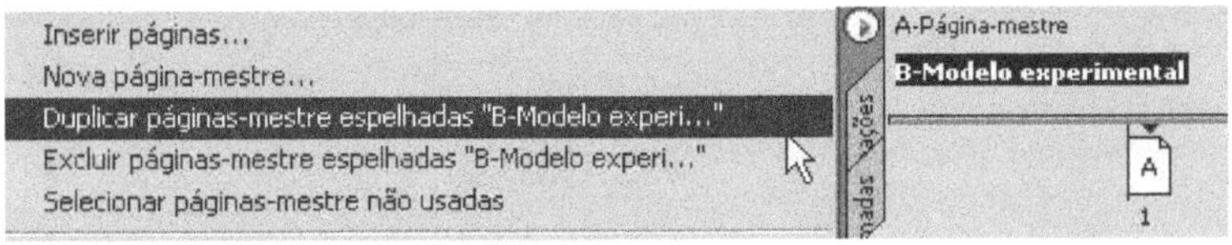


## Réguas

As réguas e as guias do InDesign® serão muito úteis quando trabalhamos com imagens ou elementos gráficos que requerem um posicionamento correto e preciso.

## Para ocultar ou exibir as réguas

Escolha Exibir > Ocultar Réguas.

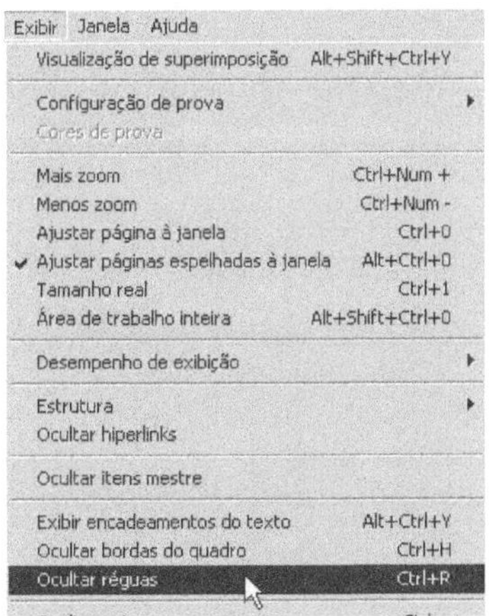


Tendo visualizado as réguas no canto esquerdo e no topo da tela, o primeiro passo é encontrar o ponto zero que determinará todas as posições do documento.

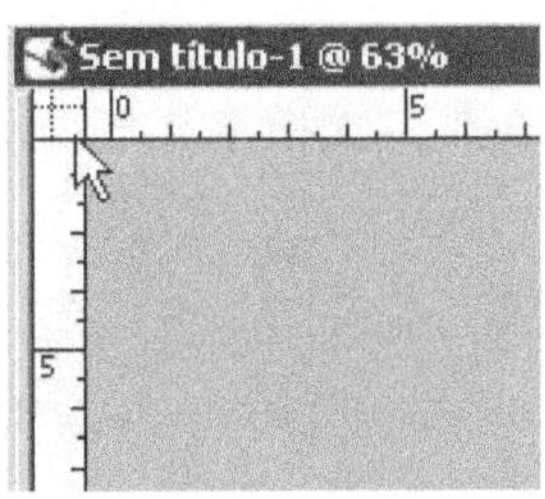

# O ponto zero

O ponto zero é o ponto de interseção entre os zeros das réguas vertical e horizontal.

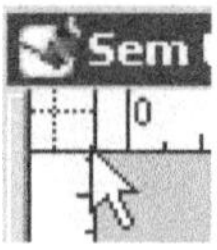


Quando você inicia uma publicação nova com uma página, o InDesign® coloca o ponto zero na interseção da borda superior esquerda da página. Ao trabalhar com páginas duplas, o ponto zero fica na interseção das bordas superiores internas das páginas duplas.

Você pode mover o ponto zero facilmente para medir distâncias de uma parte específica da sua página ou para personalizar a forma de impressão de páginas grandes. Para evitar mover o ponto zero acidentalmente após defini-lo, você pode travá-lo no lugar.

Para mover o ponto zero:

1. Posicione a ferramenta de ponteiro no cruzamento da janela do ponto zero.
2. Arraste-o para a nova posição.

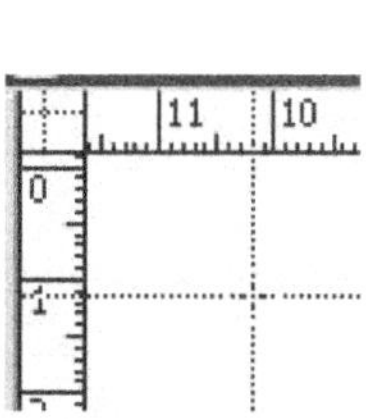


3. Solte o botão do mouse; o ponto zero está redefinido.

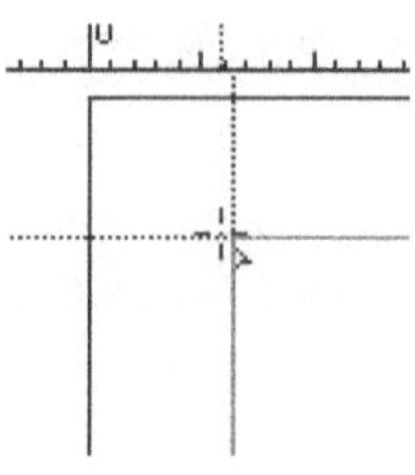

Em todo documento, é recomendável definir o ponto zero a partir do topo esquerdo do documento, como mostra a figura.

# Guias

As guias (ou grade como alguns preferem chamar) são pequenos fios que ficam expostos em cada página do documento para orientá-lo durante o posicionamento de um ou mais elementos em uma ou mais páginas. A imagem a seguir mostra o uso das guias, alinhando um elemento.

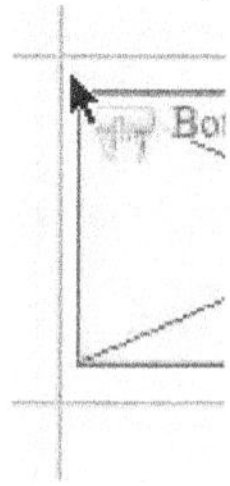

Uma página pode ter uma ou diversas guias (no máximo 120) tudo dependerá do projeto que você estiver montando e mesmo com diversas grades em uma página é possível mover cada guia individualmente, clicando e segurando a mesma

Veja na figura a seguir como é fácil posicionar um elemento, usando-se as guias.

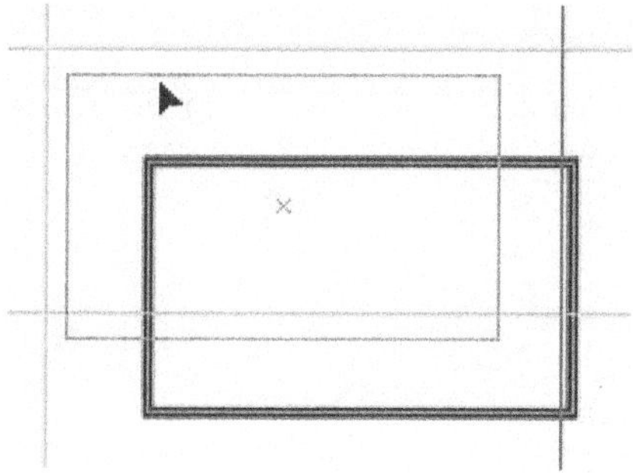

Antes

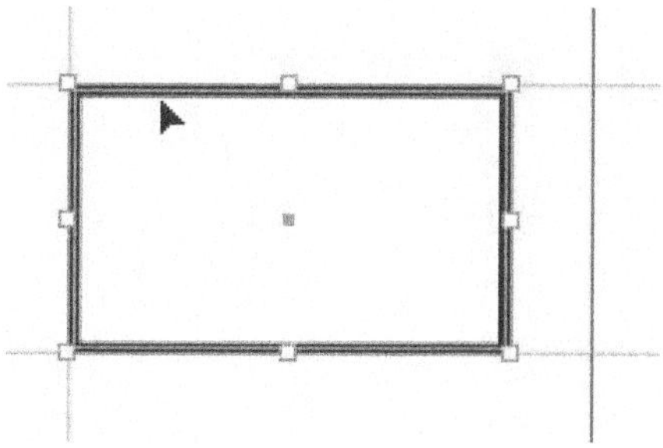

Depois

Você pode travar as guias para que não ocorra um deslocamento no seu posicionamento por acidente. Para isso, clique em Exibir > Grades e Guias > Bloquear (Travar) as guias.

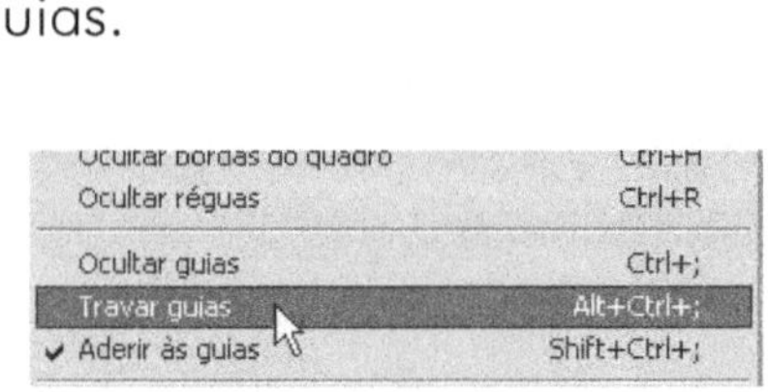


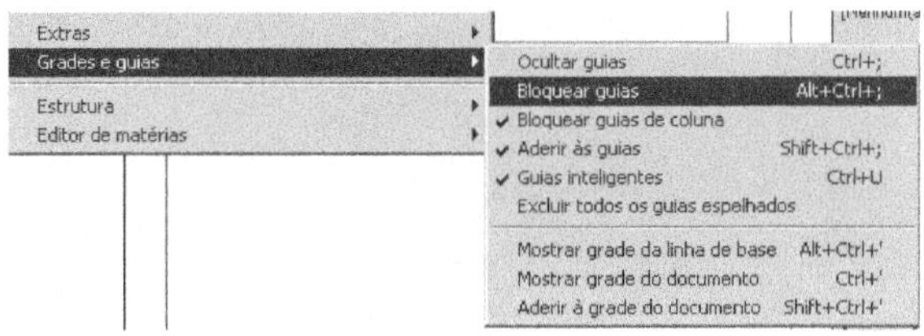


# Aderindo...

Outro bom recurso é a facilidade de aderir os elementos às guias. Isso quer dizer que se você inserir uma guia na página, qualquer elemento que for posicionado próximo, bem próximo, a essa guia será "puxado" em direção à guia.

Clique em Exibir > Grades e Guias > Aderir às guias para ativar o recurso.

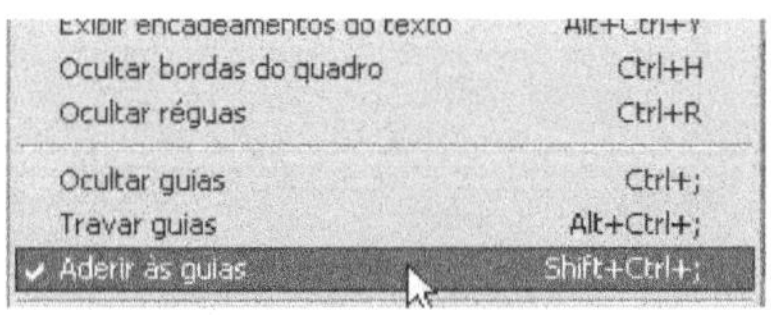


Qualquer elemento inserido na página será puxado.

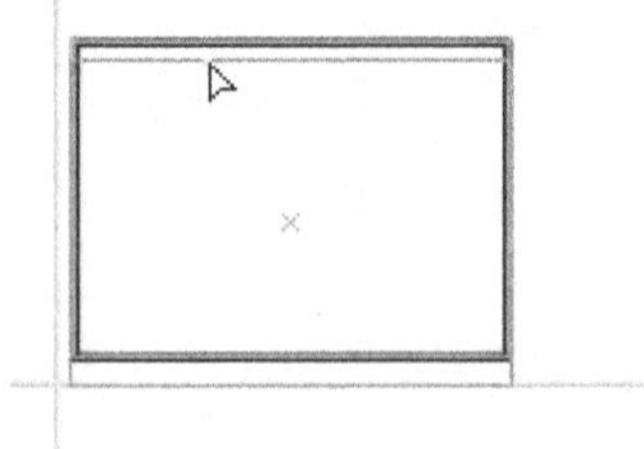

## Nota

Se o Aderir às guias não estiver ativado, você poderá ter erro de posicionamento dos elementos, mas o pior é que será um erro milimétrico, quase imperceptível a olho nu, porém, na hora da impressão, você terá uma desagradável surpresa.

# X e Y

Tudo no InDesign® tem que ser milimetricamente bem posicionado. Por isso, as caixas Localização do eixo X e Localização do eixo Y são vitais para o perfeito alinhamento e posicionamento.

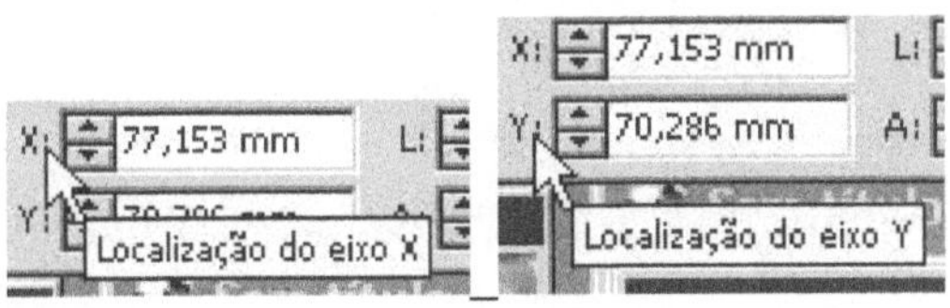


Quando nenhum elemento está selecionado, as caixas exibem a posição X e Y do ponteiro do mouse.

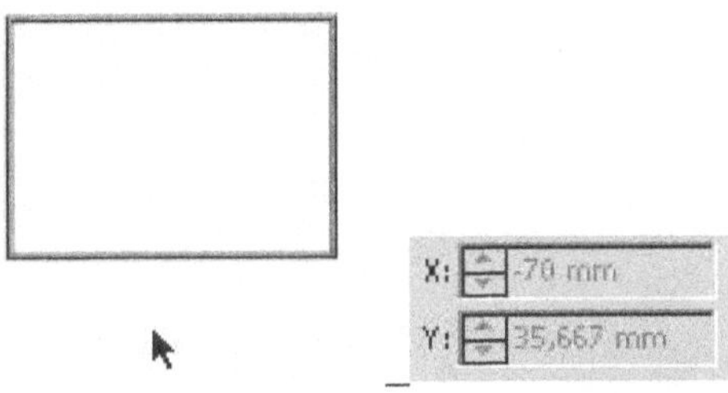


Se um elemento for selecionado, as caixas X e Y passaram a exibir a posição do elemento.

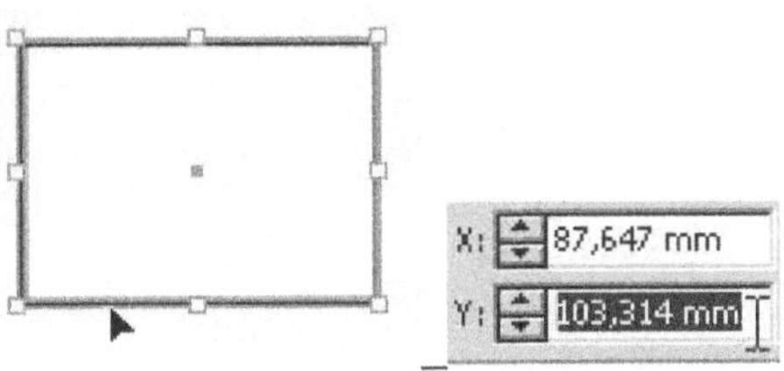

# Zoom

Não há muito o que falar sobre a ferramenta Zoom a não ser a afirmação de que quanto menor for o seu uso maior será a sua produtividade. Isso está diretamente relacionado ao tamanho do seu monitor. Portanto, invista em um monitor com pelo menos 17 polegadas e trabalhe com uma resolução de 1024 x 768 pixels no mínimo.

Não estou afirmando que dar zoom é "contra a lei", mas que faz uma diferença enorme você poder visualizar todo o documento de uma única vez do que ficar visualizando apenas partes do mesmo documento.

Resolução de 800 x 600, com 75% de visualização.

Resolução de 1280 x 1024, com 75% de visualização.

Clique em Zoom na barra de ferramenta.

O ponteiro do mouse mudará para , indicando que o **zoom +** (ampliação) está pronto para ser aplicado.

Ainda com a ferramenta Zoom ativa, aperte a tecla ALT e o ponteiro do mouse mudará para a mesma lupa vista anteriormente, porém agora com um sinal de -, indicando que o **zoom –** (redução) menos está pronto para ser aplicado.

Na barra azul, acima do documento aparece o percentual de zoom aplicado ao documento ativo.

## Salvando e Abrindo Documentos

Salvar um trabalho deverá ser um hábito extremamente necessário que precisaremos desenvolver. Uma queda de energia ou falha em seu sistema poderá resultar em frustrações que poderiam ser evitadas com apenas um comando.

Desenvolva alguns trabalhos utilizando as ferramentas já estudadas e, em seguida, selecione a opção Salvar do menu Arquivo (Ctrl+S).

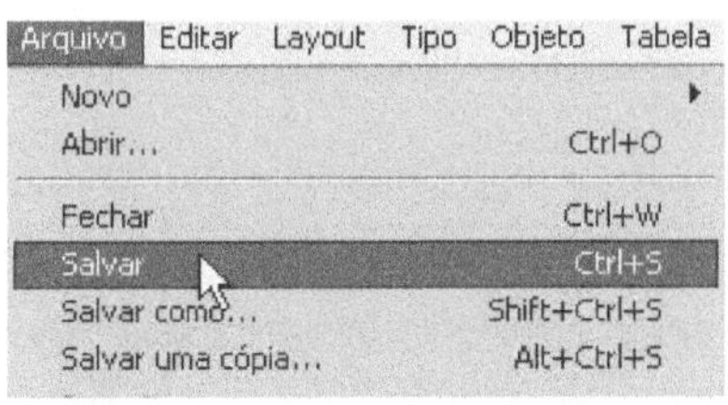

Após escolher a pasta (local onde será gravado o arquivo), e digitar o nome do arquivo, clique no botão Salvar. Ao salvar pela primeira vez o arquivo, será pedido um nome, nos próximos salvamentos o InDesign® executará uma operação de salvamento rápido, mas a cada salvamento seu arquivo ficará maior, mesmo quando você remove figuras ou páginas.

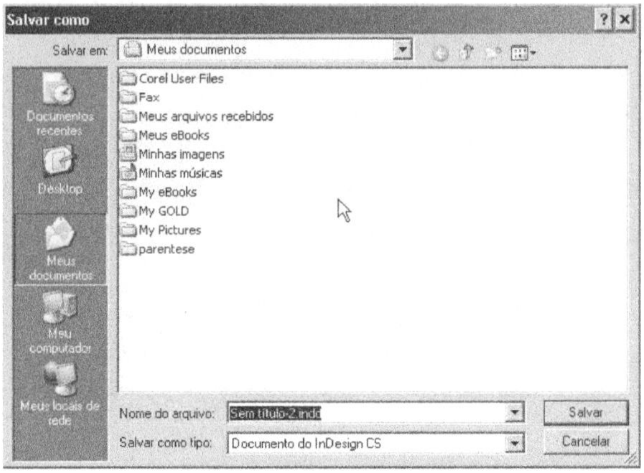


Para evitar este crescimento, poderemos selecionar a opção Salvar Como do menu Arquivo no lugar da opção Salvar, neste caso, teremos que confirmar a substituição para continuarmos com o mesmo nome – isto ocorre porque não é permitido ter numa mesma pasta, mais de um arquivo com o mesmo nome.

Daqui por diante, toda a abordagem do livro será visual o que poupará o seu tempo de aprendizagem e será muito mais útil para você entender o programa.

## Socorro!

Nem sempre temos o dom de resolver nossos problemas sozinhos. É nessa hora que toda ajuda é bem-vinda. Conte com a ajuda do InDesign® sempre que a coisa ficar difícil ou quando o seu chefe pedir para você fechar o arquivo para CTF sem que você nem saiba o que é CTF.

Clique em Ajuda > Ajuda do InDesign®.

Agora, basta escolher um dos tópicos do sumário e ler o conteúdo (tutorial) que aparecerá no lado direito da tela.

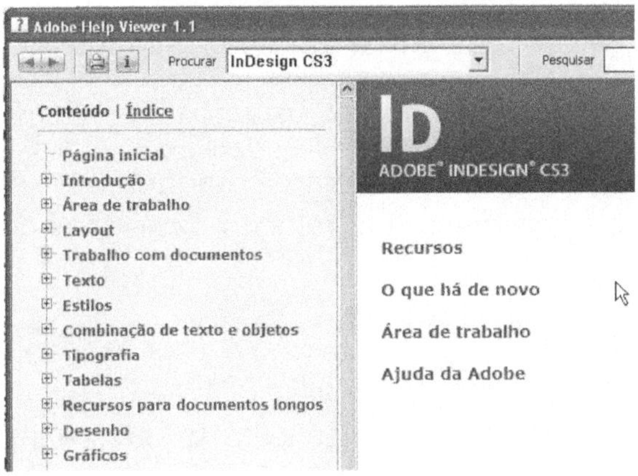


## Atualização

Hoje em dia já não é mais nenhuma novidade a obrigação que todos os usuários têm de atualizar seus programas, desde um simples antivírus até o próprio sistema operacional. Motivos para tanta atualização de todos os softwares não faltam e por isso você deverá toda semana fazer uma checagem online em busca de novas atualizações. Para isso, clique em Ajuda > Atualizações.

**Dica**

Antes de atualizar, feche todos os documentos e, preferencialmente, só faça a atualização se você tiver banda larga. Se não tiver, opte por fazer a atualização aos domingos quando o pulso da ligação é mais barato.

O InDesign® verificará se você está conectado à Internet e iniciará o processo de download das atualizações.

Mesmo que você tenha atualizado o programa durante a instalação, use o comando Atualizações periodicamente.

## O que você aprendeu

Este capítulo mostrou as ferramentas básicas do InDesign®. É claro que dezenas de outras ferramentas não foram abordadas por três motivos:

- São ferramentas muito básicas (como, por exemplo, Abrir) e que são detalhadas no manual do programa;
- São ferramentas cujo entendimento será bem mais fácil se forem mostradas na pratica e por isso elas serão apresentadas nos próximos capítulos.
- Não são aplicáveis à maioria dos usuários.
- As funções básicas, menus, paletas e comandos da versão CS5 não sofreram mudanças significativas em relação às versões anteriores.

**Dica**

Como o InDesign® cresceu (e muito) fica um tanto quanto impossível em apenas um livro falar 100% de todas as ferramentas e recursos do programa sem aumentar demasiadamente o tamanho da obra. Com certeza alguns recursos mais avançados ou de pouco uso não serão abordados no livro, mas através do Help do programa você facilmente encontrará as respostas desejadas.

Capítulo 02

# Criando o projeto do livro

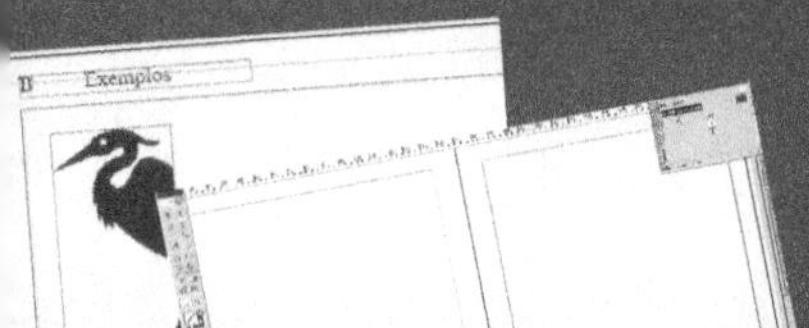

## Neste Capítulo...

Mancha
Página-mestre
Numeração de página
Margens
Cabeçalho
Novo documento
Desfazer

**No capítulo anterior, eu alertei sobre a necessidade de ter em mãos alguns pré-requisitos para uma edição perfeita, lembra? Como tenho certeza de que você reuniu tudo o que é necessário, vamos iniciar a prática da criação de um documento no InDesign®.**

# Criando documentos

O documento que iremos criar é um livro com aproximadamente 320 páginas e formato de 17 cm x 24 cm. Vamos trabalhar, inicialmente, com toda a configuração necessária para o documento.

Clique em Arquivo > Novo > Documento.

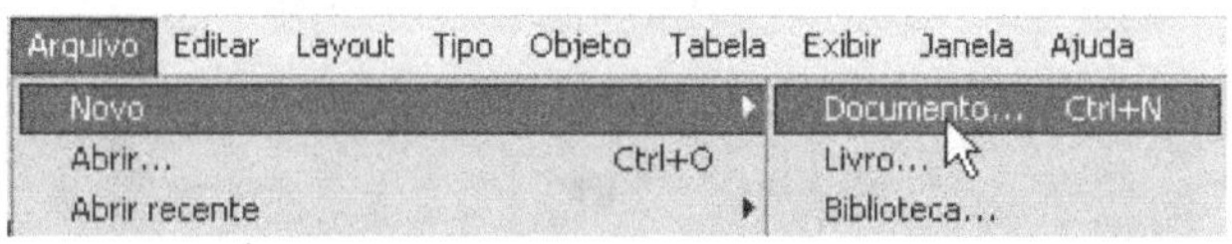


Apesar de existir a opção Livro no menu Novo, não podemos usá-la, pois criar um livro usando a opção Novo > Livro nada mais é que juntar em um único documento diversos outros documentos (os capítulos do livro).

A caixa de diálogo Novo documento aparecerá.

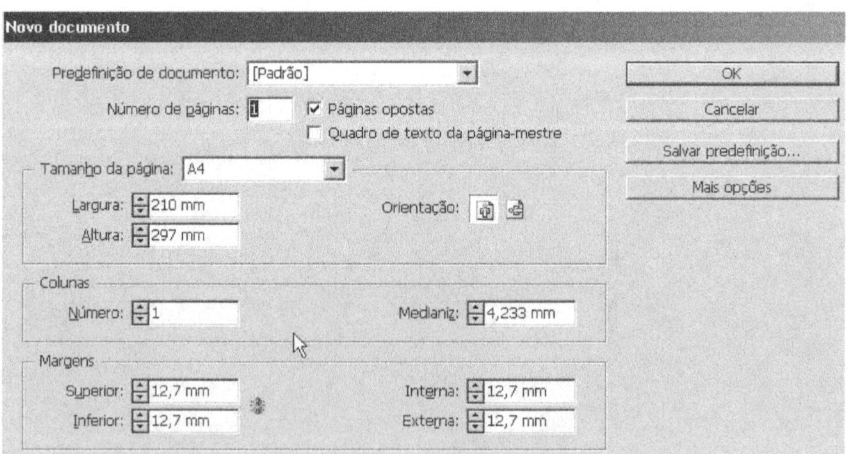


Nesta caixa, configure as dimensões do livro em milímetros (170 x 240) a orientação Vertical.

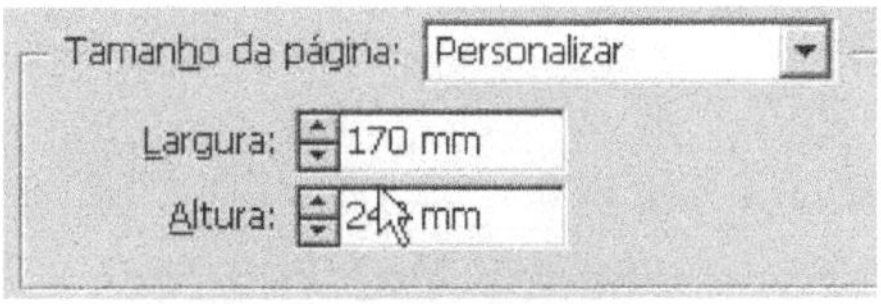


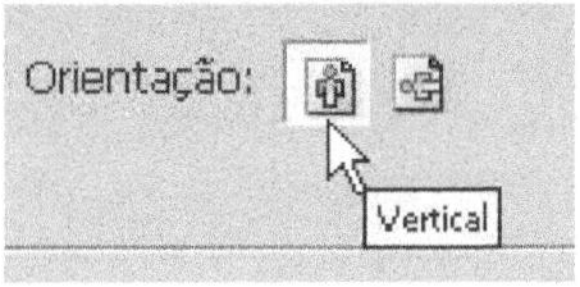


A quantidade de páginas total, apesar de sabermos qual é, deixaremos como 1.

Contudo, certifique-se de ativar a opção Páginas opostas.

## Definindo as margens

Tendo em vista que o livro terá as medidas de 170 x 240 mm, as margens serão configuradas conforme a figura a seguir:

Talvez você esteja se perguntando como cheguei a esses números. O processo usado para a definição foi o do bom senso, quero dizer, tentativas e erros até chegarmos à perfeição. Aparentemente não há nenhum mistério, afinal, quase todas as caixas foram preenchidas com 10 mm, mas, se você observar bem, uma delas foi preenchida com 15 mm. Motivo: o produto que está sendo produzido. Por se tratar de livro, que receberá um acabamento gráfico (cola e dobra de folha ou até mesmo um espiral) é necessário deixar uma área maior para o acabamento. Viu como é fundamental ter o máximo de informação sobre o projeto antes de iniciá-lo?

Para projetos grandiosos ou muito específicos, você terá que fazer uma série de cálculos até achar as medidas ideais para as margens. Esses cálculos irão partir do princípio de aproveitamento da mancha (ou área de trabalho disponível no papel). Clique em OK.

**Nota**

Mancha é a área total que você terá para trabalhar o seu texto e elementos gráficos dentro da página. A página é todo o conteúdo delimitado pelas linhas externas.

O resultado será mostrado na figura a seguir, a página montada com a definição de sua mancha (área delimitada pelas linhas azuis).

## Criando a página-mestre

Agora que o documento foi devidamente configurado (suas medidas), vamos criar o layout básico de todas as páginas do livro, ou, pelo menos, o layout das páginas que terão uma maior ocorrência.

Na prática, o que faremos é colocar em uma página-mestre todos os elementos que devem aparecer em um determinado número de páginas como, por exemplo, o cabeçalho ou um elemento gráfico definido na hora do design do livro.

Por ser tratar de livro, o ideal é criar duas ou mais páginas-mestre, uma para a página de abertura do capítulo e outra para as páginas internas (miolo). Mas para efeito de aprendizado, iremos criar somente uma página (a de miolo). A página de abertura será criada manualmente mais adiante.

Para criar a página-mestre, clique no abra a paleta Página. Surgirá a paleta Páginas.

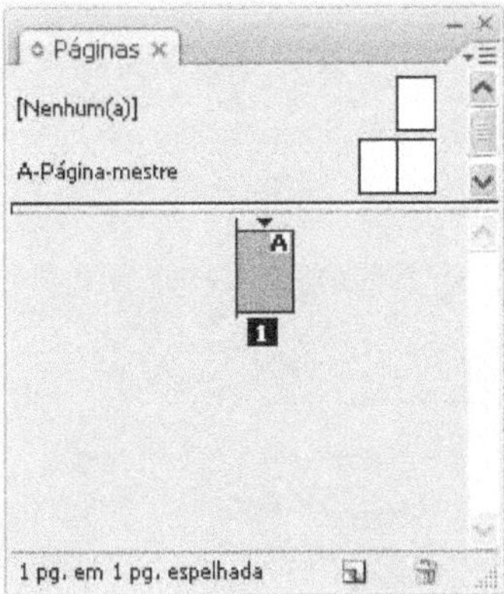


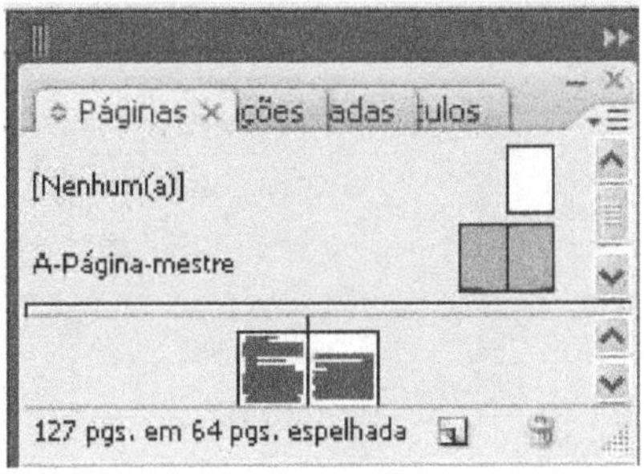


Nela você verá a página do documento (marcada como A) e acima a página-mestre. Clique sobre a página-mestre para ir para a visualização de página-mestre. A seguir, a visualização da página-mestre.

Clique no menu da paleta e selecione Nova página-mestre.

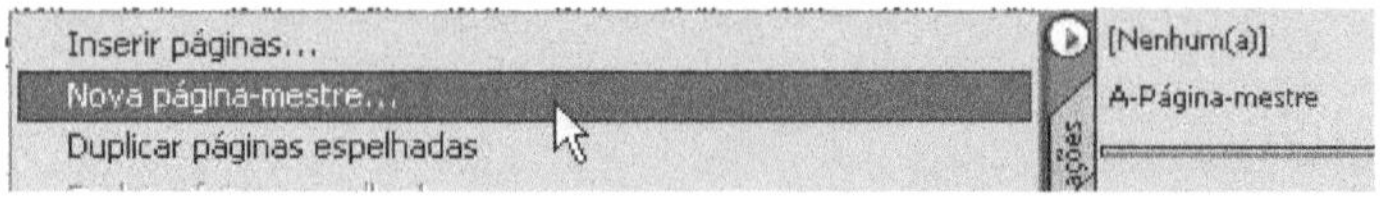


Na caixa Nova página-mestre, dê um nome para a página-mestre.

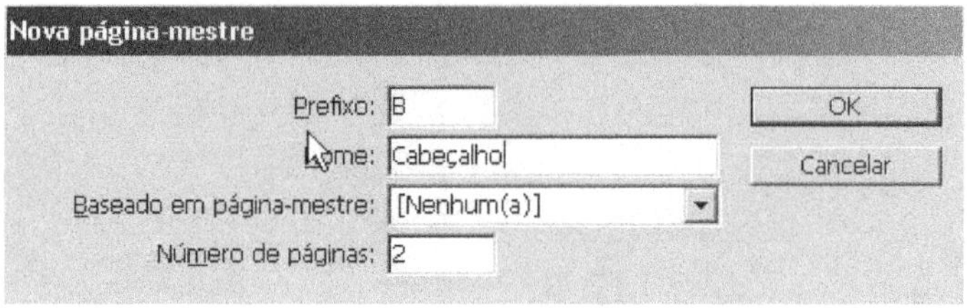


Clique em OK e a página-mestre será criada. Na paleta, arraste o divisor para poder visualizar todas as páginas-mestre existentes.

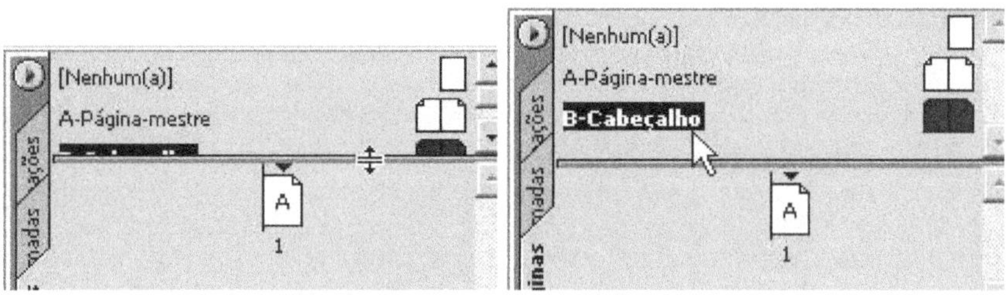


Na parte inferior da tela, também aparecerá a nova página-mestre criada.

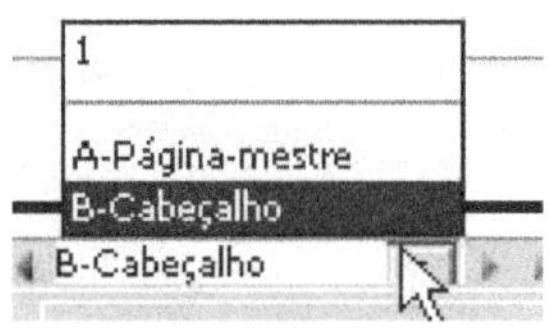


Observe que ambas as páginas na paleta estão selecionadas. Se você desejar trabalhar com apenas uma das páginas (esquerda ou direita) terá que clicar sobre a página específica.

Arraste a caixa de ferramenta do canto esquerdo para o centro da página, assim nenhum elemento da página ficará sob a caixa.

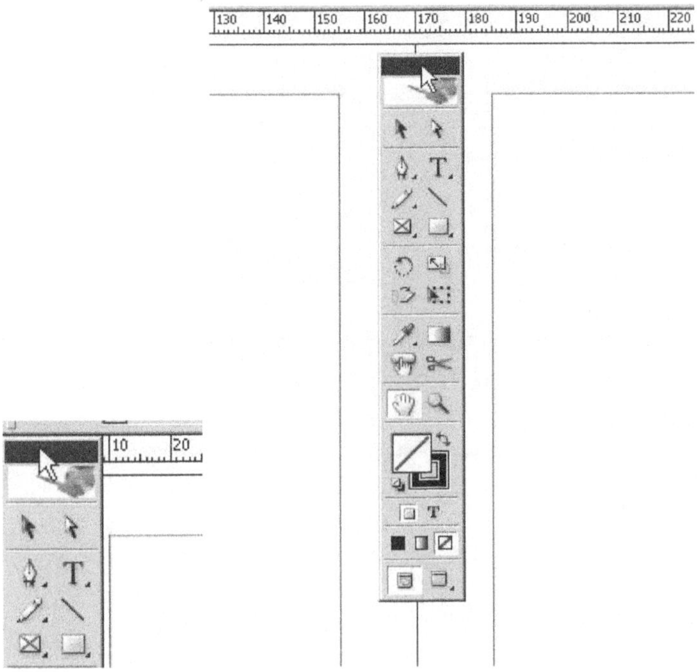

Para um perfeito alinhamento, defina o ponto zero da página como sendo o canto esquerdo superior da página da esquerda, como mostra a figura.

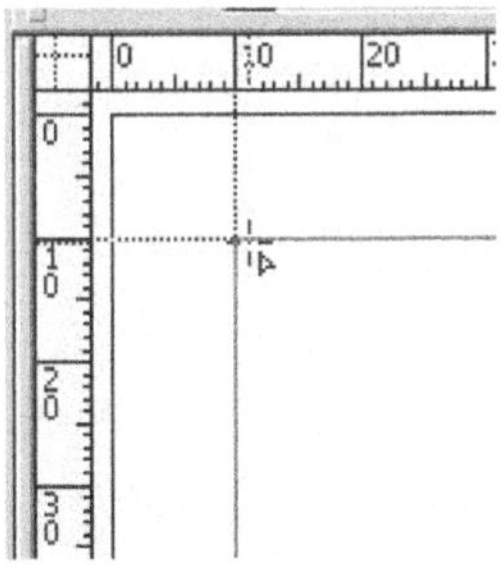

Feito isso, clique sobre a régua superior, segure e arraste uma linha guia que fique acima da linha da margem da página. Essa linha irá orientar você durante a inserção do cabeçalho em ambos os lados da página.

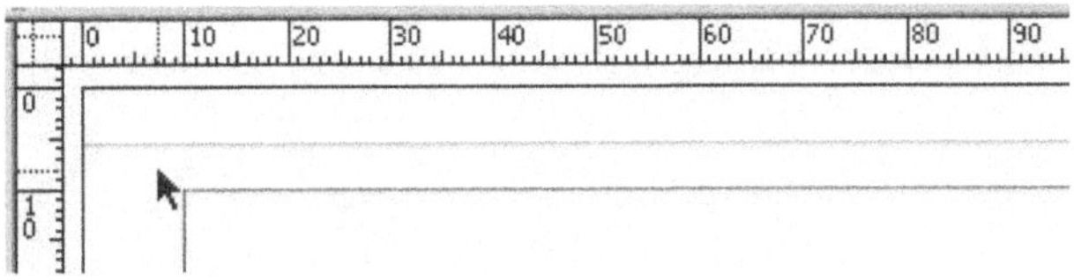

Agora, uma coisa que acontece no InDesign e que não acontecia no PageMaker, é o fato de a linha guia ser exibida apenas em uma página. Para ter a linha guia em ambas as páginas, você terá que repetir o procedimento na outra página.

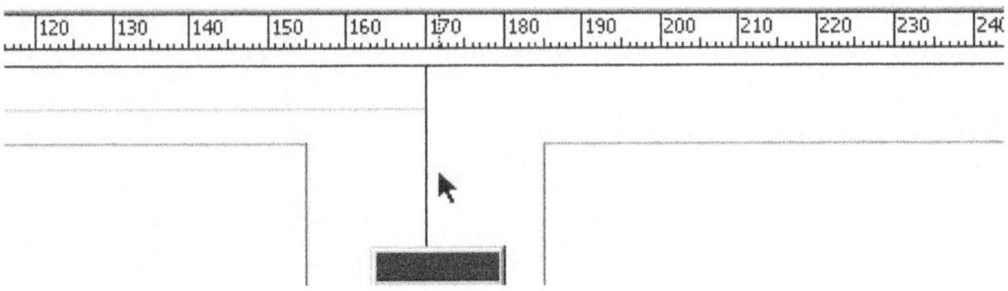


Certifique-se de posicionar as duas linhas na mesma posição. Use a régua para o perfeito encaixe e aumente o zoom se necessário para checar o encaixe das linhas.

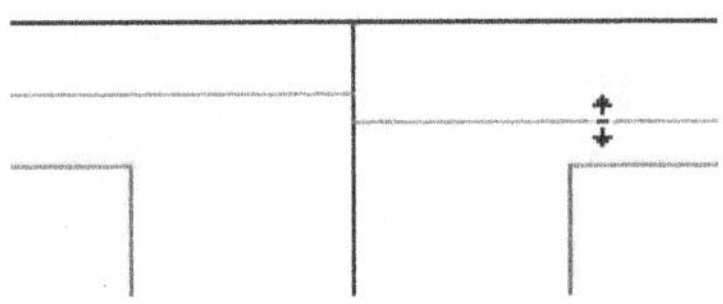

Aplicando o zoom e corrigindo o posicionamento.

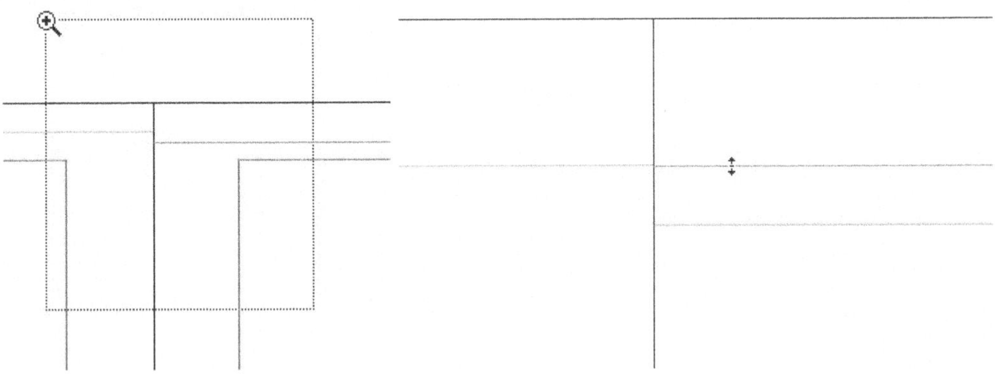

# Inserindo cabeçalho

Com a ferramenta tipo selecionada, clique, segure e arraste em qualquer lugar da página para abrir um quadro (ou box) de texto, onde será possível digitar o conteúdo do cabeçalho (lado esquerdo).

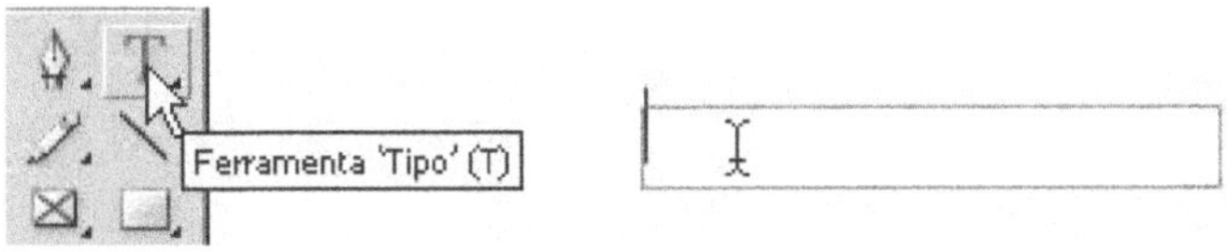


Se o cabeçalho for composto do número da página e mais algum texto, a primeira coisa a ser digitada será o texto.

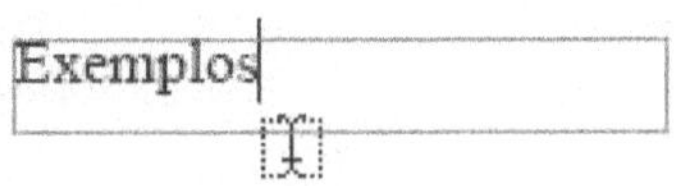


Em seguida, posicione o cursor no local onde deseja que seja exibido o número da página e depois clique em Tipo > Inserir caractere especial > Marcadores > Número da página atual.

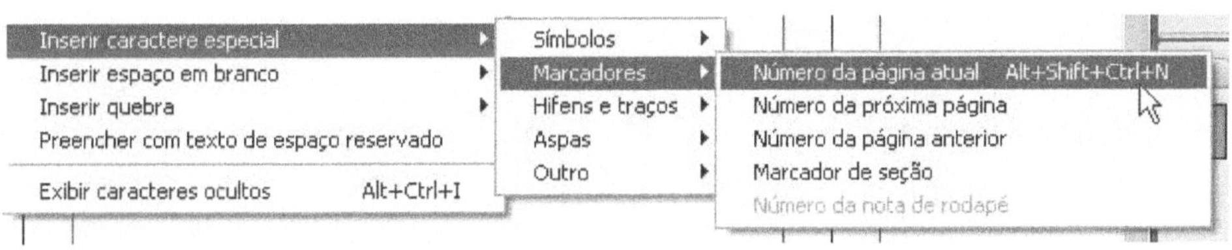


Um B será inserido onde o cursor estiver.

Como o B ficou muito próximo do texto dê um espaço usando o Tab.

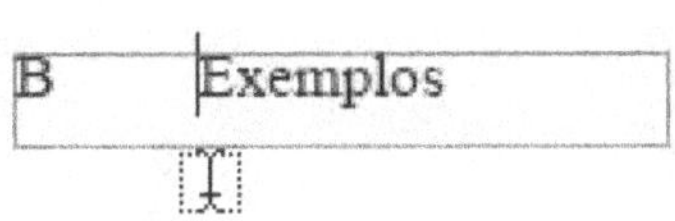

Pronto, agora selecione a ferramenta ponteiro para poder mover o quadro de texto da sua posição atual até a linha guia no topo da página.

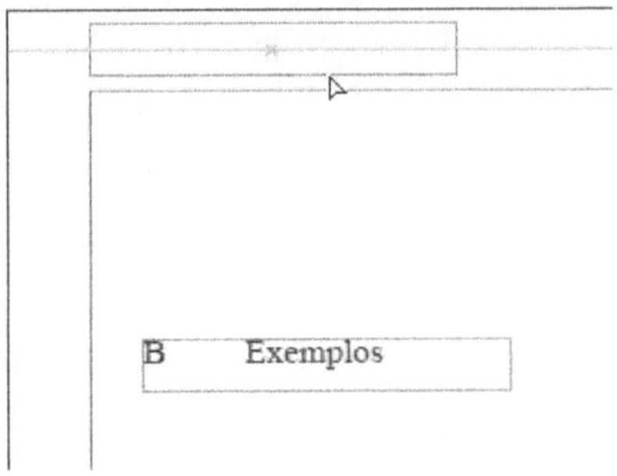


Repare que fiz o alinhamento baseado no centro (X) do quadro de texto sobre a linha guia e, visualmente, fiz o alinhamento lateral com base nas margens do documento.

A figura a seguir mostra como deverá ser a aparência do cabeçalho do lado esquerdo após o processo.

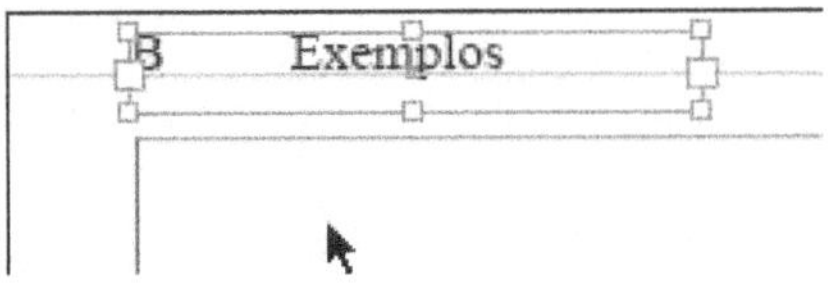


Para o lado direito, usaremos o mesmo procedimento explicado para o lado esquerdo, a única diferença será o texto inserido, veja:

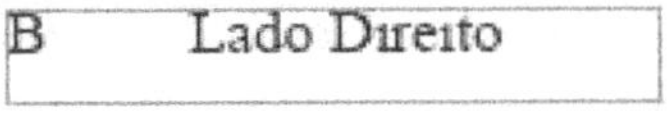


**Nota**

Repare que tanto no lado esquerdo como no direito não aparece a numeração de página e sim o B. Isso ocorre, pois você está na página-mestre, quando você estiver na página do documento (independente da página) tudo estará normal.

Apesar de a linha guia continuar aparecendo, ela não será impressa e aparecerá em todas as páginas tendo em vista que ela foi inserida na página-mestre. Ainda no menu Inserir caractere especial, você verá mais duas opções para numeração de páginas. A numeração da próxima página e a numeração da página anterior.

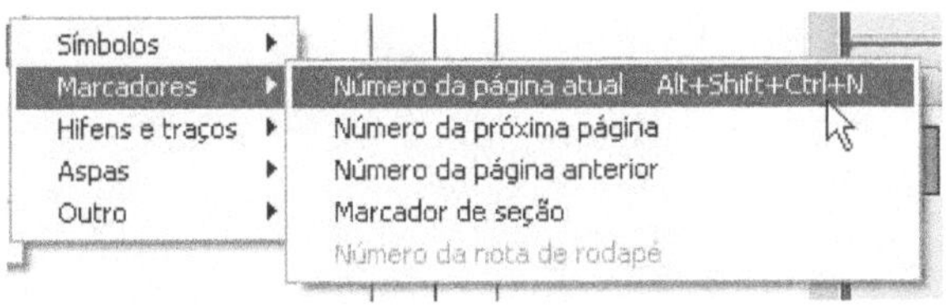


Experimente essas ações e guarde a informação para quando estiver fazendo um manual técnico, por exemplo, onde são comuns as numerações tipo "Página 1 de 20" ou "veja a página 5".

Outra novidade é que mesmo estando na página simples, você poderá inserir a numeração de automática de página, como mostra a figura a seguir.

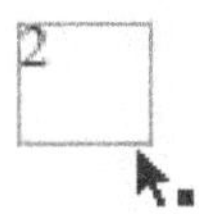

No exemplo anterior, inseri a numeração na página 2 do documento. Além de inserir a numeração diretamente na página, você também pode mover a numeração de uma página para a outra e automaticamente o InDesign fará o ajuste da numeração.

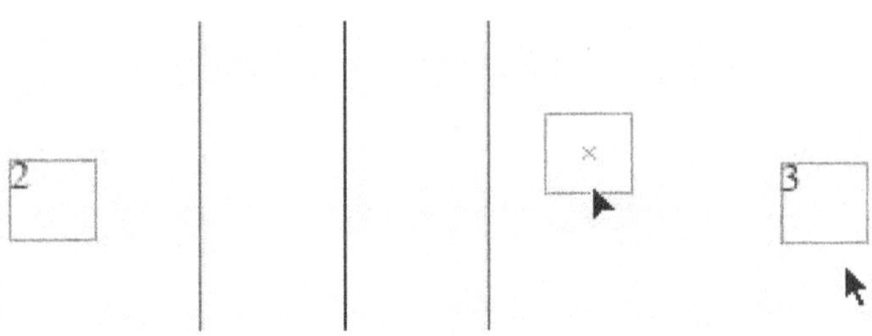

## Aplicando a página-mestre

Agora que você já configurou o cabeçalho na página-mestre cabeçalho, vamos aplicar a página-mestre às demais páginas do documento.

Na paleta Páginas, repare que existe apenas uma única página no documento (determinado no início do projeto).

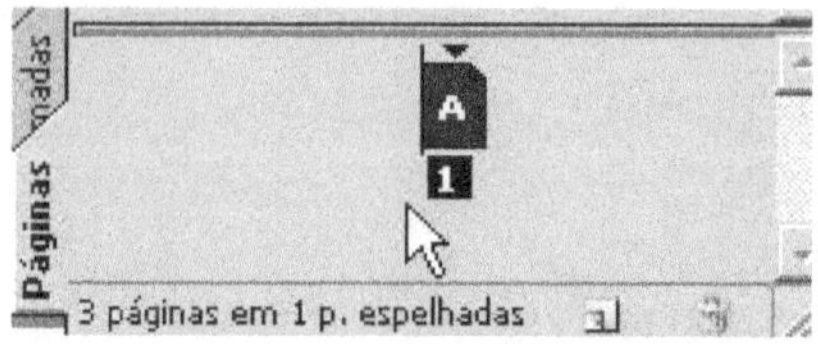


Clique em Criar nova página.

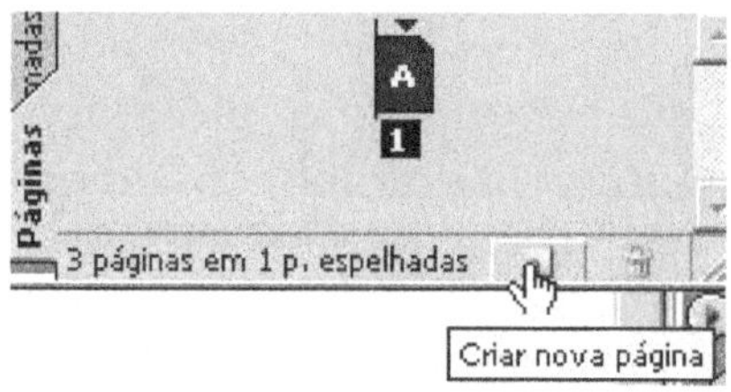


Uma nova página será inserida. Repita a operação até obter três páginas no mínimo.

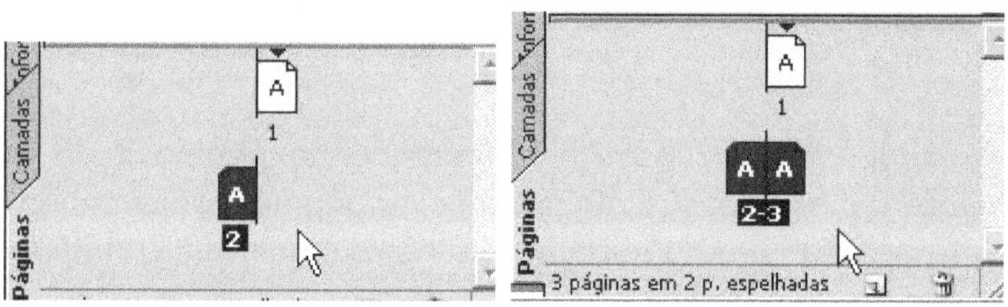


Esta é a forma rápida de inserir uma ou duas páginas. Se for necessário inserir um grande número de páginas, use a opção Inserir páginas do menu da paleta.

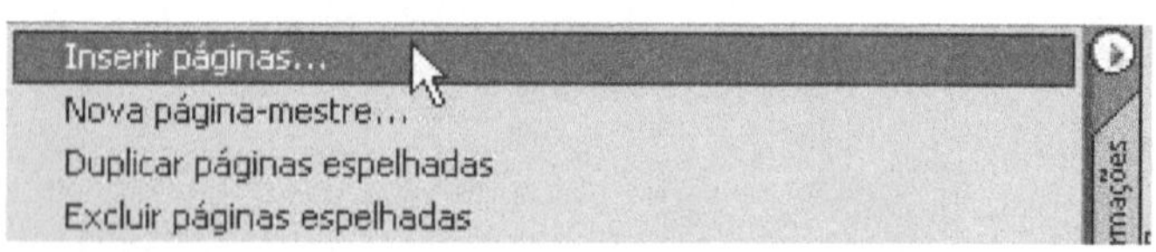

Com as páginas selecionadas, clique em Aplicar página-mestre a páginas.

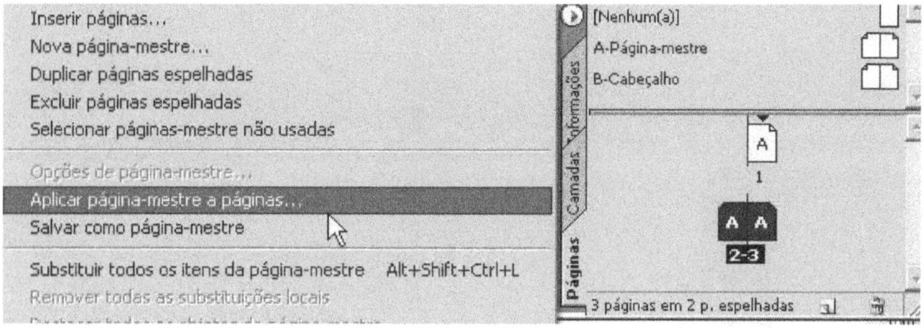


Na caixa, escolha a página-mestre cabeçalho.

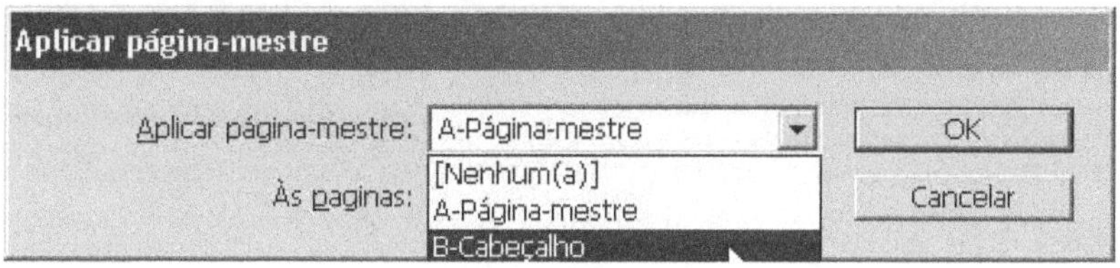


Informe em quais páginas deseja aplicar.

Clique em Ok. A página-mestre será aplicada e o cabeçalho será exibido.

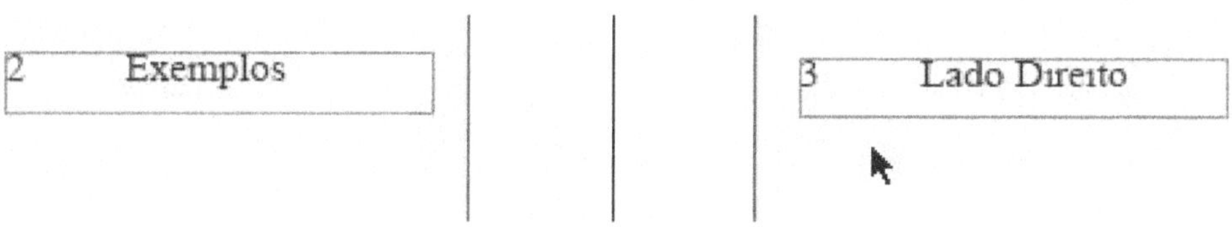


## Formatação da numeração

No projeto do livro, usaremos os cabeçalhos com dois estilos diferentes. Os números com negrito (**bold**) e o texto parte com negrito e parte sem negrito. Esse efeito foi conseguido utilizando-se as ferramentas de texto da paleta de controle de texto, porém nada impede de utilizarmos um estilo exclusivo para os cabeçalhos, mas a criação de estilo será definida no próximo capítulo. Selecione o texto a ser modificado e em seguida faça as alterações na paleta de controle.

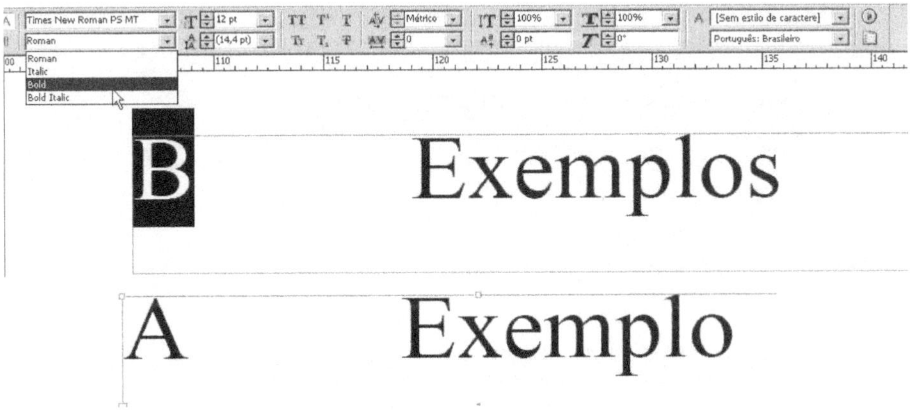


Para um perfeito posicionamento do cabeçalho, é necessário deixar uma área de respiração entre o cabeçalho e o topo da área reservada para o texto, como mostra a figura. Isso impedirá que letras como o g ou o p no cabeçalho fiquem muito próximas ou até mesmo sobre o texto do livro. No exemplo não usaremos rodapé, mas o processo de criação será o mesmo processo utilizado na criação do cabeçalho.

O B que aparece ao inserir a numeração de página automática é referente ao B que precede o nome da página-mestre. Experimente inserir a numeração de página automática na página-mestre A.

Por enquanto, serão os únicos elementos existentes em nossa página-mestre, mas nada impede de você inserir qualquer elemento na página-mestre. A figura a seguir mostra a página-mestre com um elemento gráfico e a sua visualização nas páginas do documento.

## Nota

Na página esquerda, somente aparecerão os elementos que estiverem na página esquerda da página-mestre e o mesmo ocorre com a página da direita.

É comum esquecermos algum elemento perdido na página-mestre e só descobrirmos após a impressão ou envio do material para o cliente. Muito cuidado com o uso e com as alterações na página-mestre.

# Deletando a página-mestre

Para deletar uma página-mestre basta clicar sobre o nome dela, segurar e arrastar até o ícone de lixeira na parte inferior da paleta.

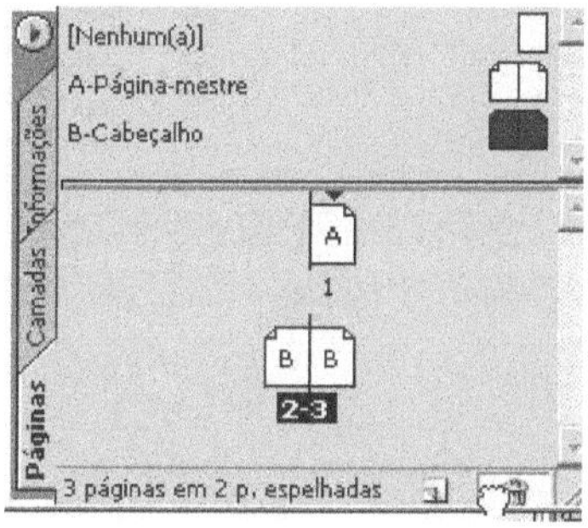


Para a nossa sorte, o InDesign® informará que a página-mestre que está sendo deletada está aplicada a algumas páginas do documento.

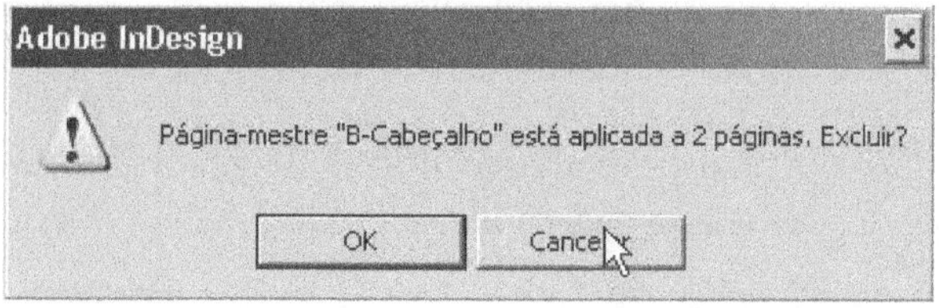


# Corrigindo erros

Antes de darmos continuidade aos próximos capítulos, é importante você saber toda a verdade sobre o comando Desfazer.

Apesar de existir o comando Desfazer no InDesign®, eu recomendo e asseguro que não há recurso melhor do que o Salvar, principalmente salvar a cada página produzida ou de tempo em tempo.

Veja a seguir o que o help do programa diz sobre o recurso Desfazer e o recurso Reverter.

> *"... Se você mudar de opinião ou cometer um erro, poderá cancelar uma operação longa antes de sua conclusão, desfazer alterações recentes ou reverter para uma versão salva anteriormente. Além disso, pode desfazer ou refazer centenas de ações recentes; no entanto, o número exato pode ser limitado de acordo com a quantidade de RAM disponível e os tipos de ações executadas. A série de ações é descartada quando você escolhe o comando 'Salvar como', fecha um documento ou sai do programa.*
>
> *Escolha uma das seguintes opções:*
>
> - *Para desfazer a última alteração, escolha Editar > Desfazer [ação].*
> - *Para refazer uma ação que acabou de desfazer, escolha Editar > Refazer [ação].*
> - *Para desfazer as alterações feitas desde o último salvamento do projeto, escolha Arquivo > Reverter.*
> - *Para fechar uma caixa de diálogo sem aplicar alterações, clique em Cancelar. "*
>
> *O InDesign® oferece duas formas para que você corrija erros ou reverta as ações efetuadas: selecione Editar > Desfazer ou Arquivo > Reverter.*
>
> *O InDesign® registra sua última ação e permite que você a reverta, selecionando Editar > Desfazer. No entanto, você deve selecionar esse comando antes de executar qualquer outra ação.*

Para abandonar todas as mudanças e exibir a versão mais recente salva da sua publicação:

1. Selecione o comando Arquivo > Reverter.

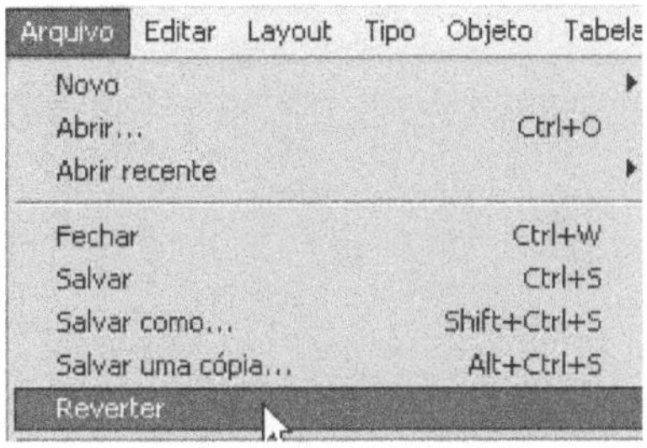


2. Clique em Sim na mensagem de alerta exibida.

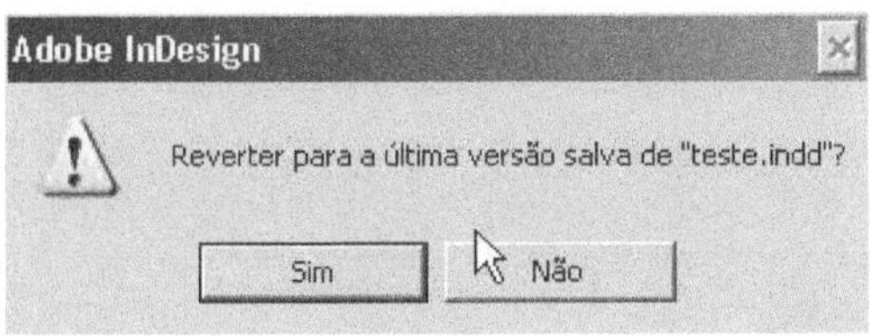


**Nota**

O comando Reverter também pode restaurar sua última versão do salvamento especial, uma versão do arquivo que o InDesign® CS salva automaticamente sempre que você passa para uma nova página, insere ou exclui uma página, muda a configuração de um documento ou imprime.

Disso tudo, o mais importante que você precisa saber sobre o comando Desfazer é: No InDesign, o comando Desfazer é ilimitado, mas não confie muito nele!

## O que você aprendeu

- Criar um documento do zero
- Criar páginas-mestre
- Criar cabeçalhos e rodapés
- Manipular páginas-mestre
- Manipulação de erros

## Capítulo 03

# Objetos gráficos

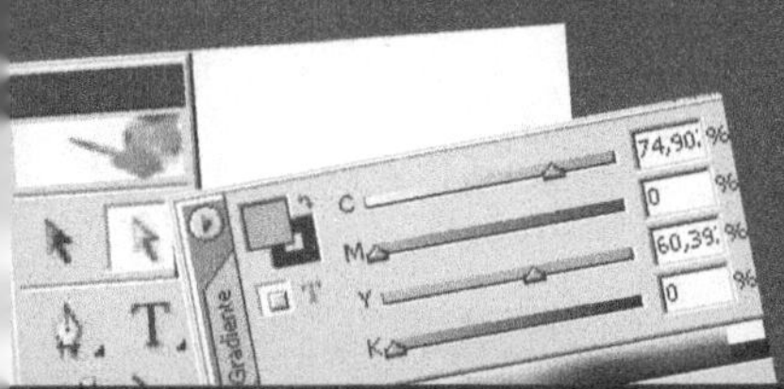


### Neste Capítulo...

- Retângulos
- Selecionar objetos
- Cor
- Tracejado
- Gradiente
- Elipse
- Fios

**Agora que você já sabe como criar o modelo das páginas internas (usando as páginas-mestre) vamos partir para a criação da página de abertura de cada capítulo, onde trabalharemos com alguns recursos do InDesign® não apresentados até o momento.**

**A figura a seguir mostra a aparência da sua área de trabalho. Observe na parte inferior da tela que o documento já dispõe de cinco páginas, três ímpares e duas pares que foram previamente inseridas. Clique na primeira página para que possamos começar a montar a página de abertura dos capítulos.**

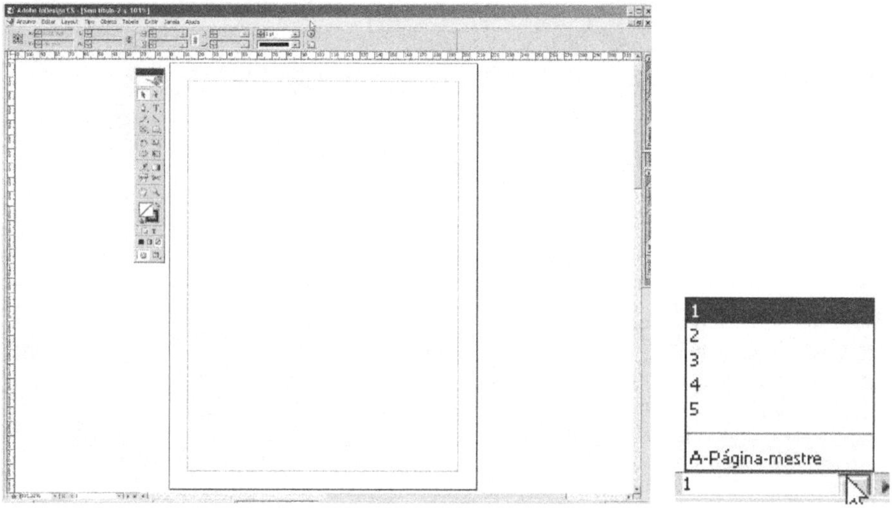


Como estamos criando o projeto para um livro, o ideal é que a página de abertura dos capítulos sempre comece em uma página da direita (página ímpar).

A primeira página deverá ter a mesma aparência da figura a seguir, sem nada. Isso pelo fato de não termos aplicado a página-mestre a esta página, portanto não há exibição dos cabeçalhos ou qualquer outro elemento que você possa ter incluído na página-mestre. O primeiro elemento que iremos colocar na página em branco é um retângulo com preenchimento (cor) que cobrirá aproximadamente 40% da página.

Antes de criarmos o retângulo, sugiro reduzir a visualização para 75% ou 50%, dependendo do monitor e da resolução utilizada no seu sistema. Isso será útil para que você tenha uma total visão das páginas e das bordas.

Na caixa de ferramentas, clique na ferramenta retângulo para que possamos criar o retângulo. Em seguida, clique fora da página, segure e arraste o mouse sobre a página. Um retângulo será criado de acordo com o tamanho que você desejar.

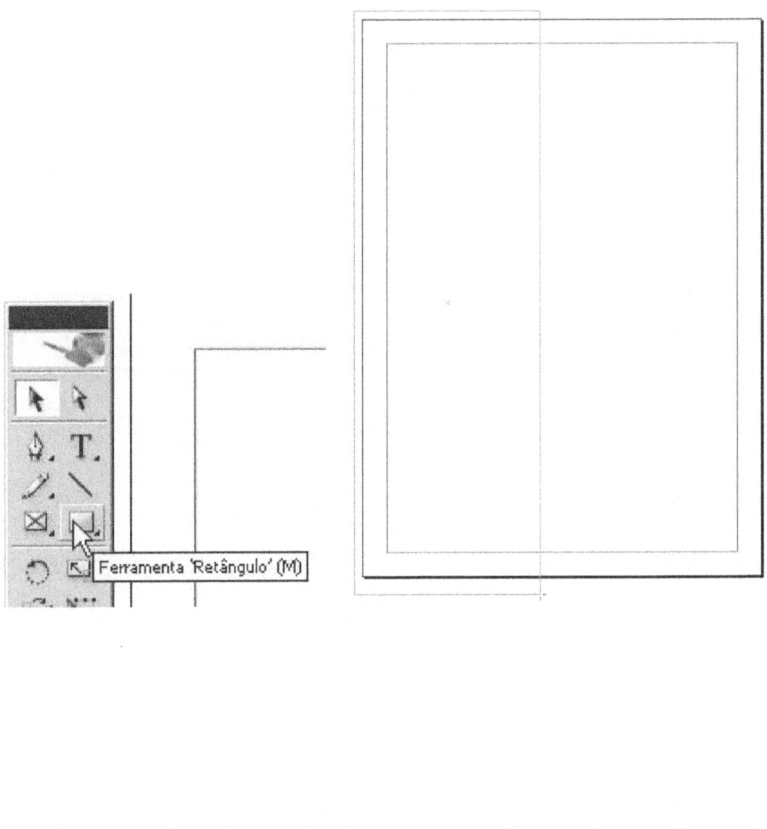

## Redimensionando e movendo o objeto retângulo

Observe que o retângulo ficou para maior do que 40% da página. Existem duas formas de fazer com que ele fique exatamente como queremos:

- A primeira é uma forma visual e estética, ajustando o retângulo conforme desejado.
- A segunda é uma forma milimetricamente correta, onde você terá que fazer uso das réguas e guias para determinar, de acordo com a área total da página, onde começa e onde termina o retângulo.

Como não estamos, por enquanto, nos preocupando com a exatidão numérica, vamos acertar o retângulo sem o uso da régua. Clique na ferramenta ponteiro e depois clique sobre o retângulo. Observe que, ao redor do retângulo, surgiram marcações (delimitadores) que servirão para redimensionar e para arrastar o retângulo

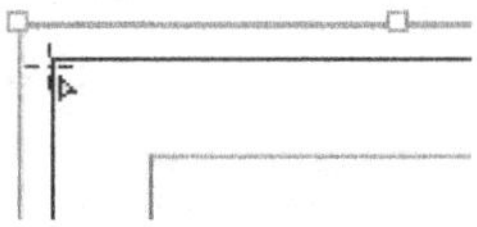

Clique sobre os delimitadores, segure e arraste até obter o retângulo desejado. Você poderá redimensionar o retângulo diagonalmente,

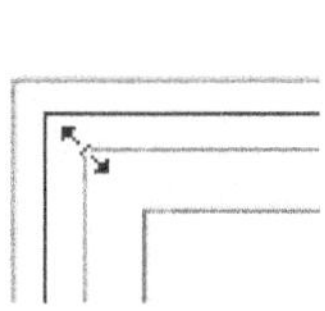

verticalmente,

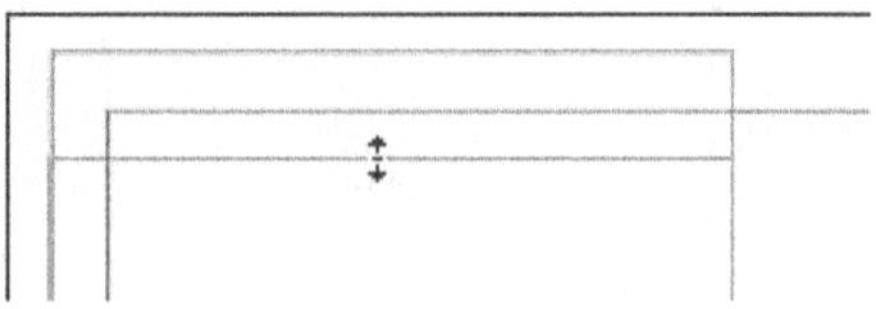

e horizontalmente.

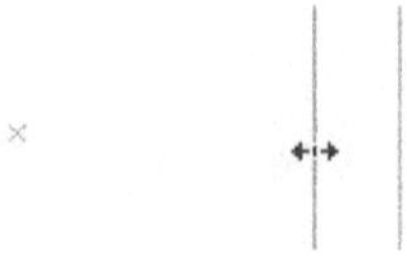

Para mover o retângulo, clique sobre as linhas do retângulo, segure e arraste para a posição desejada.

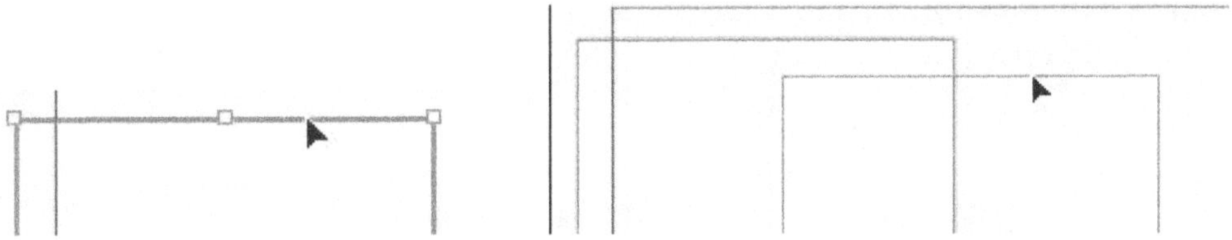

Ao final, a página deverá ter a seguinte aparência:

## Nota

Observe na figura anterior que o retângulo excede as margens e também a área da página. Isso foi feito para podermos utilizar o recurso de sangria de página. Sangria é quando você deseja que um elemento (em geral um elemento preenchido com uma determinada cor) ultrapasse os limites das páginas, servindo como um marcador de página. Com a sangria, durante a impressão toda a área externa da margem será preenchida.

# Um retângulo de três lados

Claro que não existe um retângulo de três lados. Foi apenas para ver se você está realmente concentrado ou está de olho na televisão. Até agora toda a movimentação feita no retângulo foi através do uso da ferramenta seleção. Repare que, ao lado da ferramenta Seleção, existe a ferramenta Seleção direta.

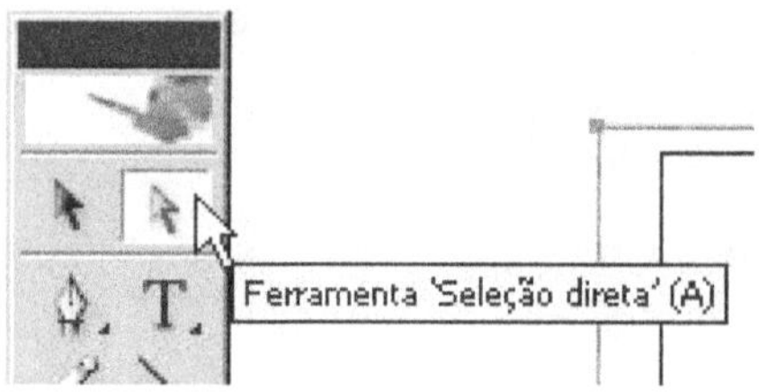


A Seleção direta permite selecionar o conteúdo de um quadro (como um gráfico), ou trabalhar com objetos editáveis, como traçados, retângulos ou tipos convertidos em contorno de texto.

**Nota**

Para selecionar, você pode usar também o comando Objeto > Selecionar e em seguida escolher uma das opções disponíveis no submenu, conforme mostra a figura a seguir:

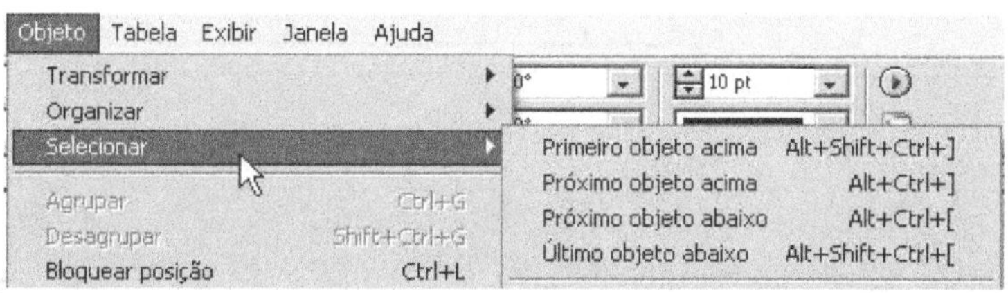

Veja a seguir as maravilhas que essa ferramenta pode fazer:

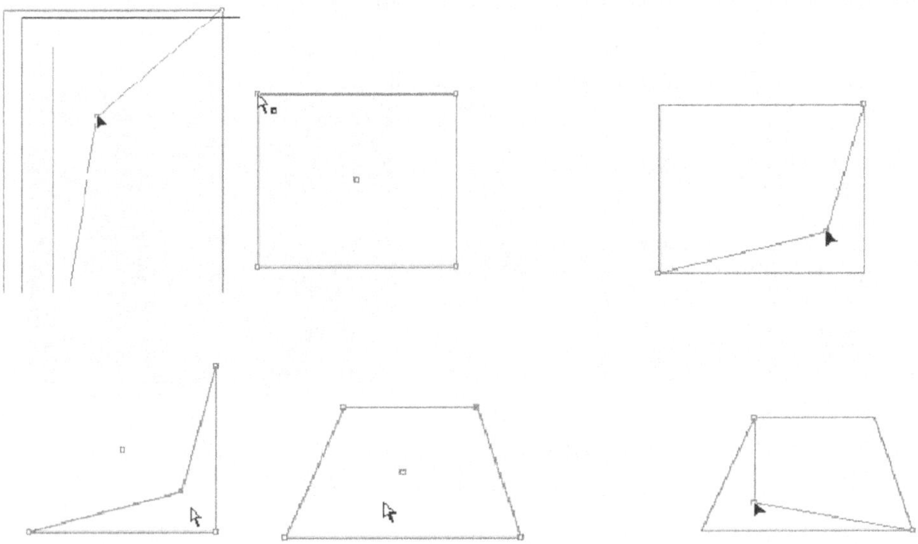

## Colorindo o retângulo

O próximo passo será preencher o retângulo com uma cor. Selecione o retângulo com a ferramenta Seleção.

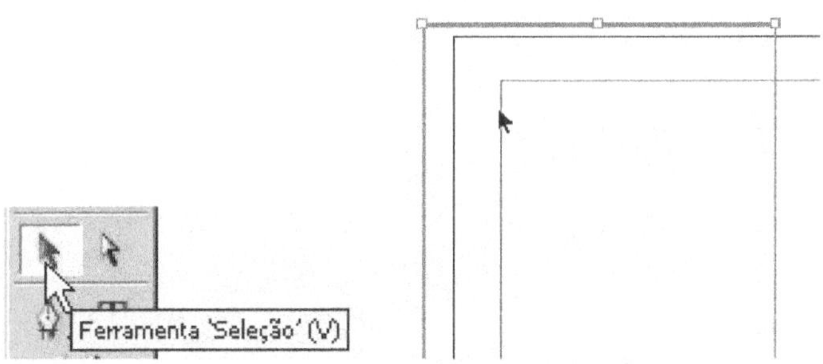


Na caixa de ferramentas, clique em Preenchimento.

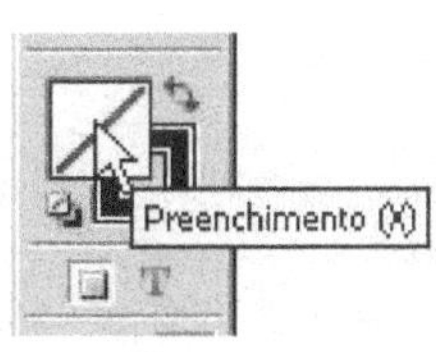


Como o primeiro quadro está com uma linha transversal, significa que nenhuma cor está selecionada e, por isso, o retângulo está sem nenhuma cor. Clique em Cor na paleta, no lado direito da tela. Na paleta, escolha o tom de cinza, clicando sobre a barra de tons. Automaticamente o retângulo criado anteriormente será preenchido com a cor selecionada.

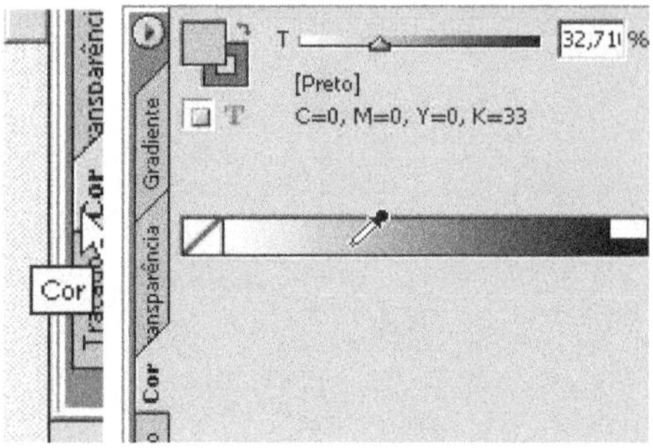

Aqui você também pode notar pequena diferença entre a paleta Cor no CS5 (abaixo) em relação às versões anteriores (acima).

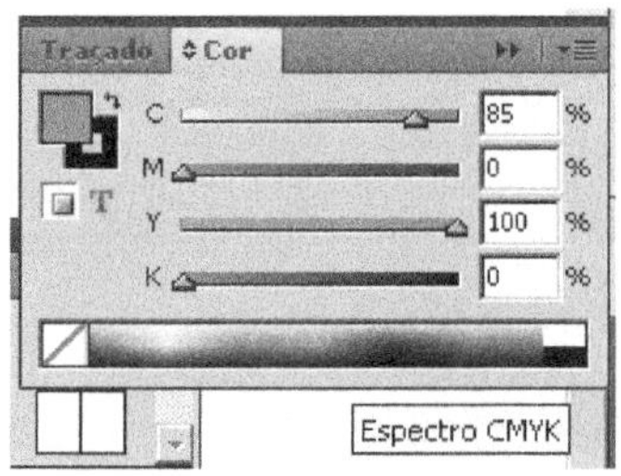


No exemplo anterior, usamos apenas tons de cinza. Se você desejar colocar uma cor, por exemplo, verde, clique no menu da paleta e selecione CMYK.

A paleta Cor mudará e ficará igual a figura a seguir.

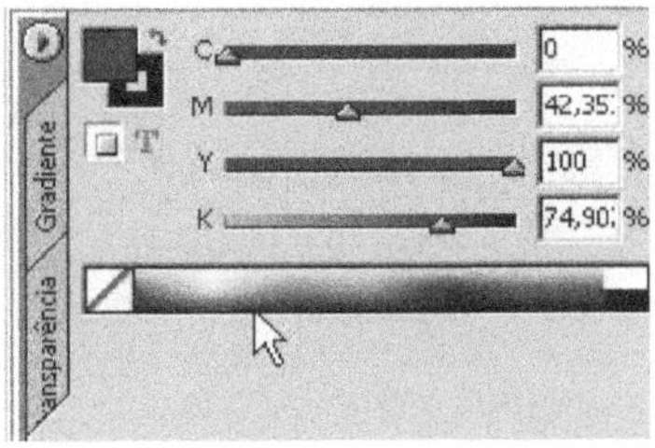


Certifique-se de que o comando Exibir opções do menu da paleta está ativo, caso contrário a paleta ficará como na figura a seguir, à direita.

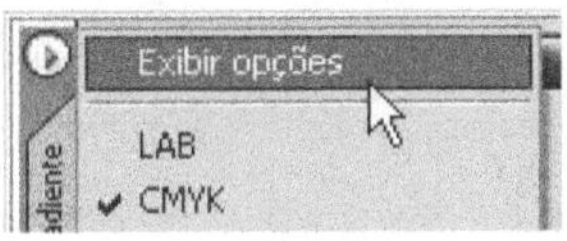

Agora, basta selecionar a cor desejada para que ela seja aplicada ao retângulo.

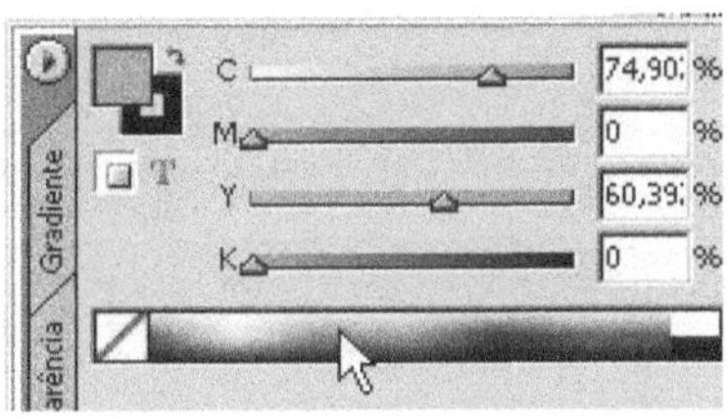


Você poderá alterar o percentual da cor a ser aplicada para conseguir variações de tom.

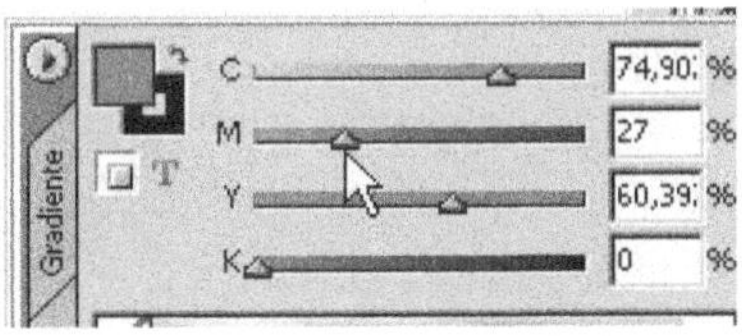


Conforme você altera os percentuais, o efeito é mostrado no retângulo onde a cor está sendo aplicada.

# Traçado

Na paleta Traçado será possível configurar o contorno do retângulo. A primeira coisa que você deverá configurar é a espessura do fio. Clique em Espessura e insira o valor (em pontos) da espessura desejada.

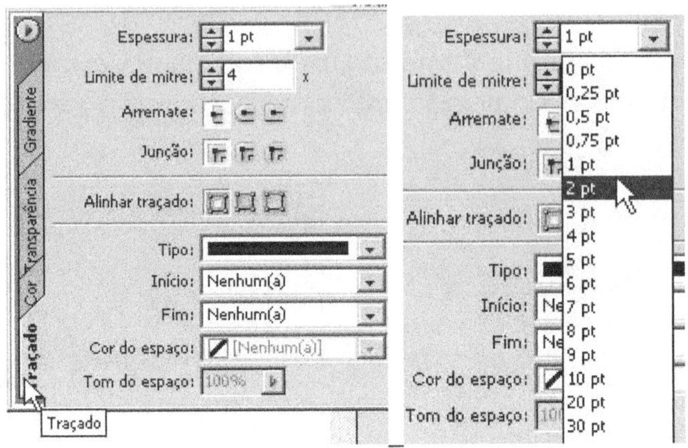


Ao selecionar a espessura, a mesma será aplicada ao retângulo.

Em seguida, selecione o tipo do traçado, escolhendo uma das opções disponíveis na caixa Tipo. Dependendo da espessura definida anteriormente não será possível visualizar as alterações feitas na paleta traçado, como ocorre na figura a seguir:

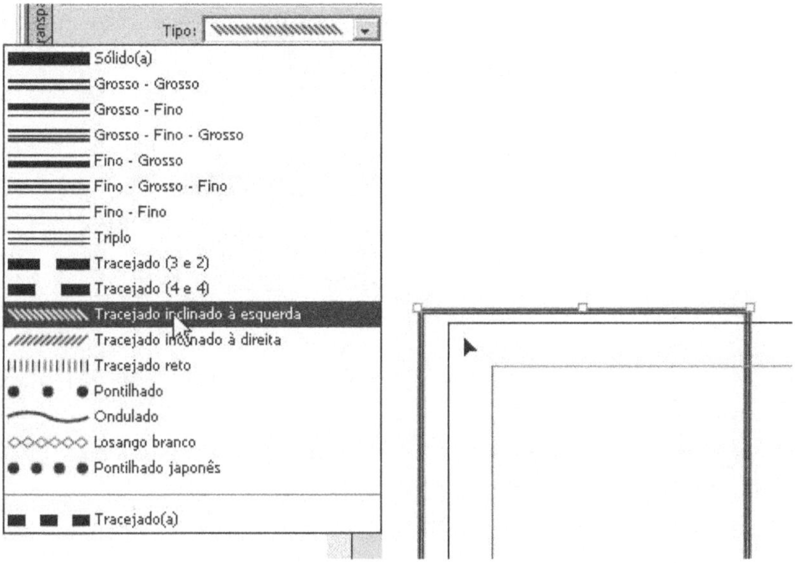


Se isso ocorrer, aumente a espessura para conseguir visualizar. Agora, você terá plena condição de ver o efeito.

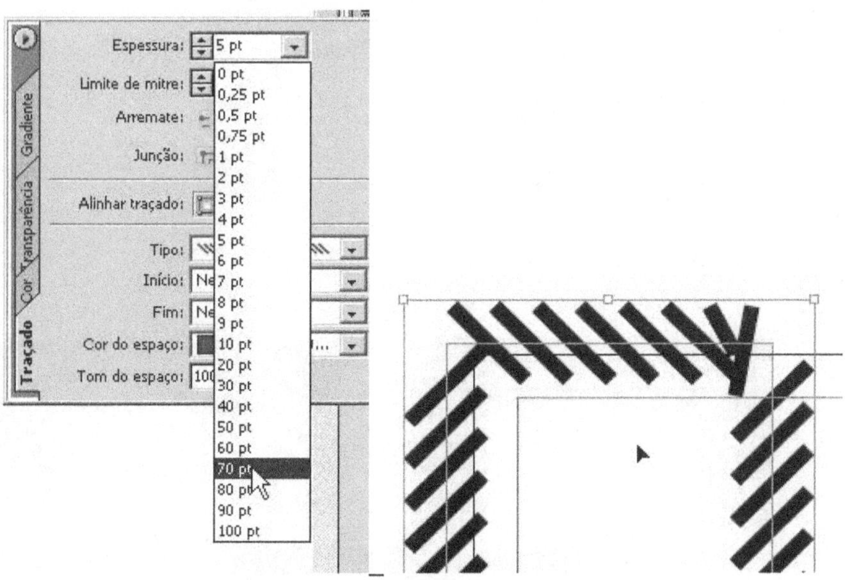

Agora, insira uma cor dentro do espaço existente entre as linhas que foram o retângulo.

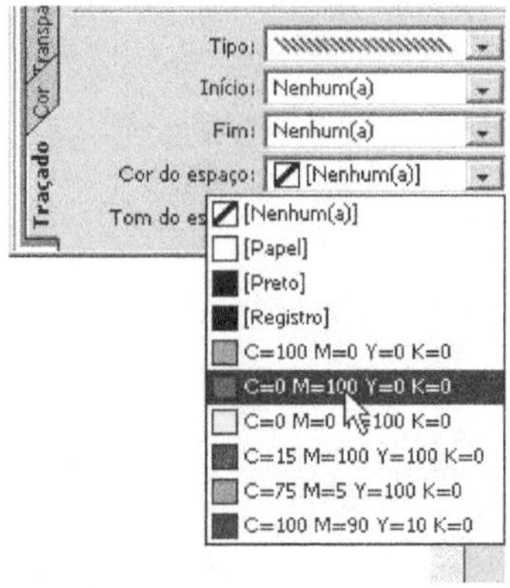


**Nota**

Dependendo de sua criatividade, o InDesign pode substituir, satisfatoriamente, alguns programas de desenho.

Após aplicar a cor do espaço, o resultado será similar ao da figura a seguir:

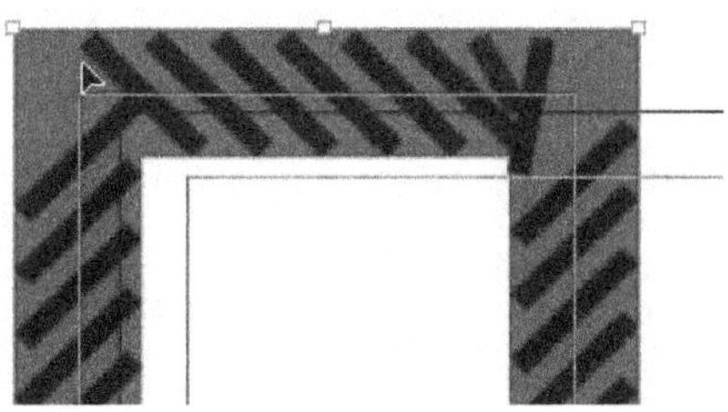

Mude o tipo de traçado e veja como ficará o retângulo.

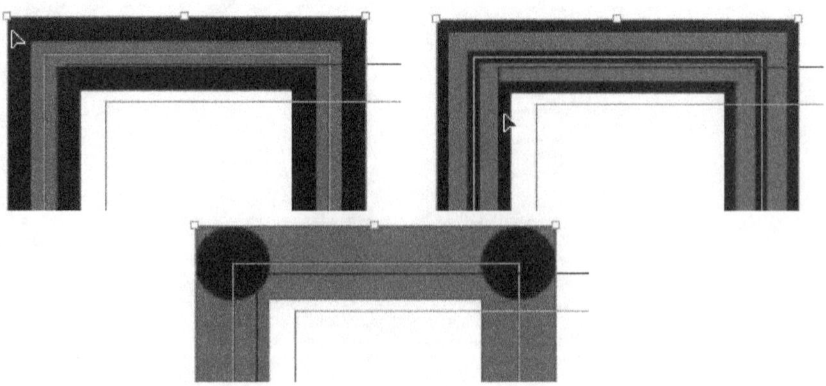

# Efeito de canto

Não fique limitado a trabalhar com retângulo com cantos padrões. Use o comando Efeitos de canto para criar variações de canto para os seus objetos. Clique em Objeto > Opções de canto.

Na caixa, selecione uma das opções disponíveis.

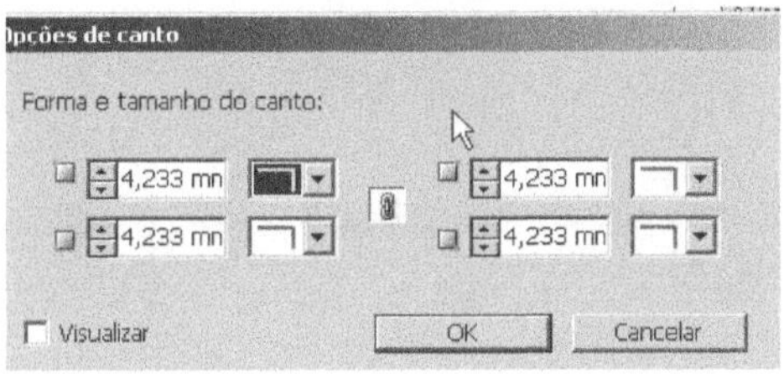


Em seguida, clique em OK e o retângulo terá um novo canto. No exemplo, selecionei o efeito Oblíquo.

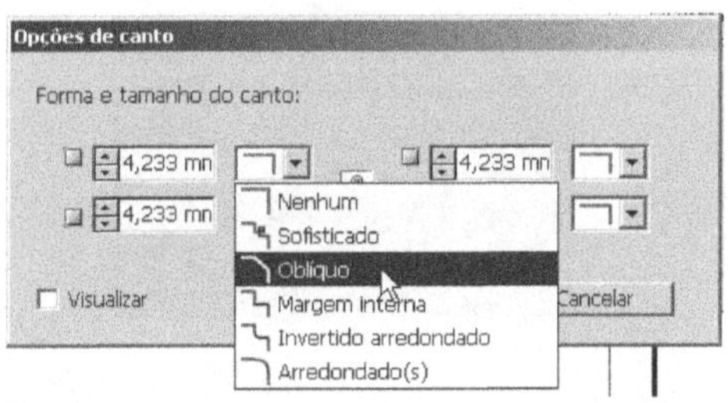


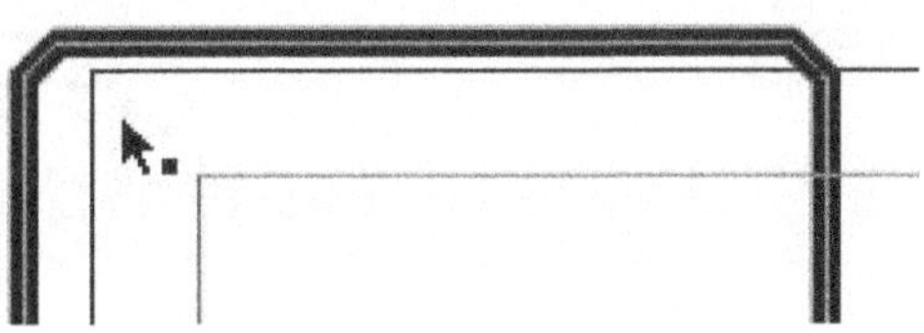

# Ferramenta Elipse

O próximo passo é criar um círculo onde colocaremos o número do capítulo. Clique na ferramenta Elipse, segure e arraste o mouse até a posição onde deseja inserir o círculo, como na figura a seguir:

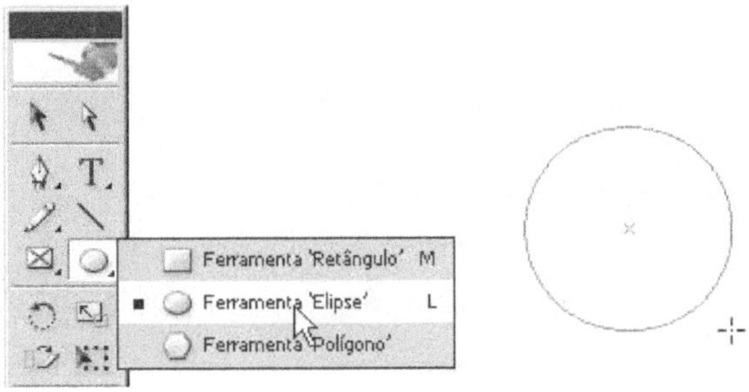


Para mover e redimensionar o círculo, você deve usar a mesma técnica utilizada para o retângulo.

Posicione a elipse sobre o retângulo, como mostra a figura a seguir:

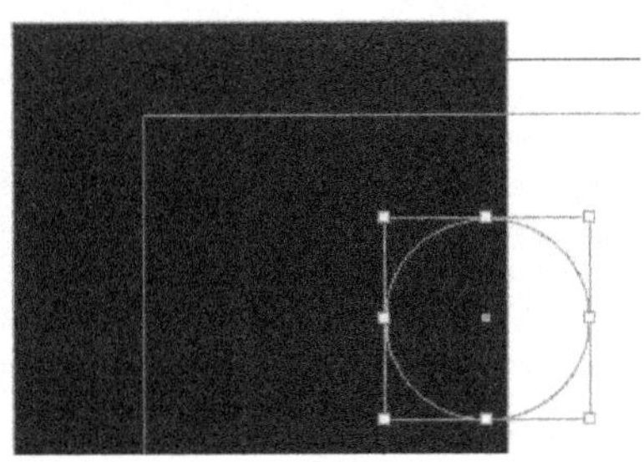

Agora, com a elipse selecionada, clique na paleta Gradiente (Janela > Cor > Gradiente no CS5).

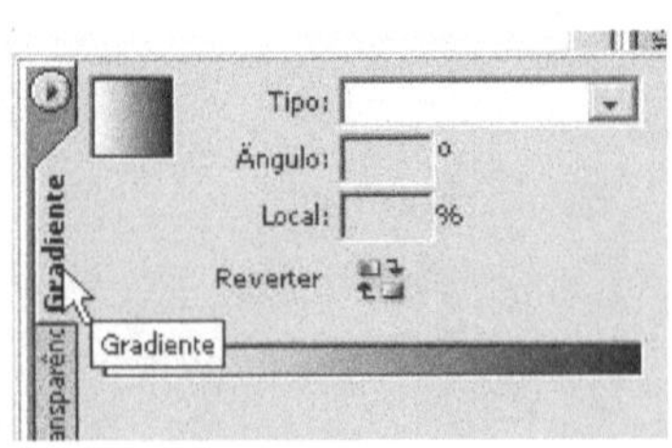

Escolha o tipo de gradiente na caixa Tipo.

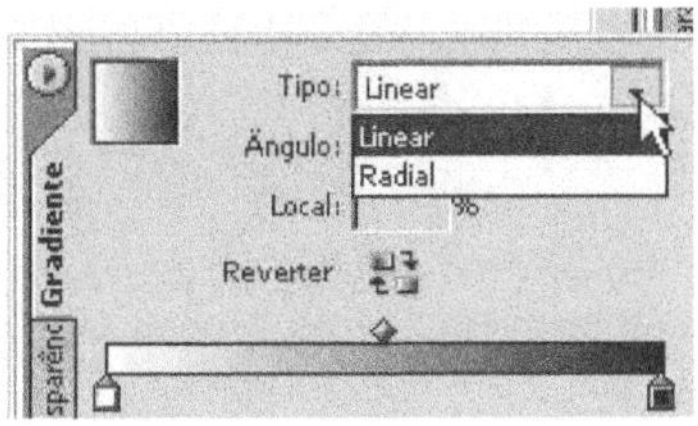


A aparência da elipse agora será como a mostrada na figura a seguir:

Clique em reverter para mudar os lados do gradiente.

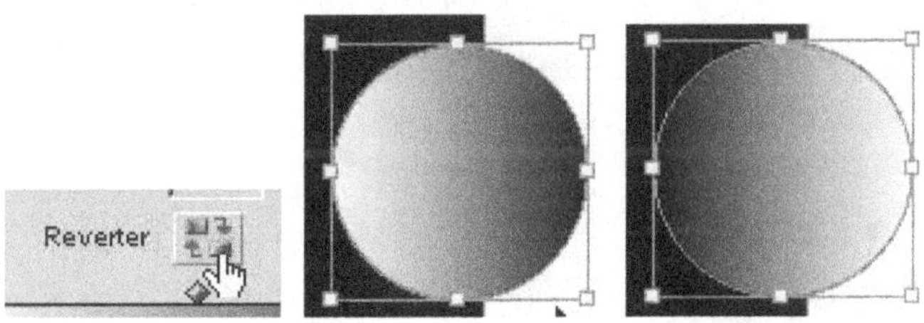


Se você deslocar a barra de tons, obterá novos efeitos para a elipse.

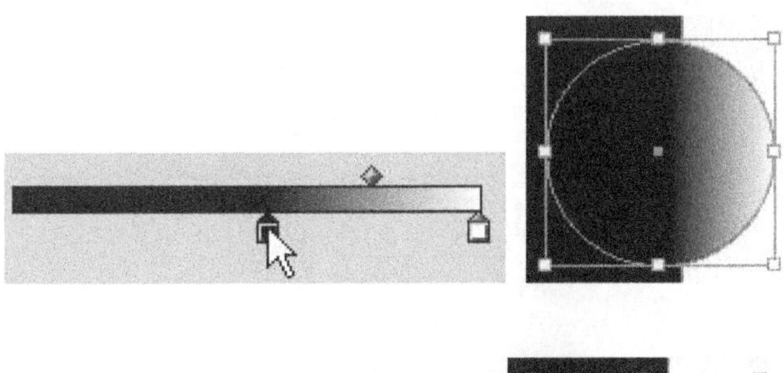

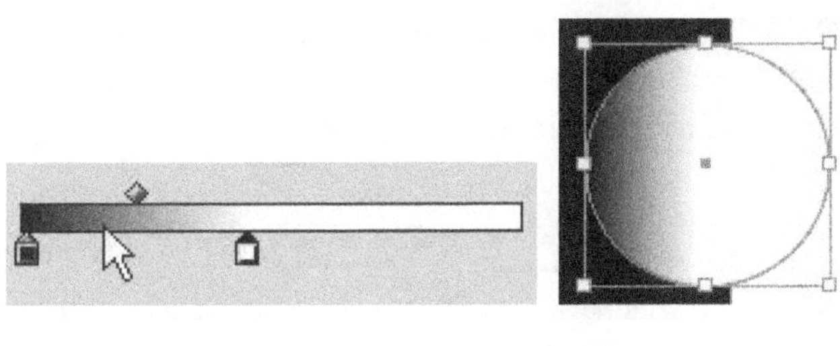

**Nota**

Tenha sempre em mente que um bom resultado sempre dependerá da sua criatividade e do bom uso dos recursos do InDesign.

Para o nosso projeto, vamos deixar a elipse toda branca e uma das formas de fazer isso é movendo a barra até que o branco predomine.

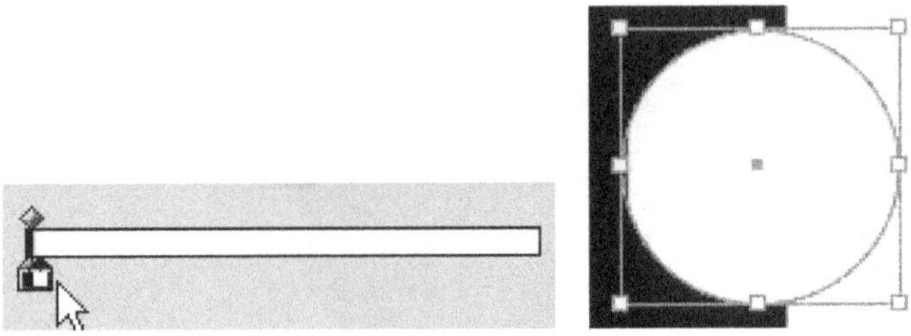

## Inserindo texto

Agora vem a parte mais interessante do InDesign®. O uso da ferramenta Tipo e de toda a sua versatilidade. Clique na ferramenta Tipo, segure e arraste em qualquer local da página. O cursor irá piscar no ponto de inserção de texto.

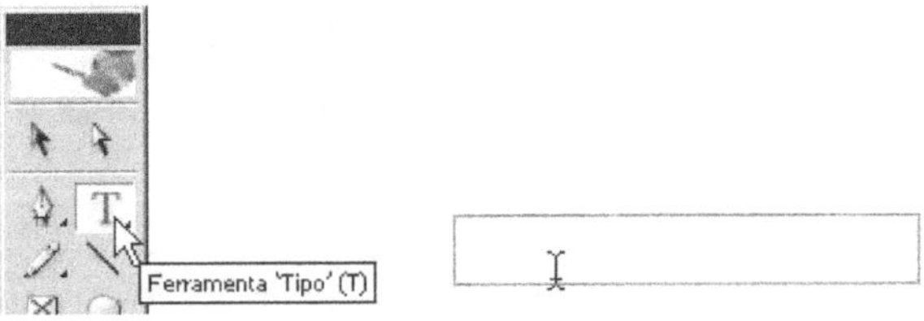


Digite o conteúdo do texto, neste caso o número 1 para indicar o capítulo 1.

Você poderá formatar o texto digitado da forma que desejar (alterando cor, fonte, tamanho, alinhamento, espaçamento e muito mais). Para fazer isso, use a caixa de controle na parte superior da tela.

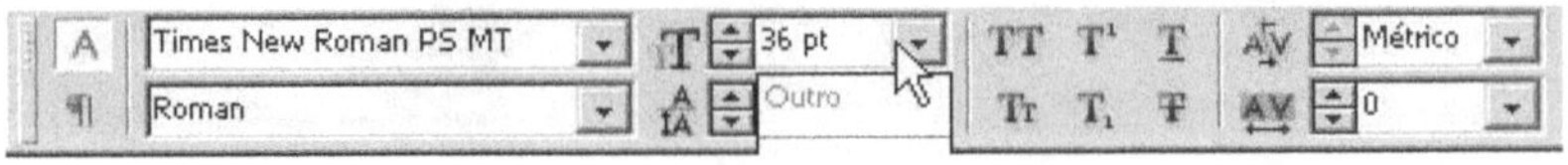

Tendo definido a forma como você quer o número 1, clique sobre ele com a ferramenta Seleção e arraste até posicioná-lo sobre o círculo criado anteriormente.

Provavelmente, o numero 1 será sobreposto pela elipse. Então, teremos que organizar a forma de exibição dos elementos. Ou seja, quem aparece sobre quem.

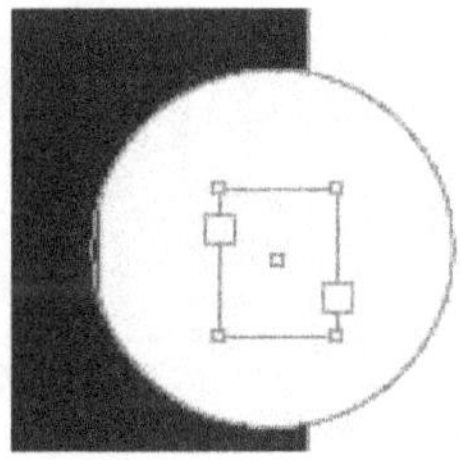

Pressione a tecla Ctrl e clique sobre o ponto onde está o número 1 (mesmo que você não consiga vê-lo) até selecioná-lo.

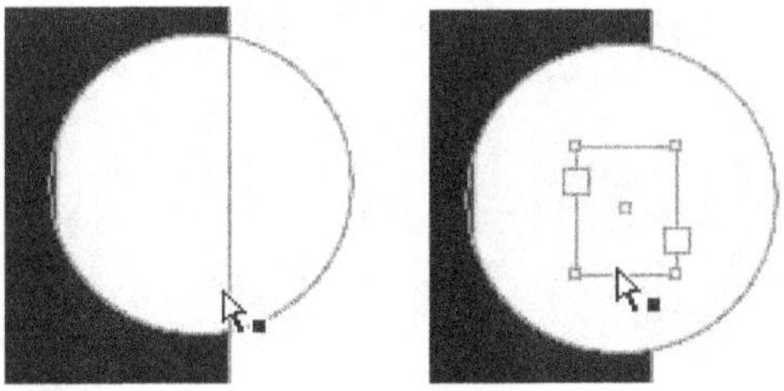

Na figura a seguir, selecionei o círculo e a caixa de texto do número 1. Para isso, utilizei a tecla Ctrl juntamente com a tecla Shift e o botão esquerdo do mouse.

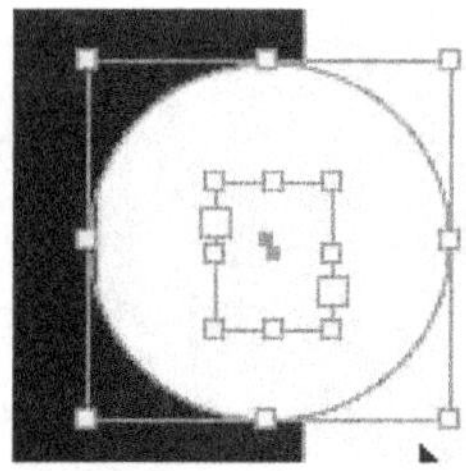

Como queremos que o retângulo fique por último, clique no retângulo e depois selecione Objeto > Organizar > Enviar para trás. Com isso o retângulo será enviado para trás de todos os outros elementos. Repita a operação com o círculo, porém use a opção Trazer para frente para que ele fique sobre o retângulo. Faça o mesmo para a caixa de texto do número 1 para que ela fique sobre todos os demais elementos.

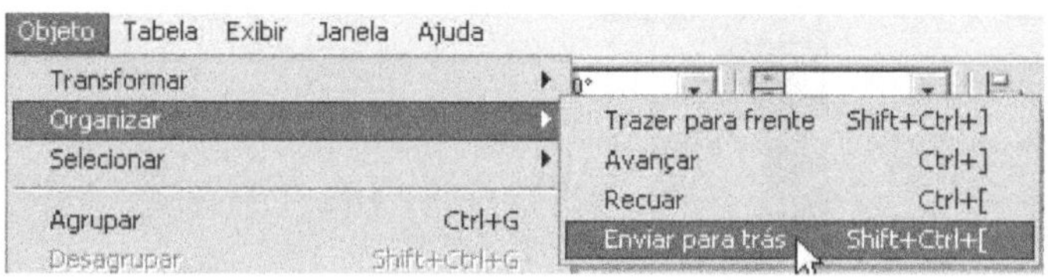

Crie agora uma nova caixa de texto para o título do capítulo.

Para o título do capítulo, utilizei na formatação do parágrafo o uso de um fio acima do texto. Veja exemplo a seguir.

# Criando fios acima ou abaixo do texto

Para que o seu texto tenha a aparência da figura a seguir, use a opção Fios de parágrafo existente na paleta Parágrafo.

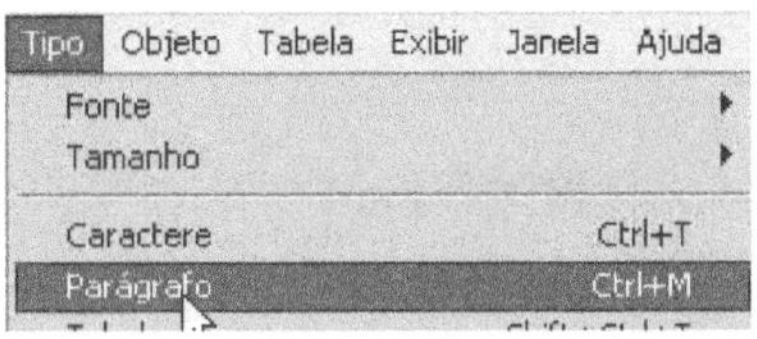


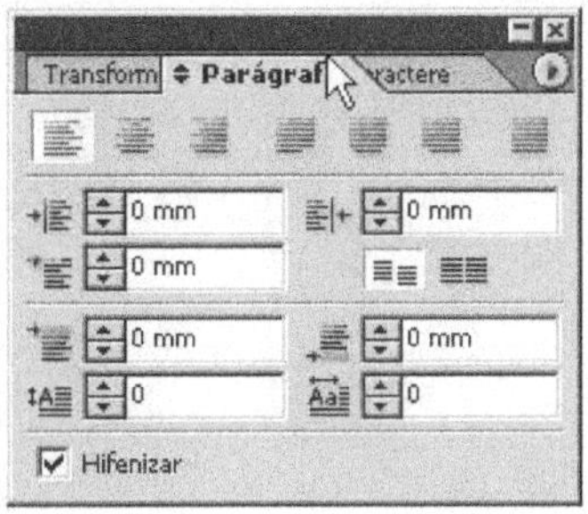


No menu da paleta Parágrafo, selecione Fios de parágrafo.

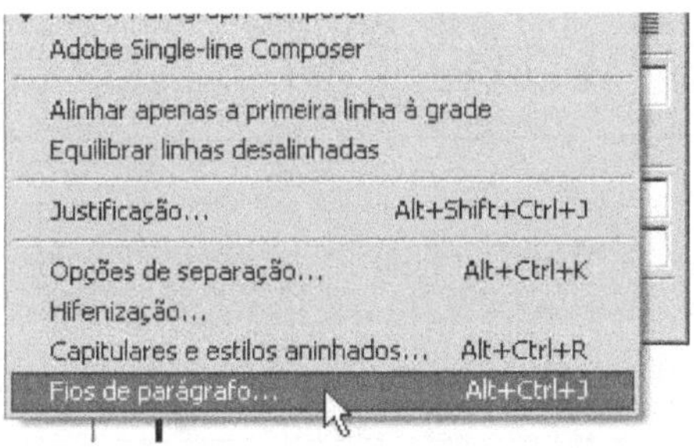


Na nova caixa que se abre, você poderá definir se quer um fio acima ou abaixo do parágrafo, bem como o tipo de fio, a sua espessura, a sua cor e o seu comprimento.

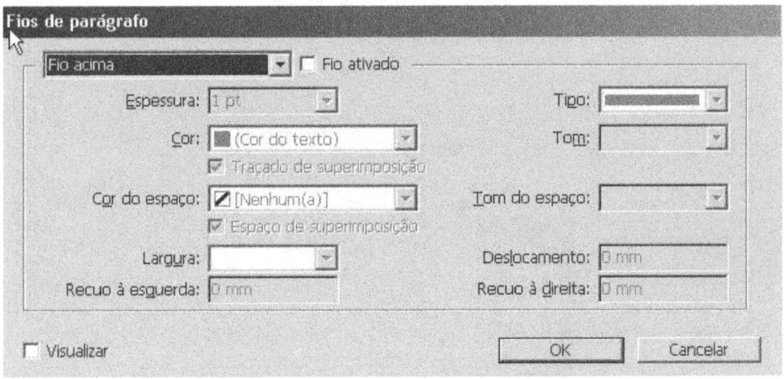

Para usar o fio, é necessário ativar a caixa Fio ativado e, preferencialmente, ative também a caixa Visualizar.

O comprimento poderá ser definido para acompanhar o tamanho do texto ou o tamanho da coluna, como mostrado nas figuras a seguir:

Aplique um zoom ao objeto para facilitar a configuração.

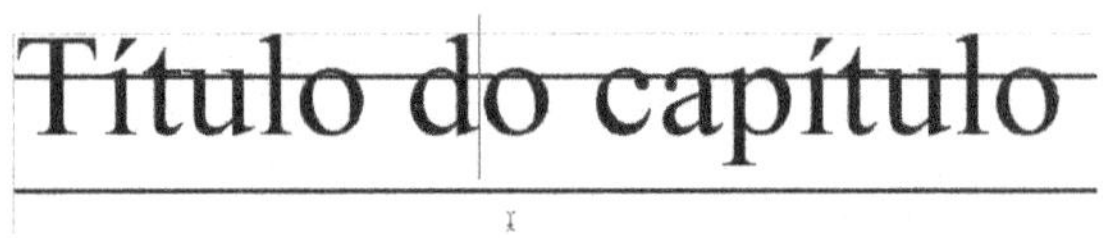


Repare que existe um erro no fio, pois está em cima do texto. Esse problema é facilmente resolvido com o deslocamento, em mm, do espaço fio. Veja:

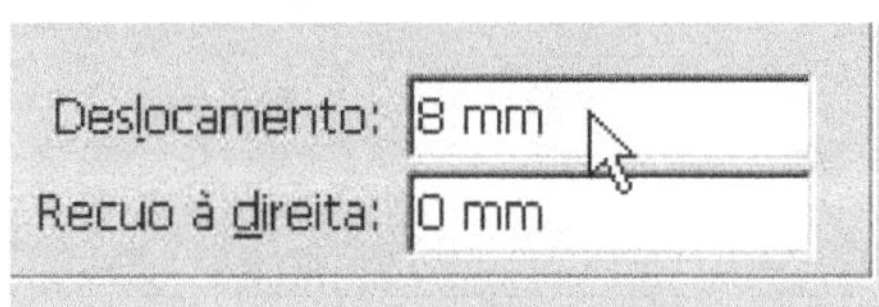


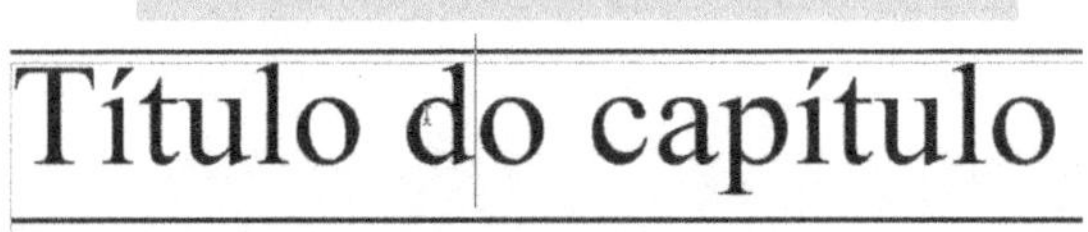


Depois de criado o estilo para o texto, posicione-o com a ferramenta ponteiro de acordo com a figura a seguir:

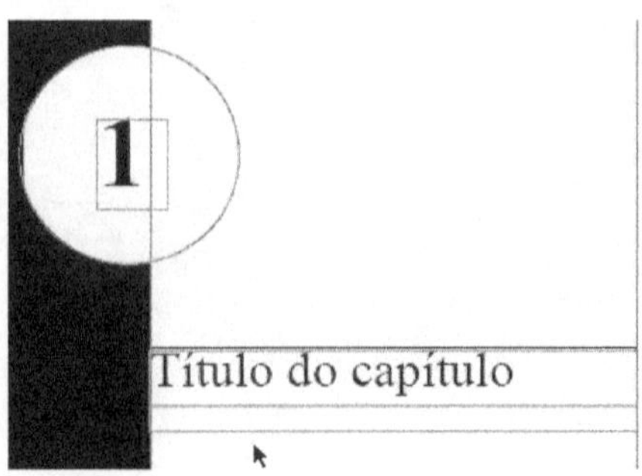

## Nota

Observe que a caixa de texto do título começa exatamente em cima do final do retângulo e vai até a margem direita.

# Efeitos extras com um objeto

Nesta parte, mostrarei alguns outros efeitos e recursos que você poderá aplicar a um objeto no InDesign.

Primeiramente, crie um objeto qualquer. Como exemplo, optei por criar um polígono.

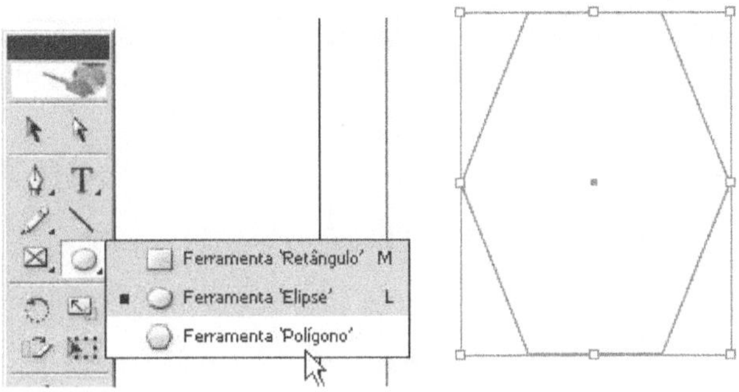


Agora, clique na ferramenta Rotação.

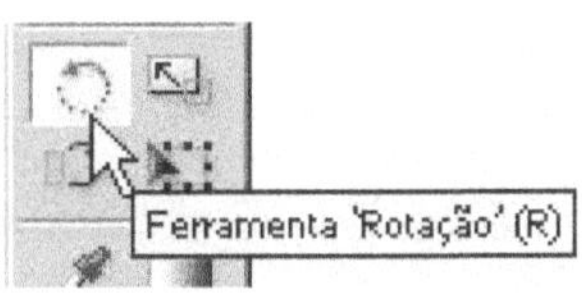


Clique em uma das alças do objeto e gire-o conforme desejado.

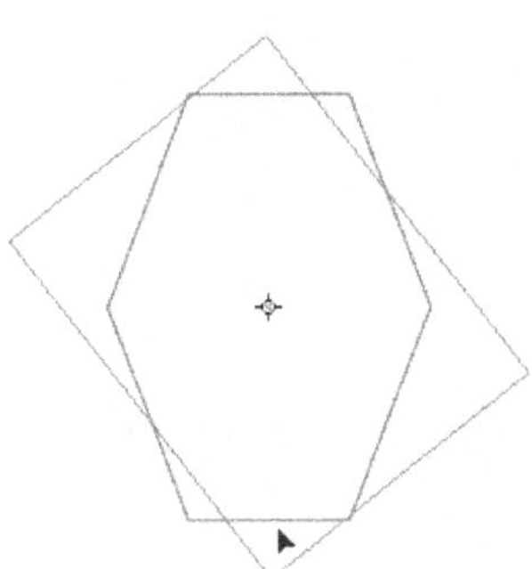

Clique na ferramenta Distorção. Novamente, clique nas alças do objeto e movimente-o.

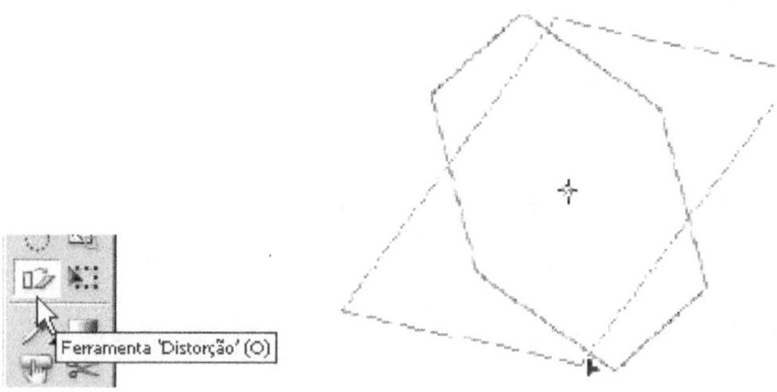


Clique na ferramenta Transformação livre e, finalmente, mova a alça superior para cima.

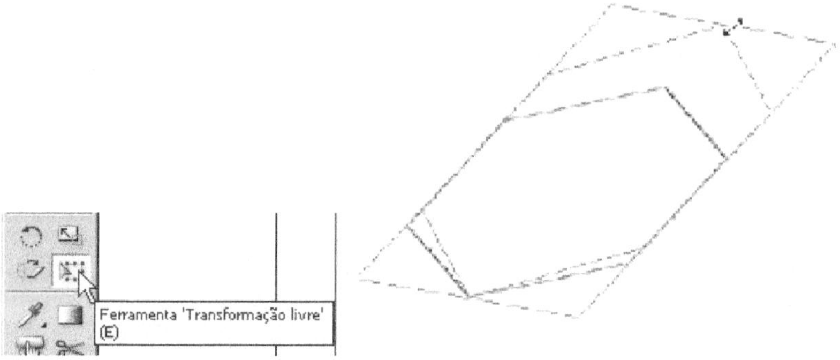


Clique na ferramenta Seleção direta.

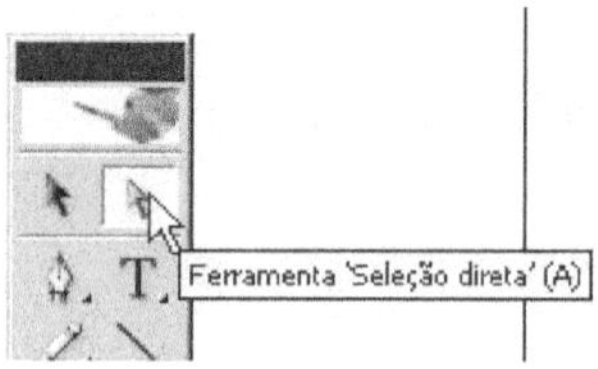

Mova a alça esquerda para baixo, conforme mostra a figura a seguir:

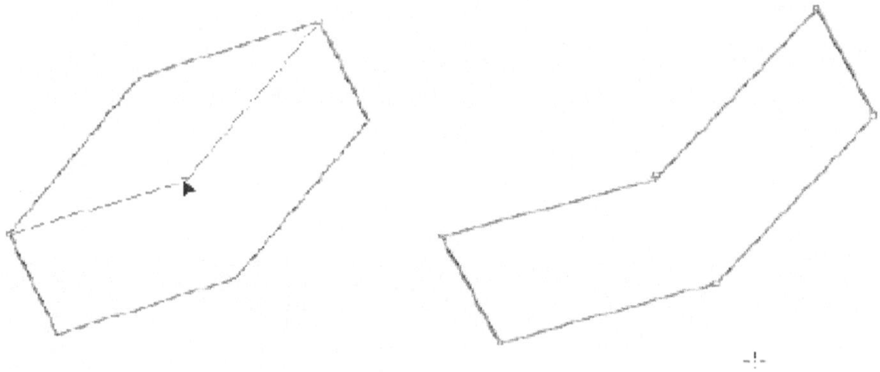

Clique na ferramenta Tesoura.

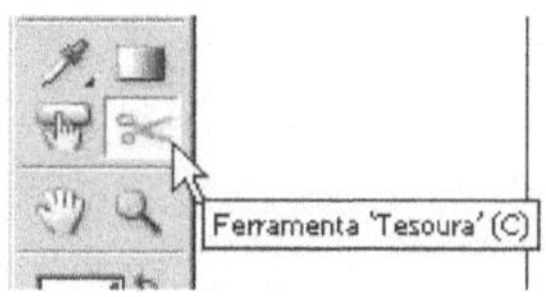


Clique sobre o objeto e arraste para formar um arco, como mostra a figura.

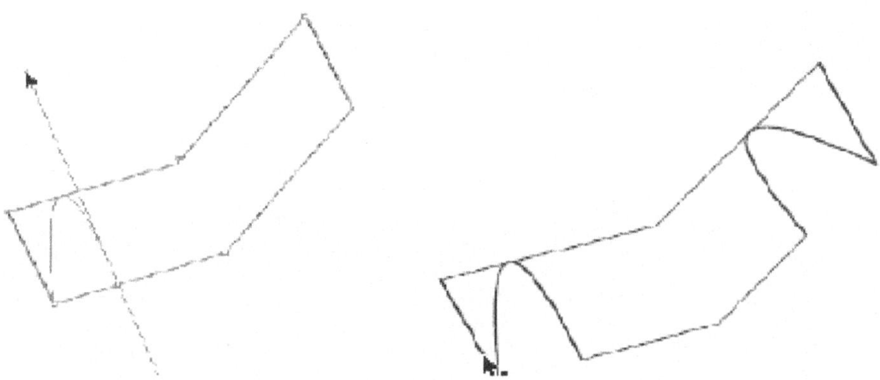

Novamente, clique na ferramenta Seleção direta e mova os pontos como mostrado nas figuras a seguir:

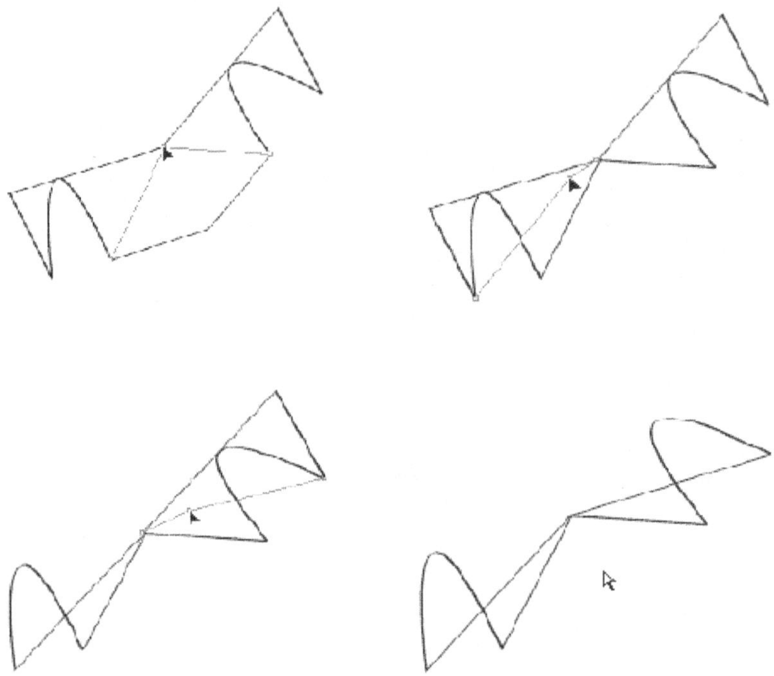

Compare agora o antes e o depois.

Repare que a partir de uma única forma geométrica é possível, através da combinação das ferramentas, obter um novo desenho, evitando assim a necessidade de você usar um programa específico para a geração de determinados elementos.

Com um pouco de criatividade, a partir do polígono gerado facilmente você consegue criar um chapéu ou uma caneta. Com dois retângulos e quatro linhas criadas com a ferramenta Linha foi possível criar a caixa a seguir:

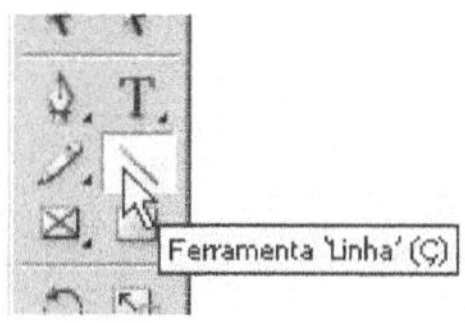


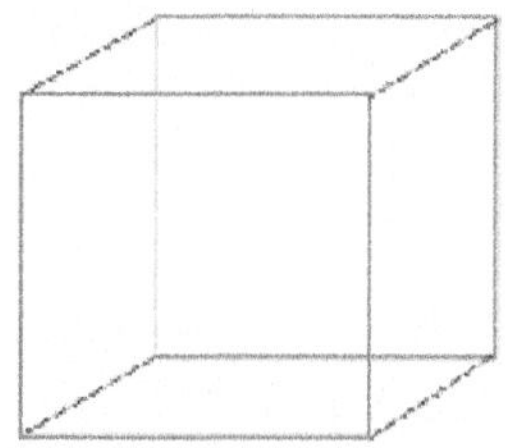

Porém, nada impede que você crie a caixa, usando apenas a ferramenta Linha, só terá um pouco mais de trabalho.

Repare na próxima figura que a caixa realmente foi criada com diversos elementos, pois cada elemento tem as suas alças de manipulação.

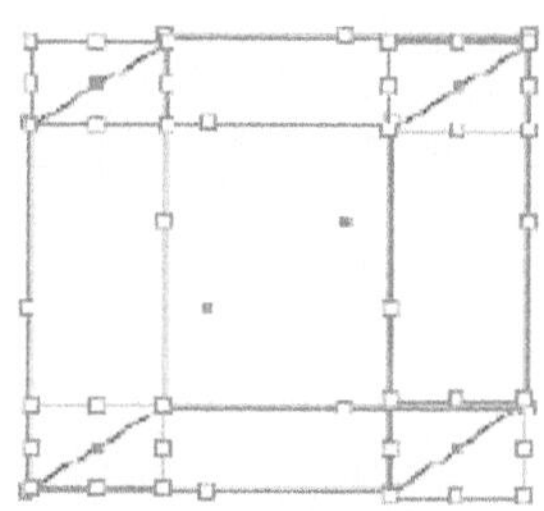

Para evitar problemas na hora de mover o objeto, recomendo que você agrupe todos os elementos em um só.

Se você não agrupar e mover a caixa, poderá acontecer um erro igual ao mostrado a seguir:

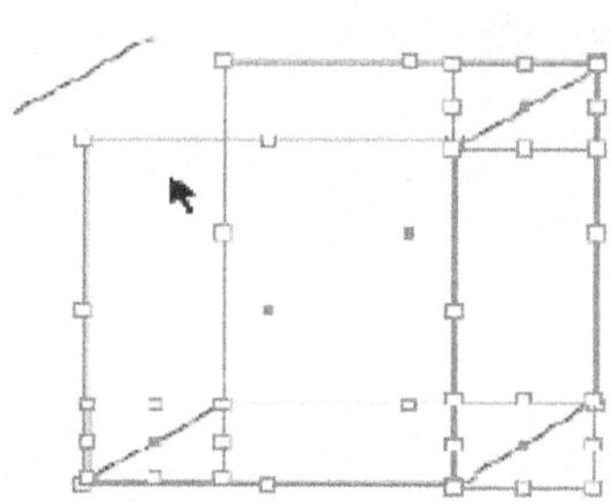

Com o objeto agrupado, basta clicar e mover o objeto como um todo.

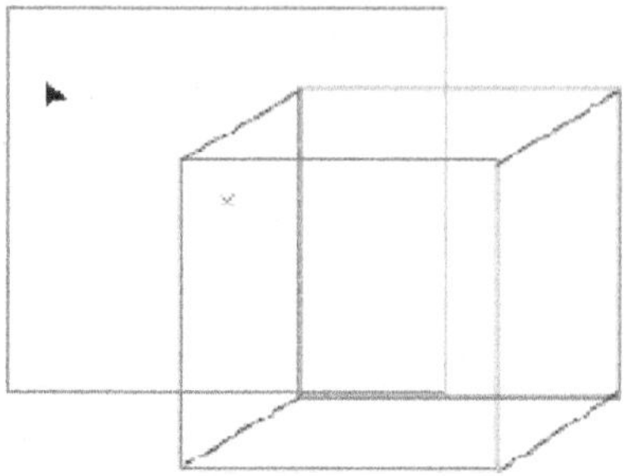

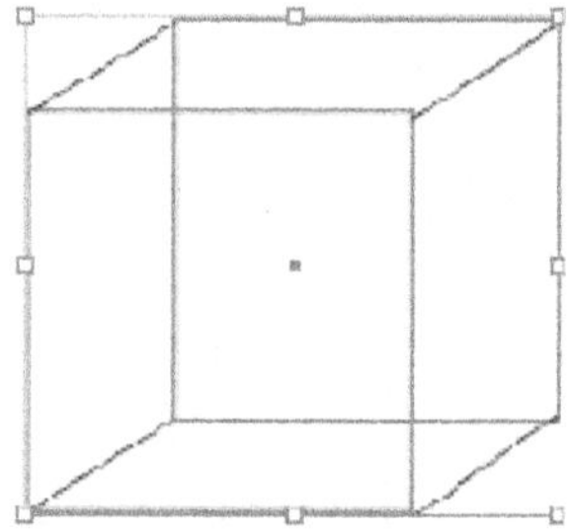

Para agrupar, selecione todos os objetos.

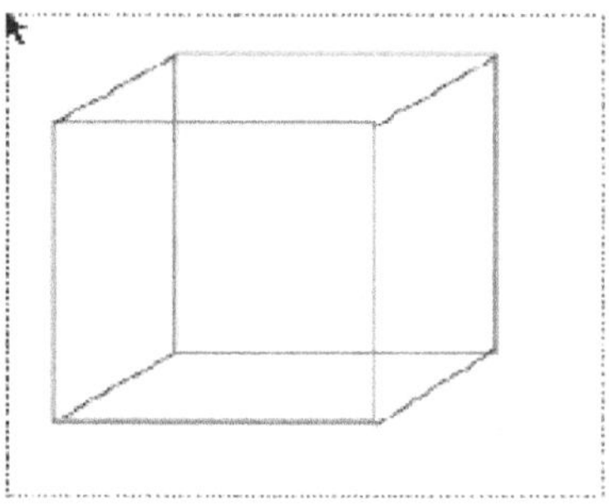

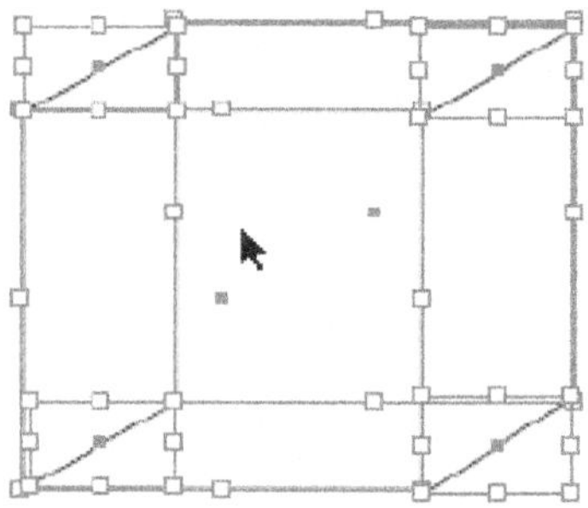

Após selecionar, clique em Objeto > Agrupar.

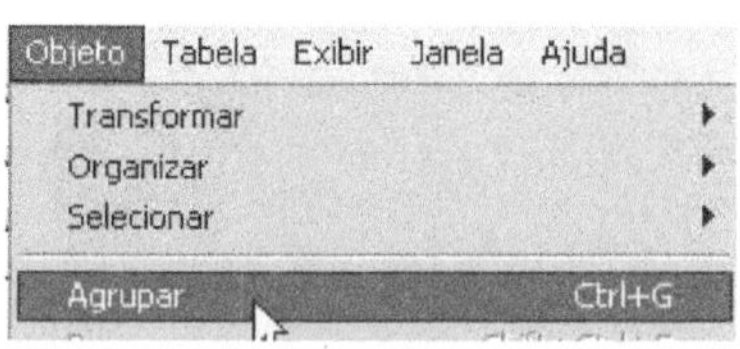


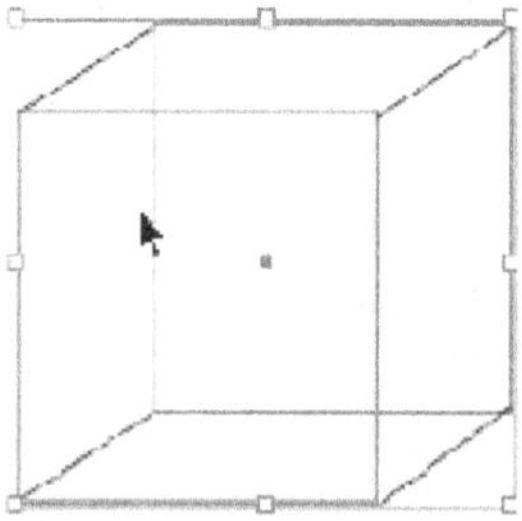

## Ferramenta lápis

Use a ferramenta Lápis para desenhar formas à mão livre. O único problema com essa ferramenta é que ela é 100% dependente da sua precisão no uso do mouse para gerar os objetos.

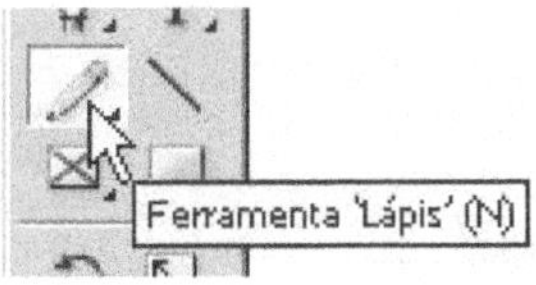


Clique na ferramenta e segure e arraste o mouse até formar o objeto desejado. Com isso, foi criada uma estrela, um tanto quanto torta.

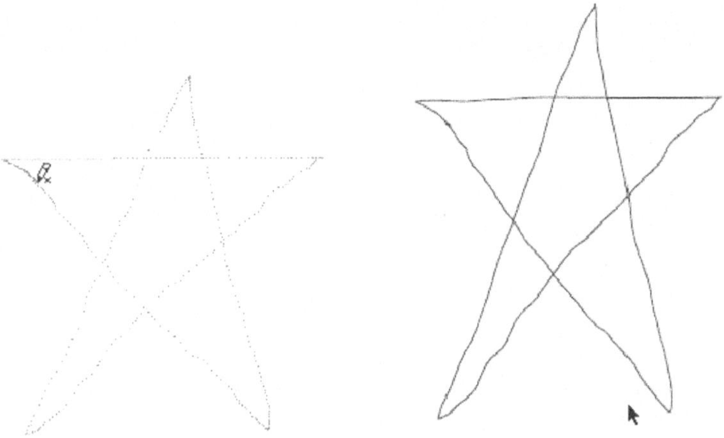

Como você pode comprovar, a precisão na hora de desenhar com a ferramenta Lápis é fundamental. Nessa situação, o uso do zoom apropriado será de grande ajuda. Porém, se mesmo usando o zoom, réguas e outros recursos o seu desenho não ficar satisfatório, recomendo que você use a ferramenta borracha e apague todo o desenho.

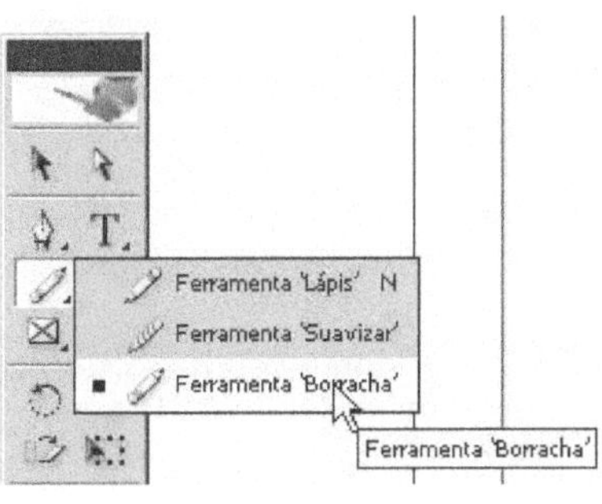

No próximo capítulo, começaremos a trabalhar com o miolo do texto, inserindo figura, tabelas, texto e, principalmente, trabalhando com estilos.

## O que você aprendeu

- Trabalhar com retângulo e elipse
- Mover e dimensionar objetos
- Cores e preenchimento
- Linha de contorno
- Ferramenta tipo
- Criar fios
- Ferramentas para uso com objetos

# Capítulo 04

# Textos, finalmente

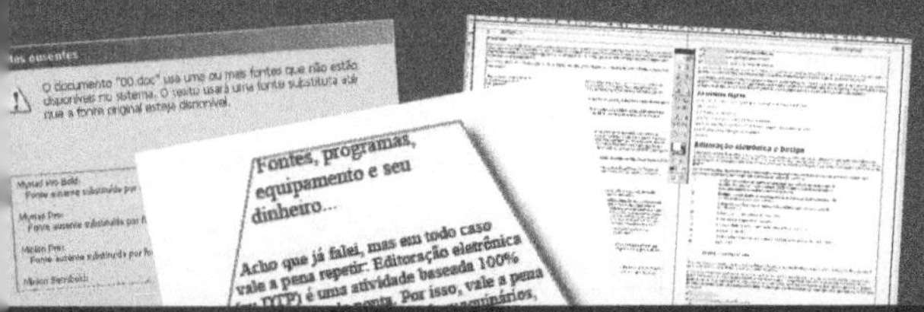


## Neste Capítulo...

- Matéria
- Tipo
- Seleção direta
- Corretor ortográfico
- Caracteres especiais
- Quadro de texto
- Inserir
- Fluxo de texto
- Localizar
- Importação
- Quebra de página
- Editor de matéria
- Curingas

Estilo, matéria, quadro de texto... Acostume-se, a partir de agora, essas serão as palavras de ordem do InDesign®. Tudo funcionará em função do texto.



## Caixa, quadro ou quadro?

*Os usuários do PageMaker conhecem como quadro.*

*Os usuários do Quark conhecem como caixa.*

*E no InDesign®, qual o nome usado para indicar o local onde os textos são posicionados/inseridos?*

Bem, a resposta e simples: quadro de texto é o nome oficial, mas na prática, os usuários acabam usando o nome que mais lhe agradam. Eu prefiro quadro (por causa do PageMaker), mas não tenho nada contra ter que mudar o meu vocabulário e passar a falar quadro de texto.

Além de digitar o texto normalmente, poderemos utilizar recursos já conhecidos de outros programas, que são: Copiar, Recortar e Colar.

## Quadros de Texto

Os quadros de texto são criados de duas maneiras:

- Clique na ferramenta de texto ou arraste-a para fora de um objeto de texto existente na página ou na prancheta e digite. (Ao contrário dos quadros de texto, os quadros de texto devem conter texto.)
- Clique num ícone de texto carregado de uma coluna ou página vazia. Isto permite a criação de quadros de texto novos (o tamanho exato das colunas da página) necessários para o texto do ícone de texto carregado.

Para criar um quadro de texto com a ferramenta Tipo:

1. Selecione a ferramenta Tipo. O ponteiro se transformará em um cursor em forma de I.
2. Em uma área vazia da página ou prancheta, proceda de uma das seguintes maneiras:

- Clique no cursor em forma de I no ponto em que deseja inserir o texto. Assim você criará um quadro de texto da largura da coluna ou página. Por padrão, o ponto de inserção pulará para o lado esquerdo do quadro de texto.

- Arraste uma área retangular para definir a largura que deseja que o texto ocupe. Será criado um quadro de texto de tamanho personalizado que pode ou não ficar entre as margens da coluna ou da página. O ponto de inserção pulará para o lado esquerdo do quadro de texto.

3. Digite o texto desejado.

## Importando texto

Como a maioria dos processadores de texto, o InDesign® (apesar de não ser um processador de texto) tem a capacidade de importar (e exportar) uma série de formatos, mas como o padrão de mercado reduz a lista a apenas a alguns formatos mais comumente utilizados iremos focar o trabalho em dois formatos: .rtf, .doc que na verdade são compatíveis entre si.

**Nota**

As empresas que trabalham com texto e editoração (redação de livro, por exemplo) costumam ter um departamento específico para o texto e um específico para editoração. Com isso é provável que o texto a ser utilizado em um determinado projeto seja proveniente de algum outro programa (como o Word). Recomendo que você sempre procure trabalhar desta forma. Criar a base de texto em um programa e, depois de ter o texto completamente revisado e pronto para publicação, importá-lo para o InDesign®.

Para o texto do capítulo, usaremos um arquivo em Word que está dentro de uma determinada pasta. A primeira coisa a fazer é clicar na página 2 do documento para que a página em branco (só com cabeçalho) seja exibida.

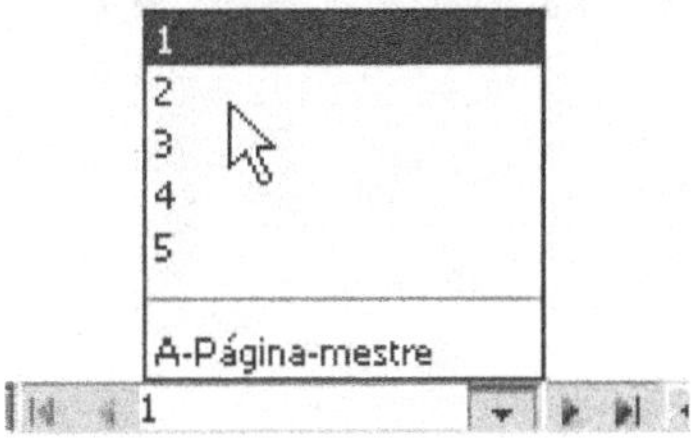

**Nota**

Lembre-se de que o cabeçalho foi criado anteriormente na página-mestre. Caso não esteja aparecendo o cabeçalho, aplique a página-mestre às páginas 2 e 3.

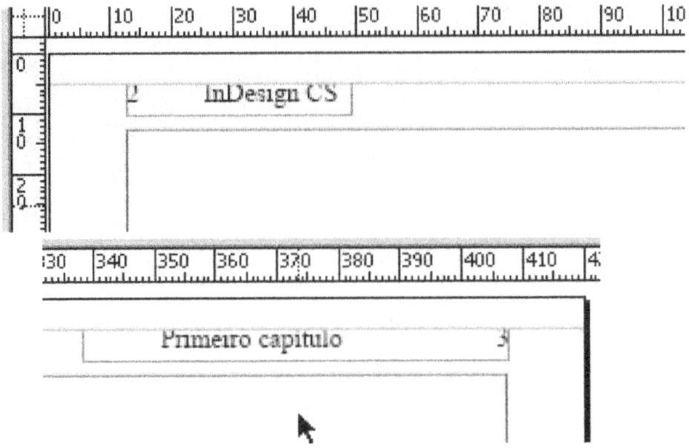


Clique na ferramenta texto e em seguida, clique em Arquivo > Inserir, também conhecido como Ctrl+D.

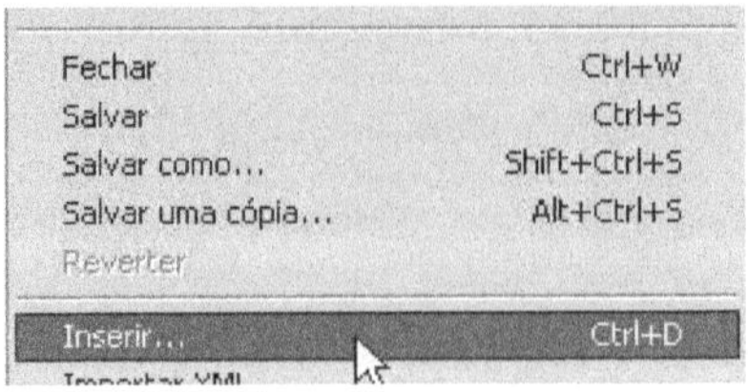


A caixa de diálogo Inserir surgirá e você poderá escolher o arquivo que deseja importar.

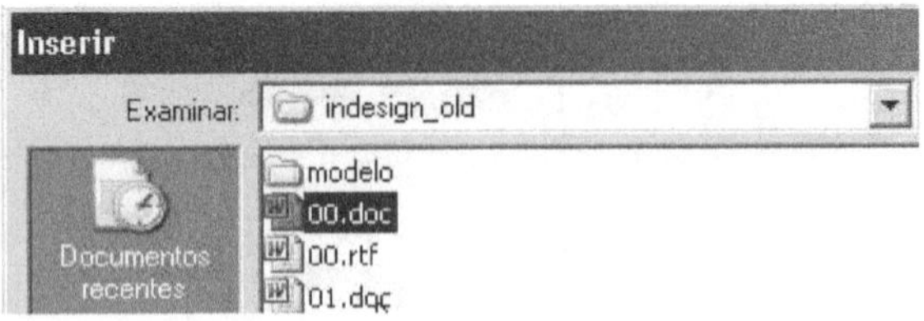


Lembre-se de alterar o tipo de arquivo na lista Arquivo do tipo, caso contrário poderá não aparecer o seu arquivo. Selecione o arquivo e clique em Ok.

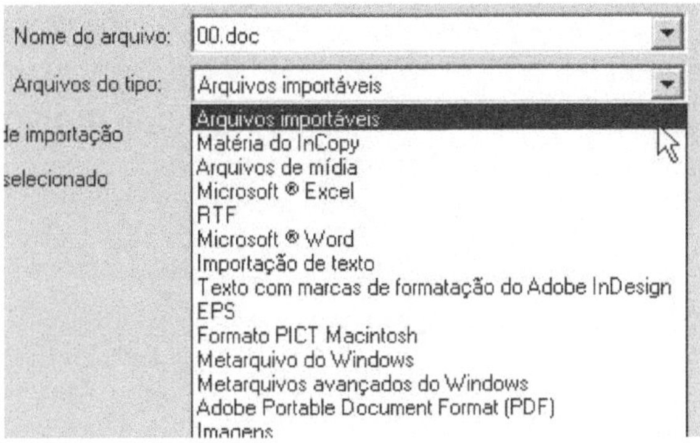


O InDesign fará a leitura de todo o conteúdo do arquivo (inclusive os estilos) e informará caso algum problema ocorra durante o processo (por exemplo a falta de fonte ou dificuldade para ler algum objeto gráfico existente no arquivo).

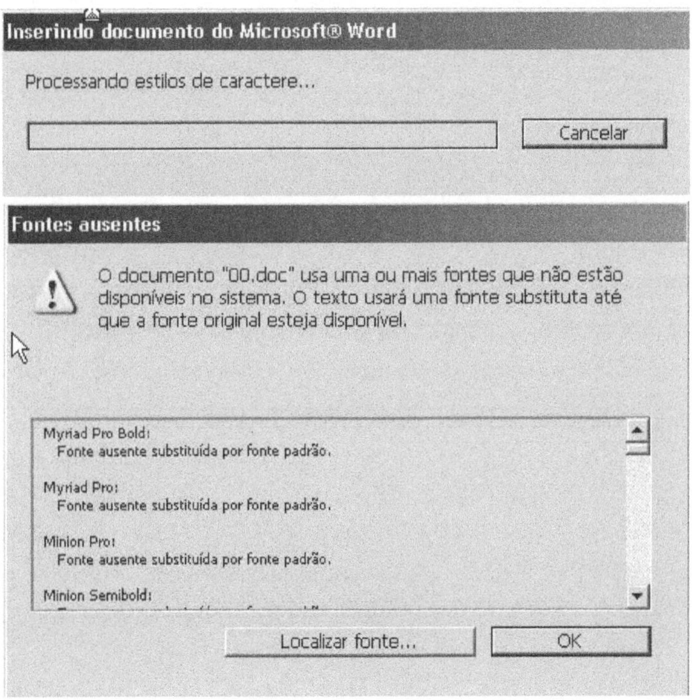


Após a leitura do arquivo o cursor mudará para  , que significa que o InDesign® está pronto para inserir o quadro de texto na página atual. Quando você clicar, o InDesign® abrirá um quadro na largura da página e mostrará o texto.

Observe que o quadro de texto não começa no topo da área disponível para trabalho (mancha). Isso ocorre devido ao fato de na hora em que cliquei na página eu não cliquei no topo e sim um pouco abaixo. O correto seria o quadro ficar da seguinte forma:

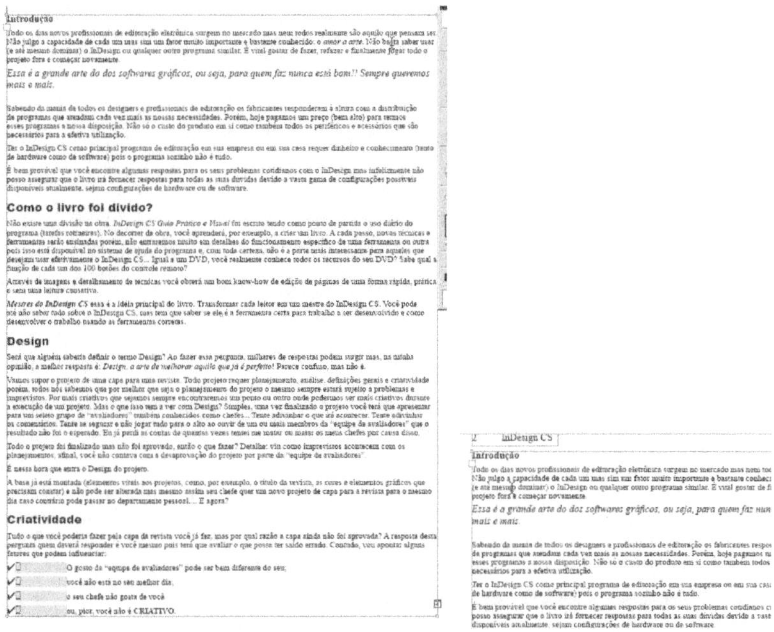

Para arrumar, clique na ferramenta Ponteiro e depois clique no quadro de texto. Segure e arraste o quadro até a posição desejada

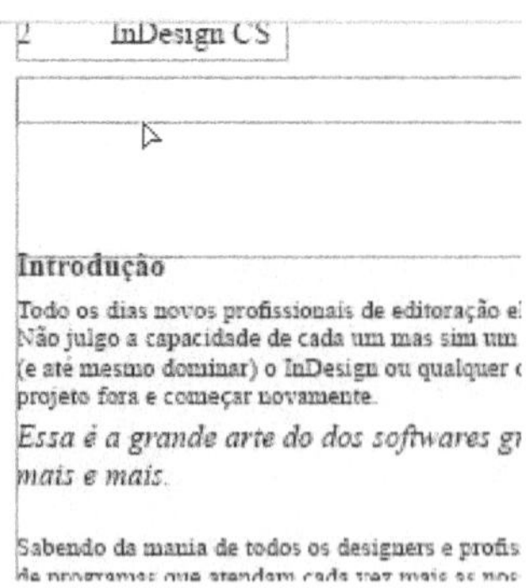

Na parte inferior do quadro, você notará um o sinal + vermelho. Esse sinal indica que existe mais texto escondido (dentro do quadro), porém não há espaço suficiente na mancha para visualizá-lo.

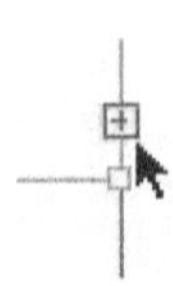

Com a ferramenta Seleção clique sobre o sinal. O cursor mudará novamente indicando que o InDesign® está pronto para inserir mais um quadro de texto. Como o processo de inserção de texto página a página é cansativo e passível de erro, existe um recurso que permite a inserção de todo o texto importado de uma única vez. Coloque o cursor próximo ao topo da mancha, como mostra a figura a seguir.

## Nota

A cor rosa no texto indica que o parágrafo inserido utiliza uma fonte não disponível no sistema. Na caixa Composição (Editar > Preferências > Composição), você pode definir o que será indicado pelo InDesign quando um erro ocorrer durante a edição.

Agora, você poderá optar por duas formas de inserir o restante do texto.

- Pressione a tecla Alt e você verá que o cursor mudou a forma para uma espécie de seta inclinada, que começa contínua e termina pontilhada. Esse cursor indica que o InDesign® irá incluir o conteúdo do arquivo em toda a página atual.
- Pressione a tecla Shift e você verá que o cursor mudou a forma para uma espécie de seta inclinada, que começa e termina de forma contínua. Esse cursor indica que o InDesign® irá incluir o conteúdo do arquivo na página atual e em todas as demais páginas que forem necessárias para a completa inserção do texto.

Com a tecla Shift pressionada, clique e veja que o InDesign® criará quantas páginas forem necessárias para poder incluir no documento o texto importado. Veja nas figuras a seguir o antes e o depois da inserção do texto completo. Se você olhar página por página,verá o conteúdo do texto importado dentro do quadro de texto em cada uma das páginas.

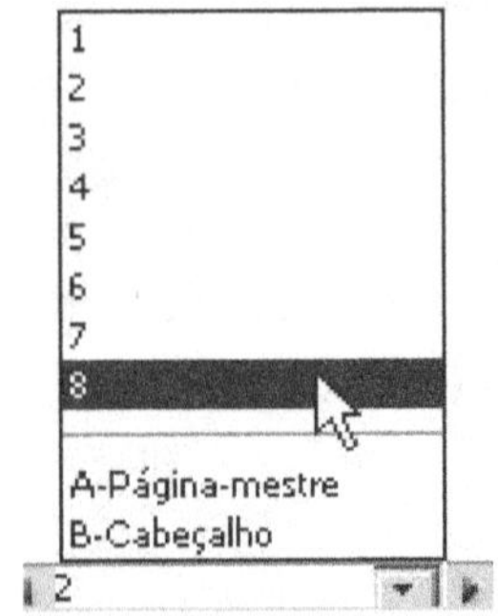


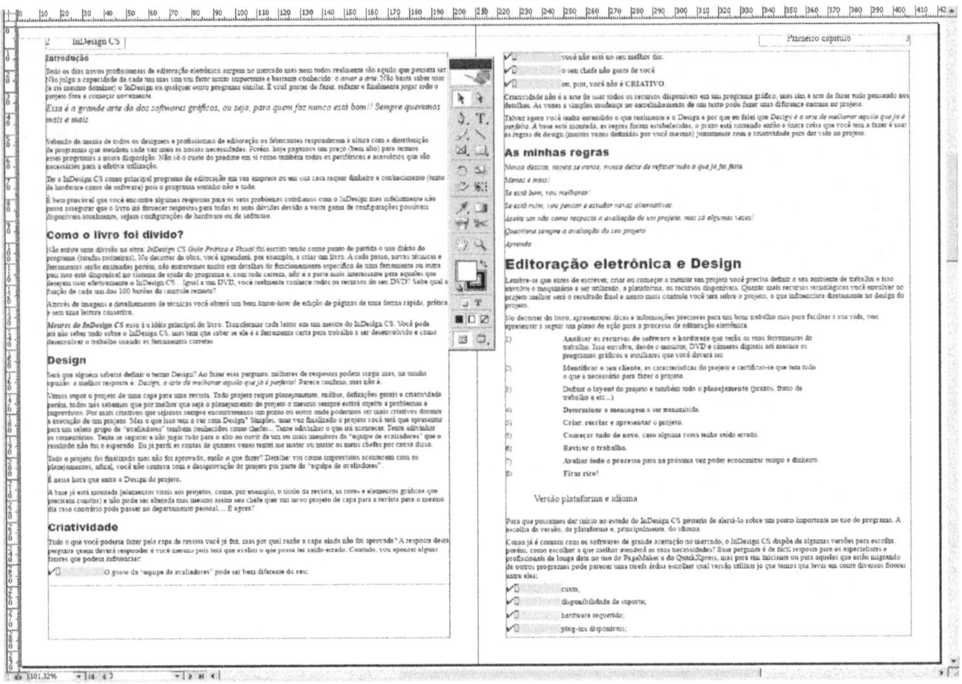

## Nota

O InDesign® importou o texto já formatado. Isso é devido à leitura e conversão que o InDesign efetua durante o processo de inserção de texto.

# Manipulando quadros de texto

Agora que você já tem o texto que irá editorar dentro do InDesign® , você precisa entender como funciona a manipulação de quadros de texto, pois às vezes é necessário quebrar um quadro de texto em dois pedaços, deixando um espaço em branco entre eles, como na figura a seguir:

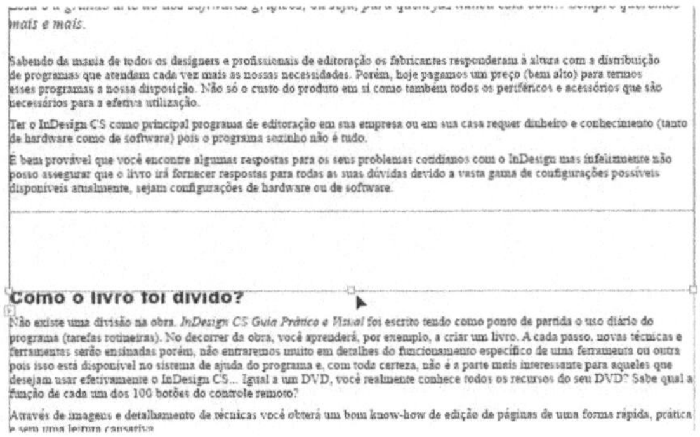

O processo de separação de quadro é muito simples. Com a ferramenta Seleção, feche o quadro até a posição desejada, isto é, clique na alça (superior ou inferior) segure e arraste.

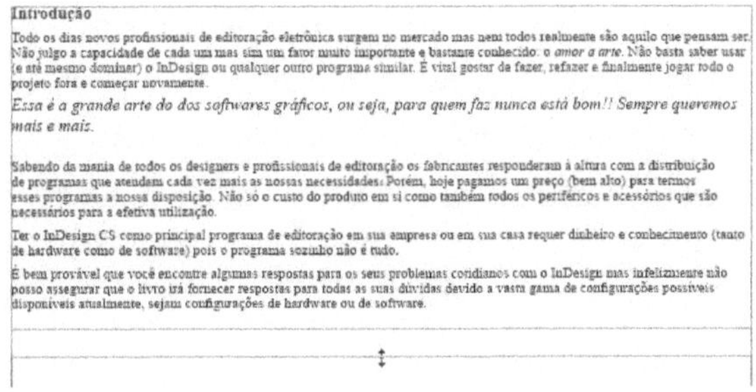

Depois que você posicionar o primeiro quadro, clique sobre a seta existente no lado direito do quadro para que o cursor mude para  . Novamente, basta clicar na posição onde deseja colocar o novo quadro para que o InDesign® reorganize o texto. Como exemplo, eu dividi o quadro em dois e no meio inseri uma barra, apenas para visualização.

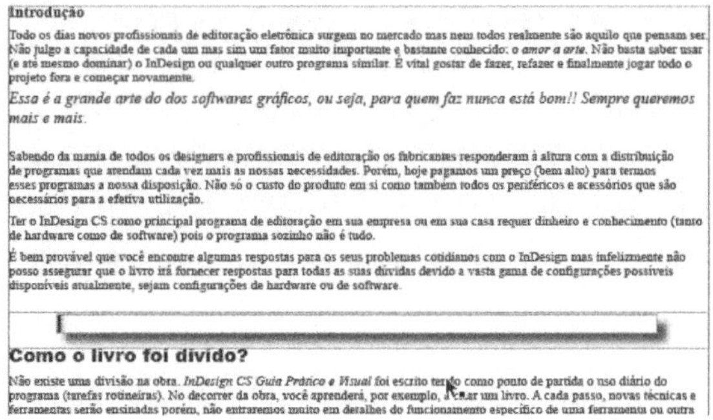


Repare que o fluxo de texto é contínuo. Se você diminui o tamanho de um quadro, o texto deste quadro irá para o próximo quadro. Se você aumentar um quadro, o texto do próximo quadro passará para o texto do quadro atual, isso se houver espaço suficiente. Todo mundo já errou e você não será o primeiro nem o último a cometer esse tipo de erro. Muito cuidado para não sobrepor um quadro com outro e misturar os textos.

## Deletando um quadro

Para deletar um quadro, clique sobre ele e pressione a tecla Delete. Todo o conteúdo do quadro será "inserido" no próximo quadro. Será que é tão fácil assim?

Se você for usuário do PageMaker, responderá **NÃO**. Motivo: um dos grandes erros cometidos pelos iniciantes é apagar um quadro e pensar que o texto deste quadro irá para o próximo quadro. Uma vez deletado o quadro, todo o texto do quadro deletado será excluído do documento, pois o PageMaker trata cada quadro individualmente. Mas como estamos falando de InDesign , a resposta correta è **SIM**.

**Nota**

Ao aumentar ou diminuir um quadro, toda a paginação do documento será comprometida por causa do fluxo de texto. Muito cuidado ao manipular quadros e, principalmente, sempre reveja todo o documento antes de fechá-lo.

# Movimentando os quadros

Você pode movimentar os quadros de uma posição para outra, de uma página para outra ou até mesmo deixá-lo na área de transferência do InDesign®.

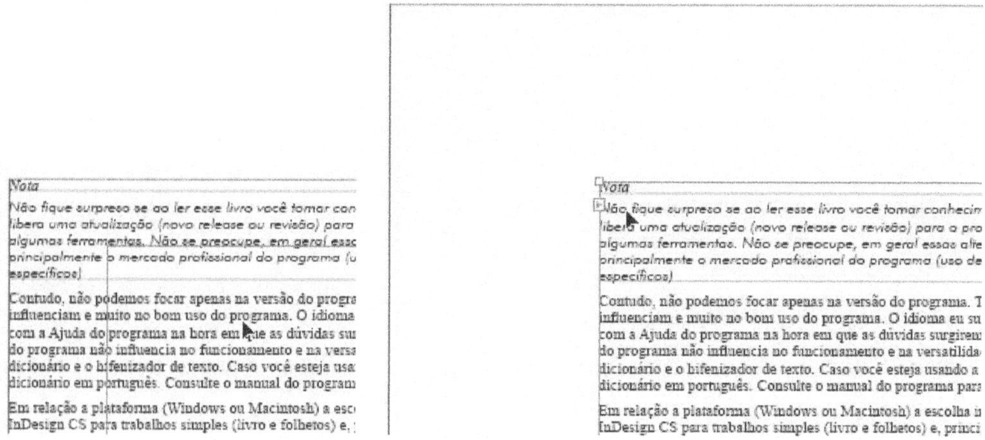

Para movimentar o quadro, use a ferramenta Seleção, clique sobre o quadro, segure e arraste até a posição desejada.

Agora, o que acontece com o quadro se usarmos a ferramenta de Seleção direta para mover um quadro? A Seleção direta não irá mover o quadro e sim dar uma nova forma para ele. Veja:

Clique na ferramenta Seleção direta.

Em seguida, clique em uma alça do quadro.

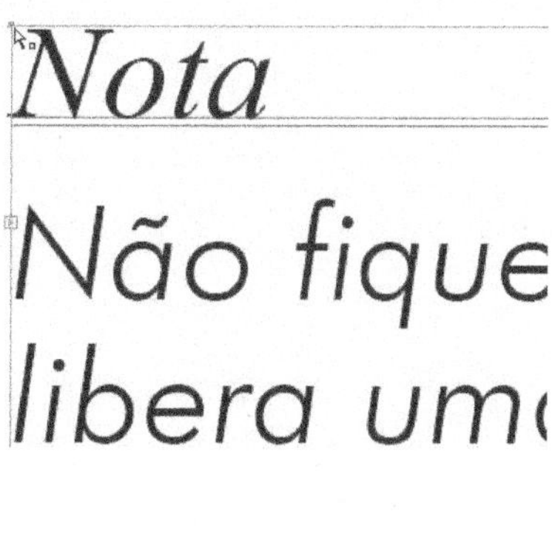

Segure e arraste para qualquer posição e veja o resultado.

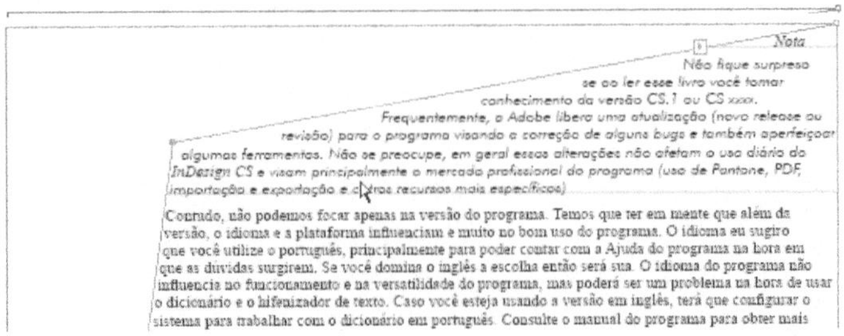

Divirta-se, criando formas variadas para o seu quadro de texto.

A combinação das duas ferramentas de seleção permite criar diversos modelos e fluxos de textos.

Agora, apenas para efeito de aprendizado, abra espaço em uma página (fechando um quadro) e crie um polígono em qualquer lugar da página.

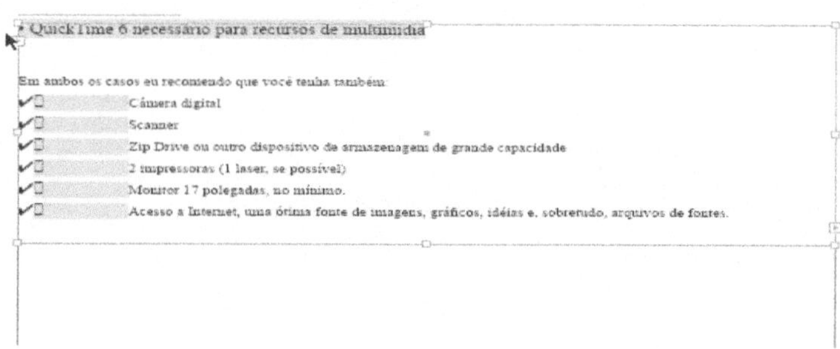


Repare que o texto que estava na página foi movido para a página seguinte.

*Antes*

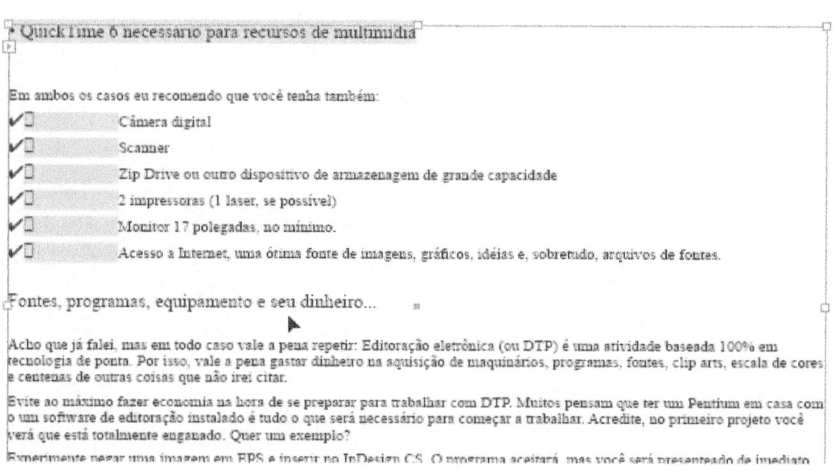

Depois

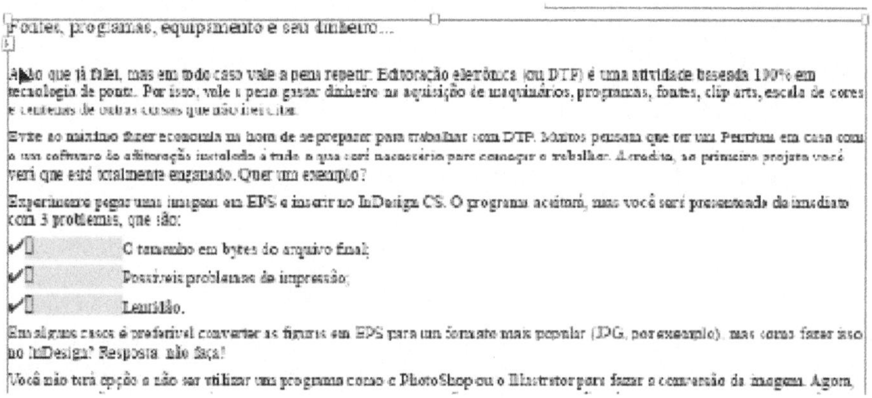


Crie o polígono na área em branco da página.

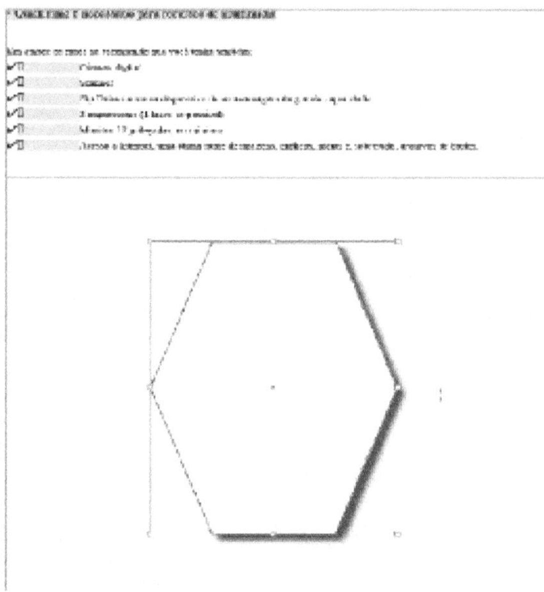

Com a ferramenta de seleção, clique no símbolo de continuação de texto no lado direito do quadro.

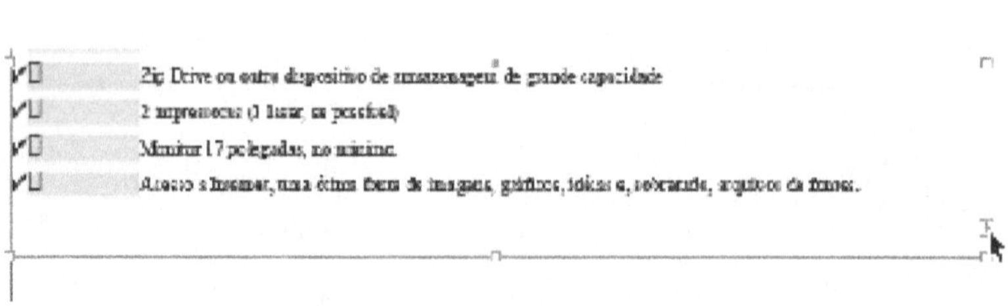

Em seguida, clique sobre o polígono criado.

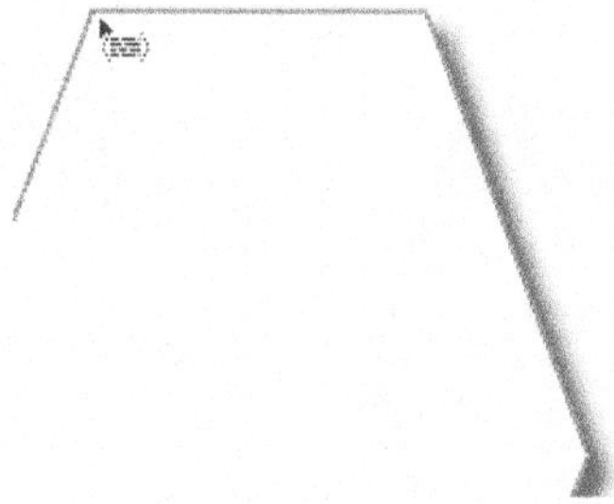

O texto será inserido dentro do polígono, respeitando a forma do objeto.

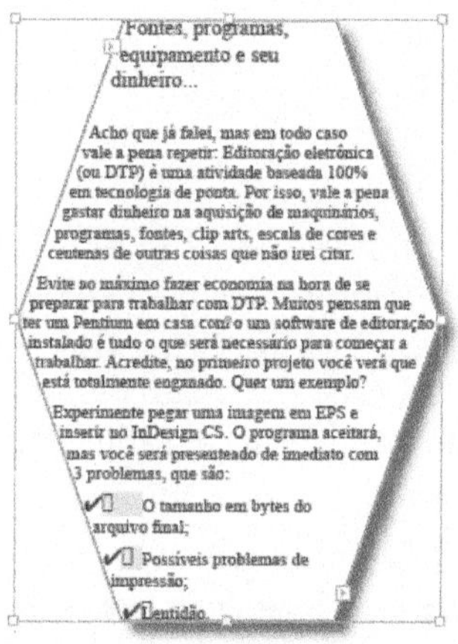


Use a ferramenta Seleção direta para alterar a forma do objeto e repare que, felizmente, o texto novamente volta a fluir para se adaptar ao novo formato.

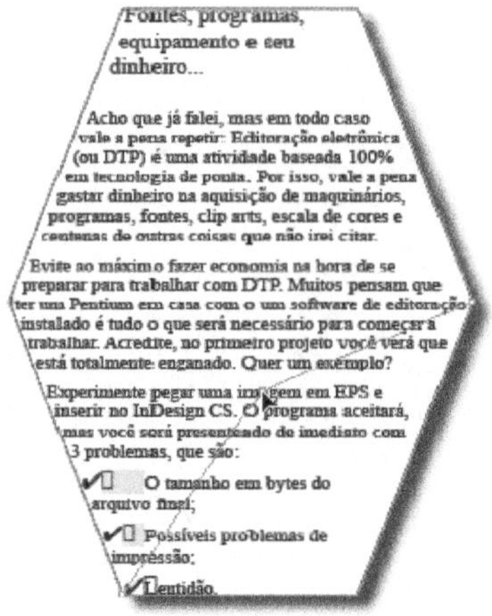


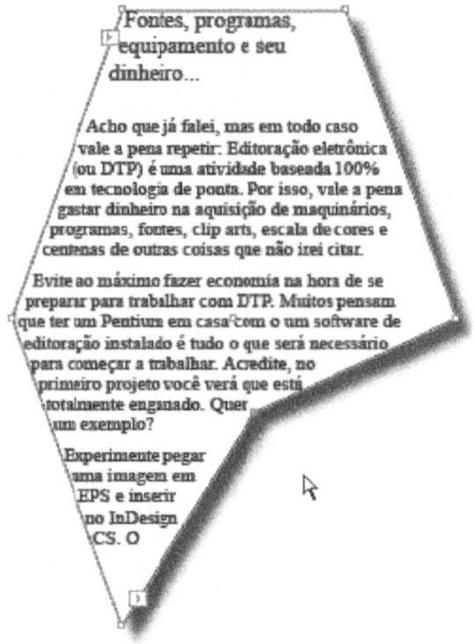


# Editor de matérias

O Editor de Matéria é o local mais apropriado para a edição de grande quantidade de texto no InDesign®. Vamos conhecer alguns dos recursos especiais que o Editor de Matéria oferece para a edição de texto. Recursos estes similares aos encontrados nos principais processadores de texto, como o Word.

Para acessar o editor, clique em Editar > Editar no "Editor de matérias". É necessário estar com a ferramenta Tipo ativa e pelo menos uma letra selecionada.

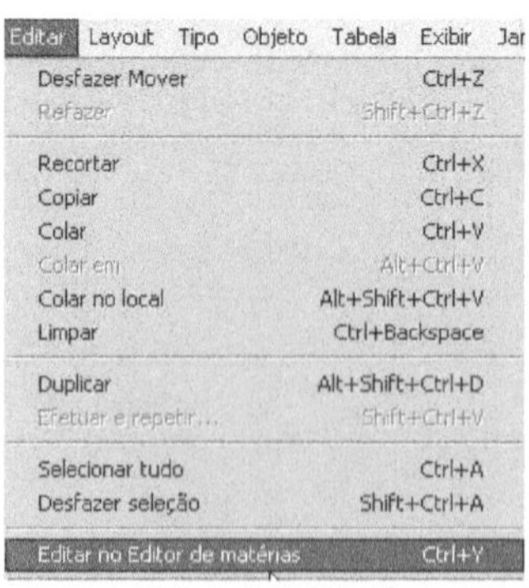


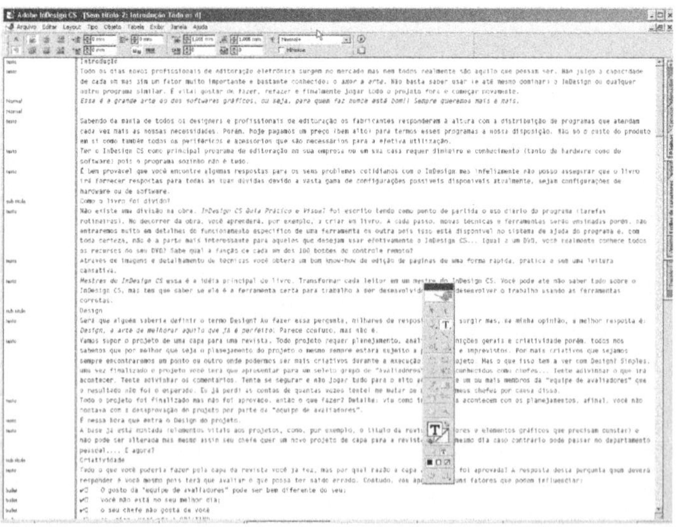

## Nota

Para fins de comparação, você pode pensar no Editor de Matéria como o modo de visualização Normal do Word, onde os recursos gráficos e de design utilizados não aparecem.

Cada quadro individual é uma matéria, portanto em documentos com diversos quadros individuais você terá que abrir diversas seções do editor. Uma para cada matéria.

## Corretor ortográfico

O primeiro recurso que mostrarei é o corretor ortográfico. Para acertar um determinado texto, basta clicar em Editar > Verificar ortografia. O corretor ortográfico surgirá, como mostra a figura.

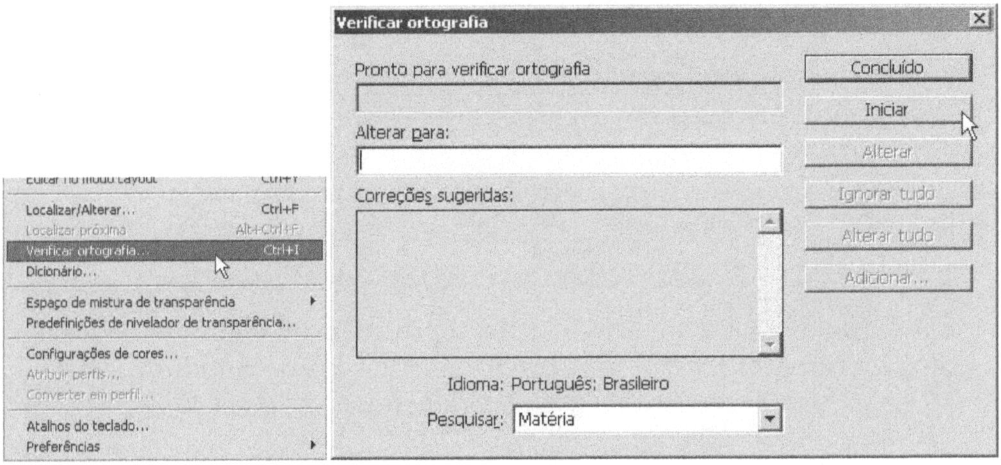


Na caixa, clique em Iniciar para que a primeira ocorrência de uma palavra não existente no dicionário fique em destaque e permita a sua substituição (você poderá corrigir, ignorar ou incluí-la no dicionário).

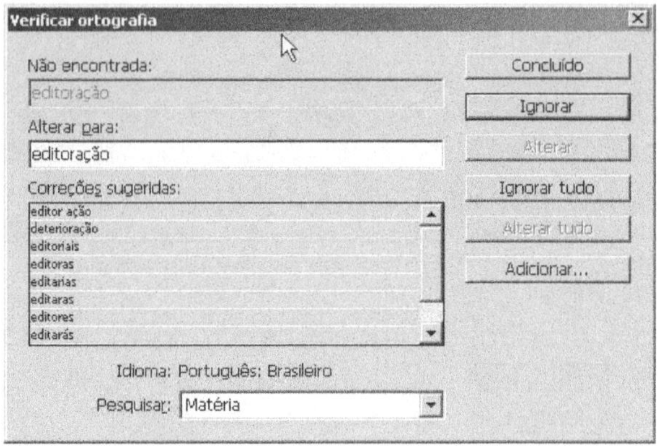


Uma vez realçada a palavra, basta optar por ignorar a alteração ou alterar a palavra com base nas correções sugeridas ou digitando a palavra correta na caixa Alterar para.

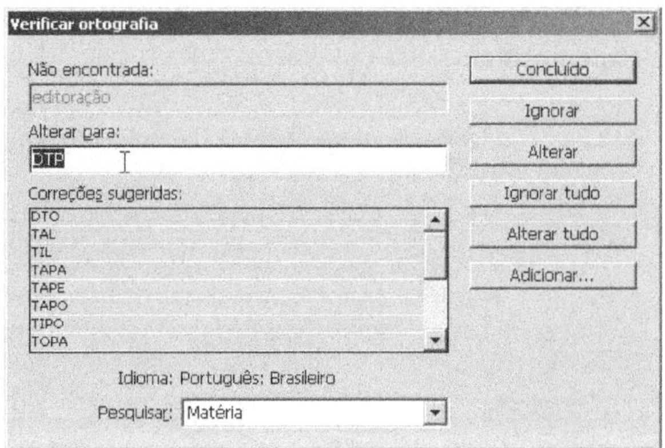


Em seguida, clique em Alterar para o processo ter efeito. No InDesign , o verificador ortográfico pode ser usado diretamente no quadro de texto.

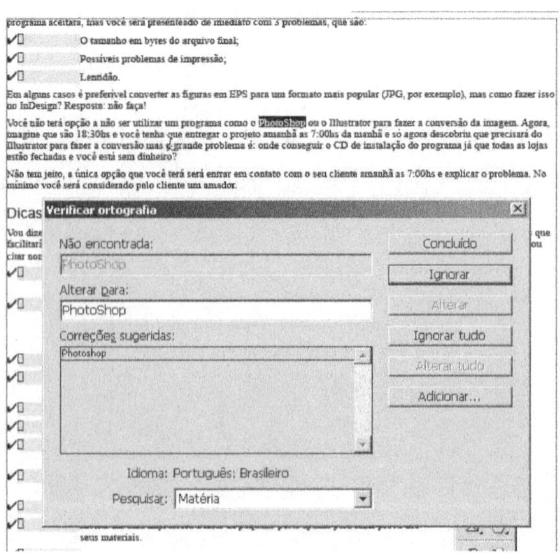

Ao acabar uma página, automaticamente o verificador irá para a página seguinte até alcançar o final do texto.

## Localizando Texto

Para localizar uma palavra ou texto, selecione Editar > Localizar/Alterar. Na caixa, digite a palavra (ou trecho) que deseja localizar.

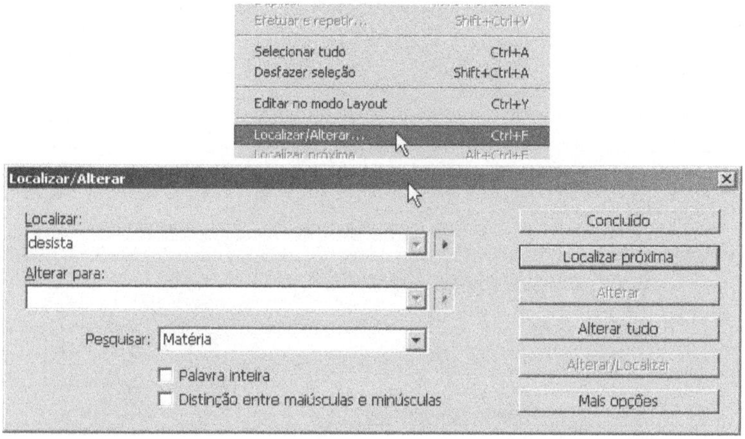


**Nota**

Você poderá localizar uma palavra com uma formatação específica. Por exemplo: para localizar a palavra Morte (com negrito), digite a palavra na caixa Localizar e clique em Mais opções para ter acesso à caixa Localizar configurações de formato.

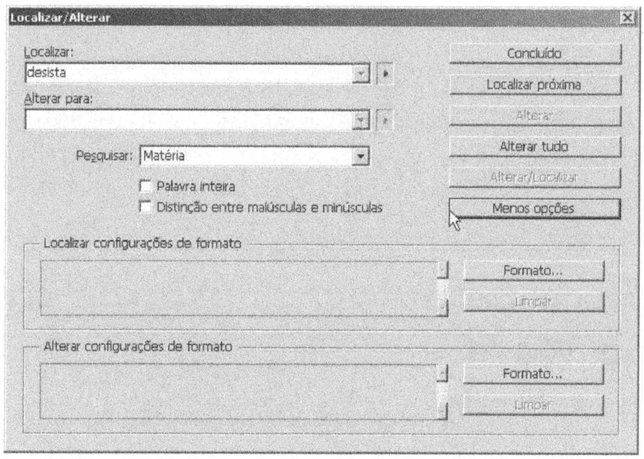

Clique em Formato. Em seguida, clique em Formatos básicos de caracteres e no lado direito escolha Bold (negrito) na caixa Estilo de fonte.

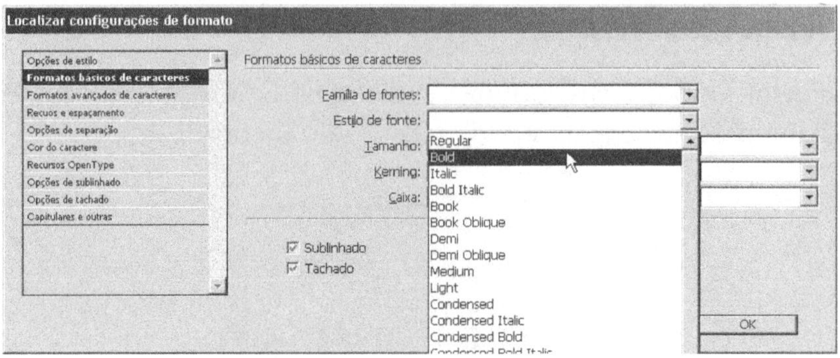


Veja como ficará a busca:

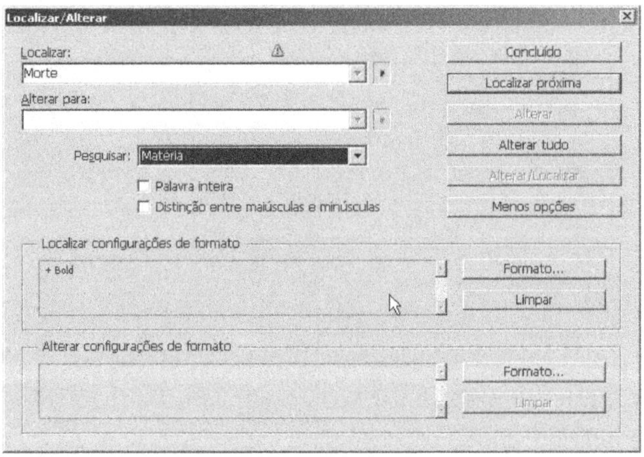


Repare que a única opção que modificamos foi Bold, para indicar ao InDesign® que busque a palavra Morte em negrito (**Bold**). Clique em Localizar e o InDesign® encontrará a palavra com a formatação especificada.

A vantagem de usar as opções da caixa Localizar é que você pode alterar além de palavras, as formatações, os estilos, parágrafos, e etc. Para isso, use a caixa Alterar para e insira os novos formatos na caixa Alterar configurações de formato.

## EXTRA: busca de palavras usando caracteres curinga no Word

As técnicas a seguir são para uso exclusivo no Word e visam poupar o seu tempo na hora de fazer uma troca de texto ou palavra(s) em um longo texto.

1. No menu Editar, clique em Localizar ou em Substituir.
2. Se não for exibida a caixa de seleção Usar caracteres curinga, clique em Mais.
3. Marque a caixa de seleção Usar caracteres curinga.
4. Insira um caractere curinga na caixa Localizar. Siga um destes procedimentos:

   Para escolher um caractere curinga em uma lista, clique em Especial e, em seguida, clique em um caractere curinga; depois, digite o texto adicional desejado na caixa Localizar.

   Digite um caractere curinga diretamente na caixa Localizar.
5. Se desejar substituir o item, insira o que você deseja usar como substituição na caixa Substituir por.
6. Clique em Localizar próxima, Substituir ou Substituir tudo.

Para cancelar uma pesquisa em andamento, pressione Esc.

## Observações

- Quando a caixa de seleção Usar caracteres curinga está marcada, o Word localiza apenas o texto exato especificado (Observe que as caixas de seleção Diferenciar maiúsculas de minúsculas e Palavras inteiras ficam esmaecidas para indicar que essas opções são ativadas automaticamente; você não pode desativá-las.).
- Para procurar por um caractere definido como um caractere curinga, digite uma barra invertida (\) antes do caractere. Por exemplo: digite \? para localizar um ponto de interrogação.

## Para localizar:

- Qualquer caractere único

  *Digite ? ⇨ Por exemplo, s?m encontra "sim" e "som".*

- Qualquer sequência de caracteres

  *Digite * ⇨ Por exemplo, s*r encontra "ser" e "senhor".*

- O início de uma palavra

    *Digite < Por exemplo, <(inter) encontra "interessante" e "interceptar", mas não encontra "ininterrupto".*

- O final de uma palavra

    *Digite > Por exemplo, (im)> encontra "mim" e "festim", mas não encontra "máximo".*

- Um dos caracteres especificados

    *Digite [ ] Por exemplo, m[ae]l encontra "mal" e "mel".*

- Qualquer caractere único neste intervalo

    *Digite [-] Por exemplo, [p-t]omar encontra "pomar" e "tomar". Os intervalos devem estar em ordem crescente.*

- Qualquer caractere único, exceto os caracteres no intervalo entre colchetes

    *Digite [!x-z] Por exemplo, b[!a-m]la encontra "bola" e "bula", mas não encontra "bala" ou "bela".*

- Exatamente n ocorrências do caractere ou expressão anterior

    *Digite {n} Por exemplo, mor{2}o encontra "morro" mas não encontra "moro".*

- Pelo menos n ocorrências do caractere ou expressão anterior

    *Digite {n,} Por exemplo, mor{1,}o encontra "moro" e "morro".*

- De n a m ocorrências do caractere ou expressão anterior

    *Digite {n,m} Por exemplo, 10{1,3} encontra "10", "100" e "1.000".*

- Uma ou mais ocorrências do caractere ou expressão anterior

    *Digite @ Por exemplo, car@o encontra "caro" e "carro".*

- Você pode usar parênteses para agrupar os caracteres curingas e o texto e para indicar a ordem de avaliação. Por exemplo: digite <(pre)*(ado)> para localizar "premeditado" e "prejudicado".

- Você pode usar o caractere curinga \n para procurar por uma expressão e substituí-la pela expressão reorganizada. Por exemplo: digite (Nogueira) (Cristina) na caixa Localizar e \2 \1 na caixa Substituir por. O Word encontrará "Nogueira Cristina " e substituirá esse nome por "Cristina Nogueira".

## Localizar, usando códigos

1. No menu Editar, clique em Localizar ou em Substituir.
2. Se o botão Especial não for exibido, clique em Mais.
3. Insira um código na caixa Localizar. Siga um destes procedimentos:

   Para escolher um código em uma lista, clique em Especial e, em seguida, clique em um caractere; digite o texto adicional desejado na caixa Localizar.

   Digite um código diretamente na caixa Localizar.

   Por exemplo: digite ^p para localizar uma marca de parágrafo.
4. Se desejar substituir o item, insira o que você deseja usar como substituição na caixa Substituir por.
5. Clique em Localizar próxima, Substituir ou Substituir tudo.

Para cancelar uma pesquisa em andamento, pressione Esc.

## Códigos que funcionam na caixa Localizar ou Substituir por:

| | |
|---|---|
| Marca de parágrafo | Digite ^p (não funciona na caixa Localizar quando os caracteres curingas estão ativados) |
| Caractere de tabulação | Digite ^t |
| Caracteres ANSI ou ASCII | Digite ^0nnn, em que nnn é o código do caractere |
| Travessão ( — ) | Digite ^+ |
| Traço ( – ) | Digite ^= |
| Caractere de circunflexo | Digite ^^ |
| Quebra de linha manual | Digite ^l |
| Quebra de coluna | Digite ^n |
| Quebra de página manual | Digite ^m (também localiza ou substitui quebras de seção quando os caracteres curinga estão ativados) |
| Espaço não separável | Digite ^s |
| Hífen não separável | Digite ^~ |
| Hífen opcional | Digite ^- |

**Códigos que funcionam apenas na caixa Localizar (quando os caracteres curinga estão ativados):**

| | |
|---|---|
| Elementos gráficos | Digite ^g |

**Códigos que funcionam apenas na caixa Localizar (quando os caracteres curingas estão desativados):**

| | |
|---|---|
| Qualquer caractere | Digite ^? |
| Qualquer dígito | Digite ^# |
| Qualquer letra | Digite ^$ |
| Marca de nota de rodapé | Digite ^f |
| Marca de nota de fim | Digite ^e |
| Campo | Digite ^d |
| Quebra de seção | Digite ^b |
| Espaço em branco | Digite ^w (qualquer combinação de espaços regulares e não separáveis e caracteres de tabulação) |

**Códigos que funcionam apenas na caixa Substituir por:**

| | |
|---|---|
| Conteúdo da Área de transferência do Windows | Digite ^c |
| Conteúdo da caixa Localizar | Digite ^& |

**Nota**

Na caixa de diálogo Localizar você encontra o botão Especial que lhe permite especificar alguns recursos especiais na hora fazer uma busca e troca de texto

# Caracteres especiais

O InDesign permite o uso de caracteres especiais e a inserção desses elementos é extremamente fácil, porém, fique atento pois alguns caracteres podem não ser reconhecidos durante a impressão (dependendo do tipo de impressora) ou durante a exportação do texto/documento para um outro formato. Clique em Tipo > Inserir caractere especial. No submenu, escolha o caractere que deseja inserir. Lembre-se que o caractere será inserido onde o cursor do mouse estiver posicionado.

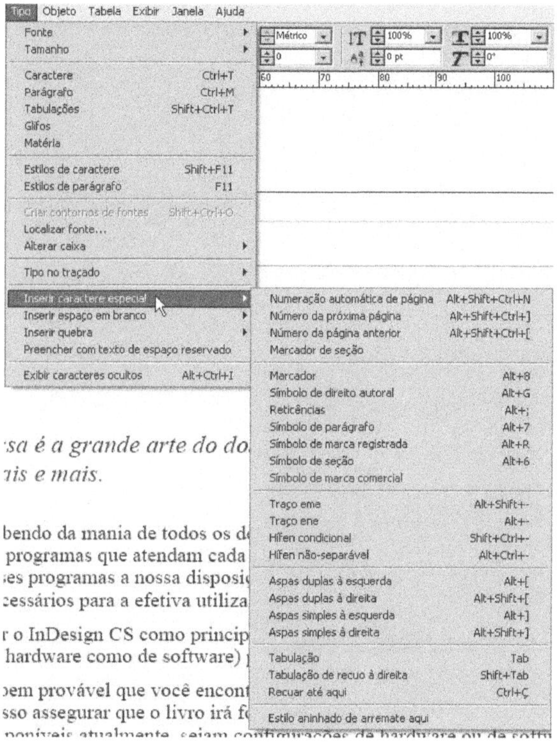


Alguns caracteres que podem ser inseridos.

® ... ™ ’ • ¶

## O que você aprendeu

- Trabalhar com quadro e quadro de texto
- Mover e dimensionar quadros
- Editor de matéria
- Quadro de texto
- Texto de contorno
- Ferramenta texto
- Criar fios
- Manipular objetos
- Localizar e substituir texto, inclusive no Word
- Caracteres especiais

## Capítulo 05

# Mude seu estilo

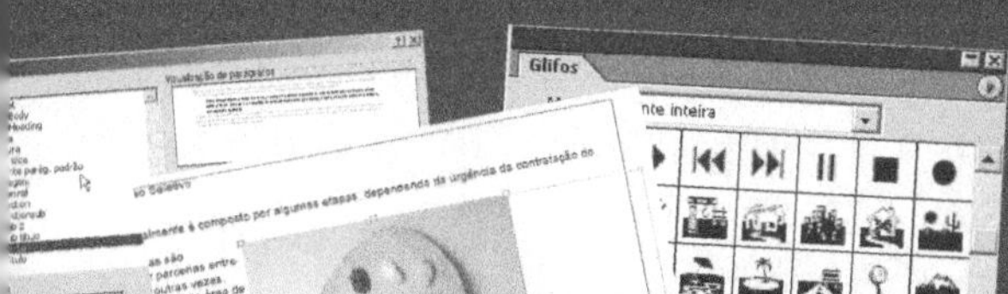

## Neste Capítulo...

Estilos
Importar texto
Hifenização
Tabulação
Vincular
Parágrafo
Formatos
Capitular
Tabelas
Texto em contorno
Caractere
Recuos
Marcadores
Textos com imagens

**Recapitulando: você já conhece as ferramentas básicas do InDesign®, aprendeu a configurar um documento (tamanho e margens), criou a página-mestre, fez o cabeçalho, definiu a página de abertura de cada capítulo e, por último, inseriu o texto.**

**Neste capítulo, iremos efetivamente começar o processo de editoração do livro, ou seja a montagem dos capítulos da obra.**

## Gosto não se discute

Na hora que estiver criando um estilo para o seu projeto, ideias, comentários e sugestões alheias não irão faltar e, pode ter certeza, sempre terá um projeto melhor do que o seu. Seja pela inserção de uma fonte diferenciada, o uso de espaçamento maior ou menor, o uso e abuso de imagens e outros recursos gráficos e diversas outras coisas. Contudo, você tem que ter em mente que o idealizador do projeto é você e não o seu colega de trabalho ou o seu vizinho, portanto o que tem que prevalecer é o seu gosto e a forma como você definiu o projeto.

Uma idéia ou outra sempre se pode aproveitar, mas não deixe que essas ideias mudem radicalmente o projeto.

Em alguns casos, um simples negrito ou uma capitular pode fazer muita diferença no resultado final de um projeto e, por isso, vou resumir o uso de alguns recursos de editoração comum a todos os projetos para que você tenha condições de criar um estilo equilibrado, clean e correspondente ao produto e, no decorrer do capítulo, darei algumas dicas muito valiosas para o design de páginas.

## Itálico, negrito, sublinhado e outros

- *Itálico*: É usado como destaque para as palavras ou para indicar o uso de uma palavra estrangeira.
- **Negrito:** É usado quando precisamos que uma palavra fique gritante na página.
- Sublinhado: Evite o uso do sublinhado. Quando precisar dar destaque a uma frase ou palavra, opte pelo itálico.
- Vazado: usado para criar o efeito de uma letra sem fundo em uma página colorida.
- Tachado: um risco no meio da palavra (~~Palavra riscada~~)

- VERSALETE: texto em maiúscula com parte do texto em tamanho reduzido

### Uma nova forma de pensar?

Em todos os casos, o uso do bom senso é vital. Uma página carregada de palavras com negrito ficará muito pesada aos olhos do leitor. Porém, é aceitável uma página inteira em itálico (um poema, por exemplo) já que o itálico não tem o mesmo peso visual do negrito.

### Números – Maiúsculos e Minúsculos

Em algumas fontes, os números possuem versões maiúsculas e minúsculas. Regra básica:

- Texto minúsculo com numeração minúscula.
- Texto maiúsculo com numeração maiúscula.

É claro que você poderá misturar o uso, pois nada o impede, mas lembre-se de não poluir a página.

### Alinhamento

O alinhamento do texto dentro de blocos contribui para a harmonia do documento. Quando um texto é alinhado para uma margem e é irregular na outra, ele cria um sentimento informal.

Um texto com alinhamento à esquerda facilita muito mais a leitura do que um texto com alinhamento à direita. Sugiro evitar alinhamento à direita a menos que seja apropriado ao projeto.

Textos justificados são alinhados em ambos os lados e são considerados mais formais; daí o seu uso em jornais e livros.

## Definindo o estilo do Word

No capítulo anterior, importamos o texto do capítulo, mas se você reparar o texto já está pré-formatado. Isso se deve ao fato do estilo já ter sido definido no Word (através da opção Formatar > Estilo). Na figura a seguir, você pode visualizar a lista de estilos iniciais do Word.

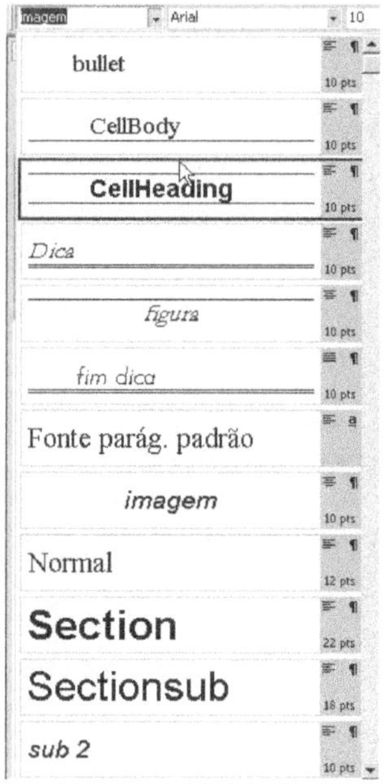


## O que é um estilo

Um estilo é um conjunto de características de formatação que podem ser aplicadas ao texto de seu documento para rapidamente alterar sua aparência. Ao aplicar um estilo, você aplica um grupo inteiro de formatos em uma simples operação. Por exemplo, é possível formatar o título de um relatório para destacá-lo.

Em vez de seguir três etapas separadas para formatar seu título como Arial, 16 pontos e centralizado, você pode obter o mesmo resultado em uma etapa, aplicando o estilo de título.

Quando você inicia o Microsoft Word, o novo documento em branco se baseia no modelo Normal e o texto que você digita usa o estilo Normal. Isso significa que quando você começa a digitar, o Word usa a fonte, o tamanho da fonte, o espaçamento da linha, o alinhamento do texto e outros formatos atualmente definidos para o estilo Normal. O estilo Normal é o estilo básico para o modelo Normal, ou seja, é um bloco de construção para outros estilos do modelo.

## O que são estilos de parágrafo e caractere?

Um estilo de parágrafo controla todos os aspectos da aparência de um parágrafo, como alinhamento do texto, tabulação, espaçamento da linha e pode incluir formatação de caractere. Se desejar que um parágrafo possua uma combinação específica de atributos que não se encontre em estilo existente, você pode criar um novo estilo de parágrafo.

Um estilo de caractere afeta o texto selecionado em um parágrafo, como a fonte e o tamanho do texto, e os formatos negrito e itálico. Os caracteres de um parágrafo podem ter seu próprio estilo ainda que um estilo de parágrafo seja aplicado ao parágrafo como um todo. Se desejar aplicar o mesmo tipo de formatação, a determinados tipos de palavras ou frases e a formatação não estiver presente em um estilo existente, você pode criar um novo estilo de caractere.

Caso deseje alterar o estilo do texto, você pode aplicar um estilo existente, também conhecido como estilo interno. Se não vir um estilo com as características que deseja, você pode criar um novo estilo e, em seguida, aplicá-lo.

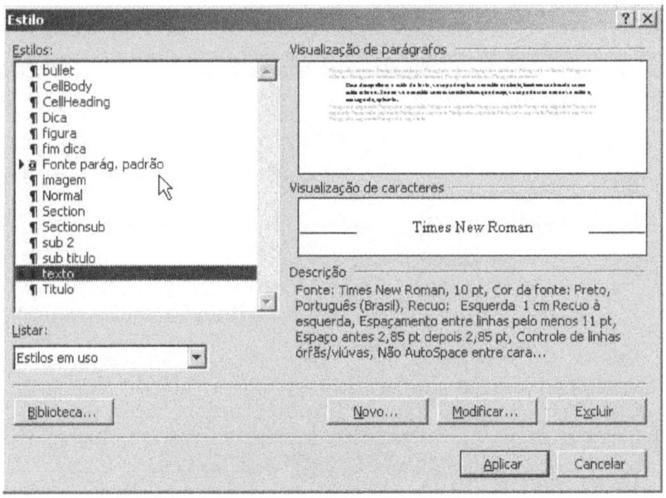


No Word, à medida que fui criando o texto do capítulo, eu já criei o estilo referente ao parágrafo (atribuí o nome do estilo, tipo de letra, tamanho da fonte, etc.)

Usando esse recurso, na verdade você estará editorando o livro no Word, porém o Word apesar de ter a maior parte dos recursos básicos do InDesign® não é a ferramenta ideal para manipular uma grande quantidade de páginas (principalmente se houver uma grande quantidade de imagens). Quem nunca falou: "droga, o Word travou!".

Ao importar o texto no InDesign®, o programa reconhece os estilos definidos no Word e reaproveita toda a formatação, como mostra a figura a seguir.

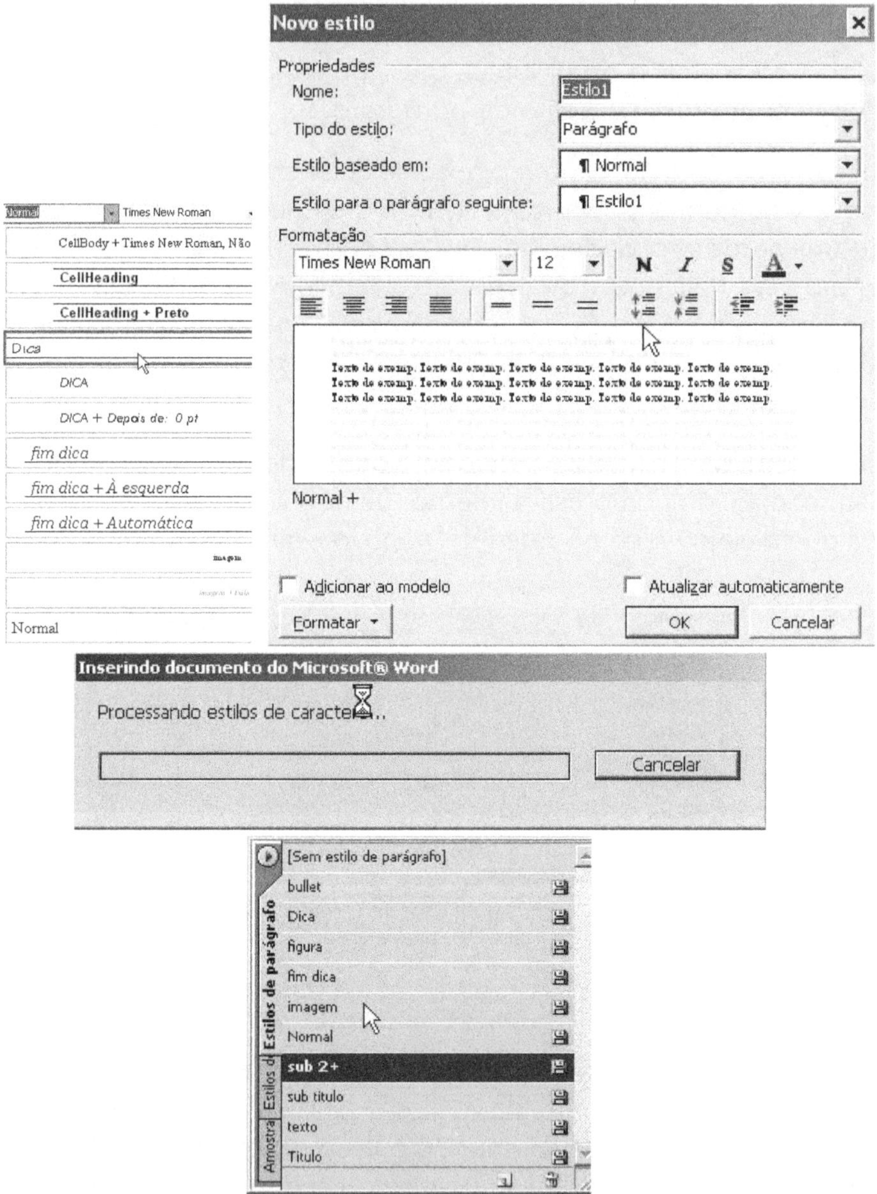


Cuidado, o InDesign® diferencia estilo de parágrafo de estilo de caracteres. As ações realizadas na paleta estilo de parágrafo irão afetar todo o parágrafo. Já as ações realizadas na paleta estilo de caracteres afetarão apenas o(s) caractere(s) selecionado(s).

O parágrafo normal.

A primeira coisa que você deverá configurar é a espessura do fio. Clique em Espessura e insira o valor (em pontos) da espessura desejada.

Aplicando um estilo de parágrafo qualquer.

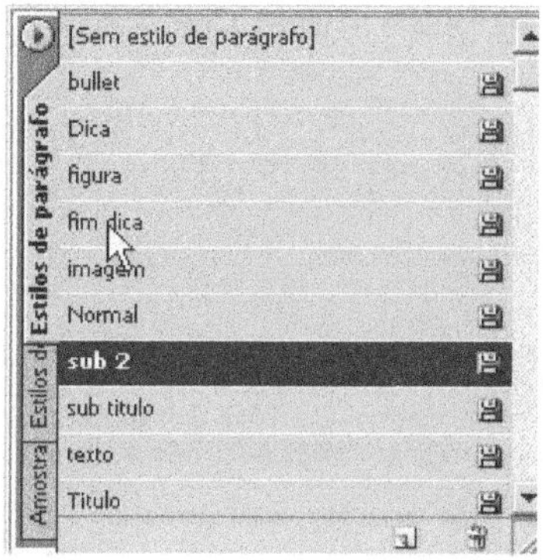


O parágrafo com o novo estilo.

*A primeira coisa que você deverá configurar é a espessura do fio. Clique em Espessura e insira o valor (em pontos) da espessura desejada.*

Aplicando um estilo de caracteres ao parágrafo.

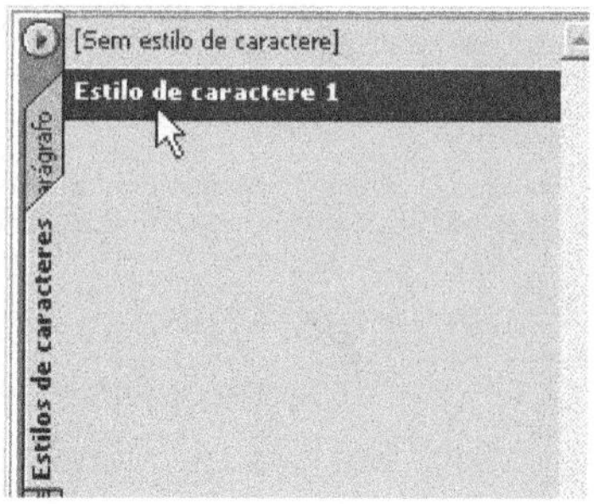


O parágrafo com o novo estilo.

*A primeira coisa que Você deverá configurar é*
*Espessura e insira o valor (em pontos) da espe*

*A primeira coisa que Você deverá co*
*Espessura e insira o valor (em pontos*

Acredite, trabalhar com estilos poupará um trabalho enorme, pois no InDesign® CS bastará apenas encaixar o texto dentro da área disponível (mancha) sem a preocupação de ficar formatando parágrafo a parágrafo.

## Importando texto puro

Para um perfeito entendimento do InDesign®, vamos importar um texto puro (sem formatação) para que possamos definir todo o estilo dentro do InDesign®.

O texto que iremos importar tem a seguinte aparência:

Participando de um Processo Seletivo

Um processo seletivo normalmente é composto por algumas etapas, dependendo da urgência da contratação do profissional.

Algumas vezes, essas etapas são elaboradas e realizadas por parcerias entre consultorias e empresas e, outras vezes, são executadas por profissionais da área de recrutamento e seleção da própria empresa.

Os processos de seleção mais completos incluem as seguintes etapas:

1) Triagem do currículo;
2) Entrevista telefônica;
3) Triagem pessoal dos candidatos com aplicação de testes e redações;
4) Dinâmica de grupo;
5) Entrevista com profissionais da área de Recursos Humanos;
6) Entrevista com profissionais da área em que o candidato atuará.

Às vezes, essas etapas podem acontecer em até dois ou três dias como também podem durar alguns meses, dependendo inclusive do cargo ao qual você está concorrendo.

Volto a dizer o quanto é importante seu desenvolvimento espiritual e psicológico para propiciar o suporte e a sustentação necessária em todas as fases do processo de seleção que você vivenciará.

É fundamental que você esteja preparado para vivenciar tranqüilamente cada uma dessas etapas. O equilíbrio emocional é fundamental para que haja o menor desgaste possível durante o processo.

As etapas são tantas e há tantos candidatos qualificadíssimos que às vezes nos sentimos impotentes diante das oportunidades e deixamos, com isso, de nos posicionar adequadamente, fazendo com que sejamos eliminados do processo sem que os selecionadores possam conhecer-nos melhor.

Dessa forma, é fundamental que sua auto-confiança e auto-estima estejam em alta!!!

Esses processos também são desgastantes porque é necessário que os selecionadores conheçam

Note que neste exemplo o negrito, o itálico, os sublinhados, letras em cores e tudo o mais foi perdido. Realmente temos um texto puro. Após importar o texto (usando o Arquivo > Inserir), o arquivo ficará assim no InDesign®:

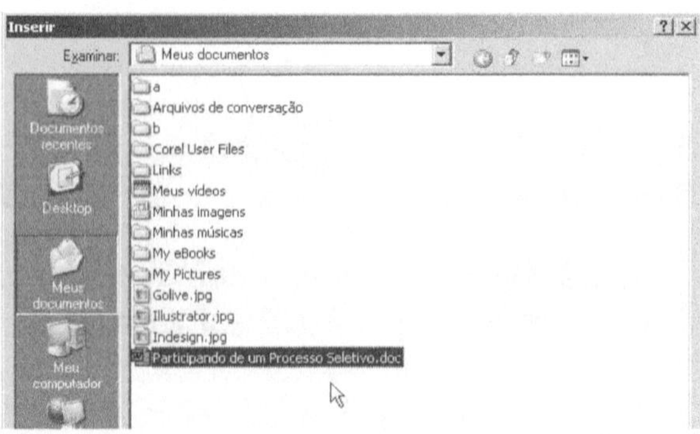

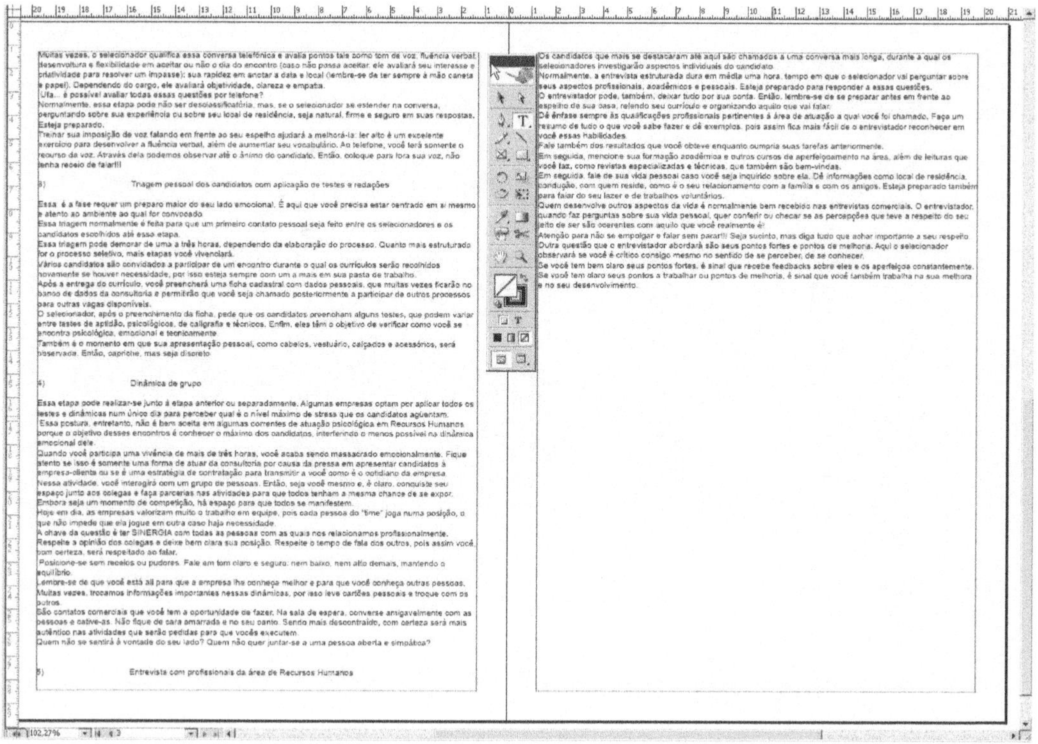

Note que todo o texto foi importado e o estilo definido é o Normal (padrão do InDesign®). Vamos então, passo a passo criar os estilos utilizados no livro.

## Menu primeiro estilo

Para a criação de estilos, usaremos a paleta Estilos de parágrafo. No canto superior da paleta, clique na seta para ter acesso ao menu de opções e, em seguida, clique em Novo estilo de parágrafo, conforme mostra a figura.

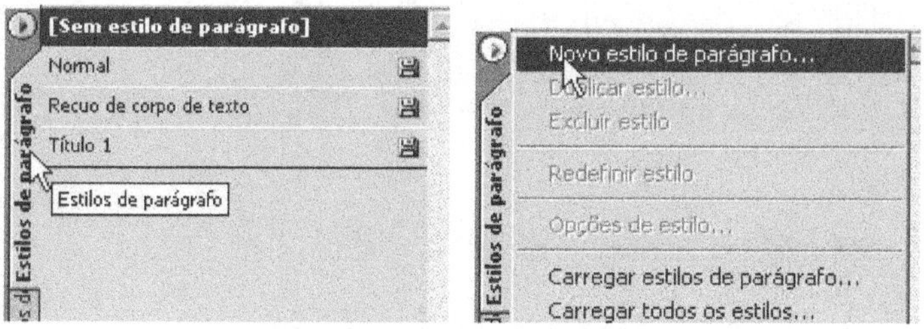

Aparecerá então a caixa Novo estilo de parágrafo onde iremos determinar o nome do estilo e todas as suas características de formatação usando as opções disponíveis no lado esquerdo da caixa.

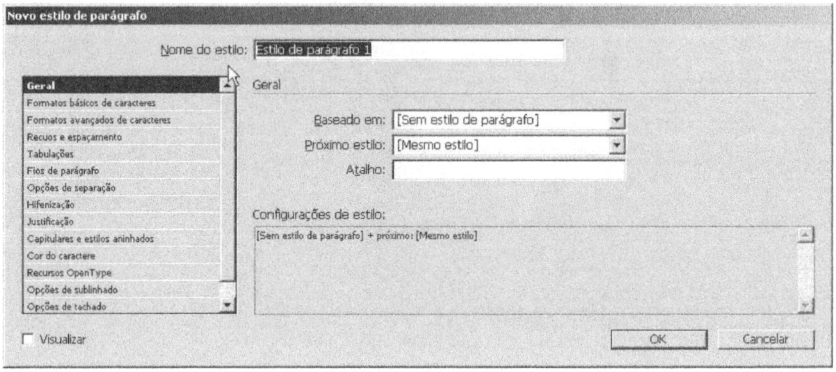


Dê um nome ao estilo.

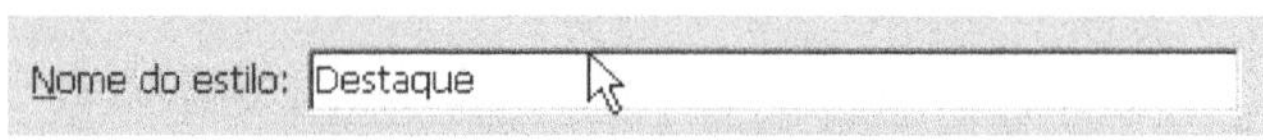


Deixe as configurações de Geral sem alterações.

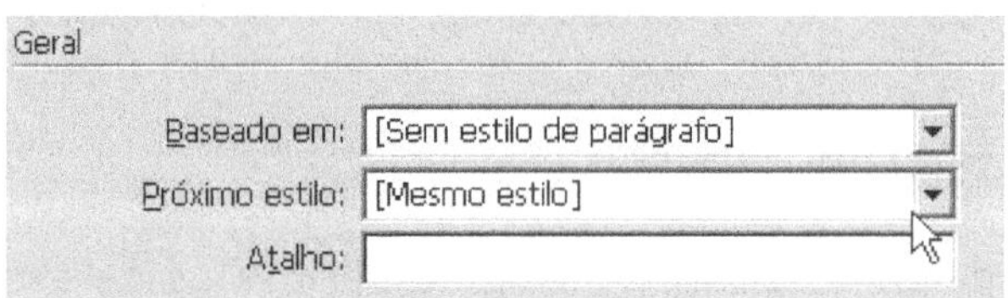


**Nota**

Se o estilo que você estiver criando for utilizado em diversas partes do documento, recomendo a criação de um atalho para o estilo.

Clique em Formatos básicos de caracteres.

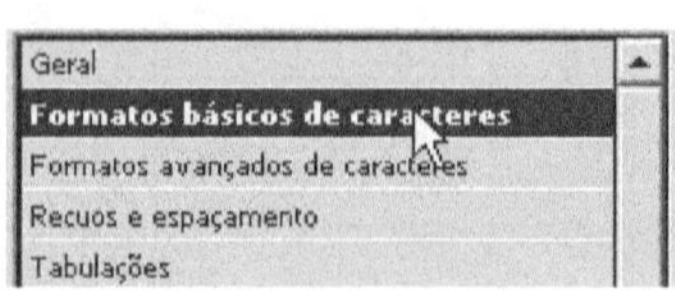

Na caixa que surge, insira as configurações de acordo com o estilo que você quer para o parágrafo. Você poderá determinar a fonte, tamanho, entrelinha, etc.

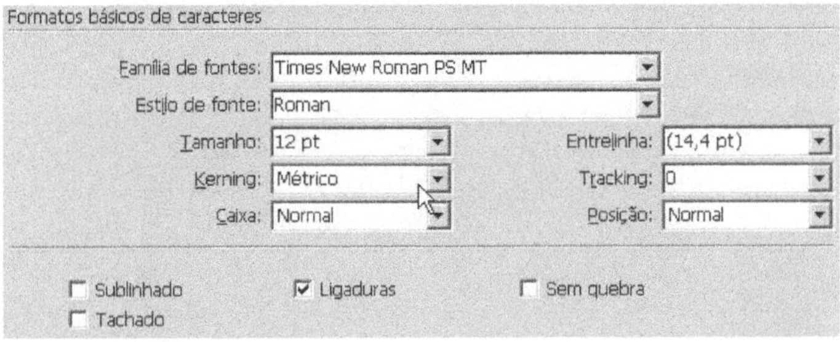


Veja as alterações que fiz para o estilo.

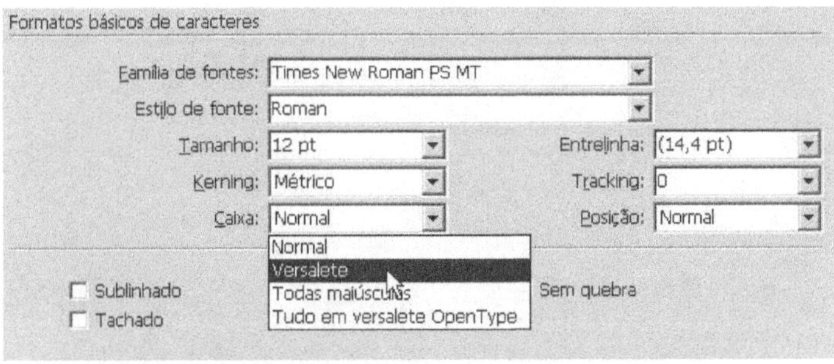


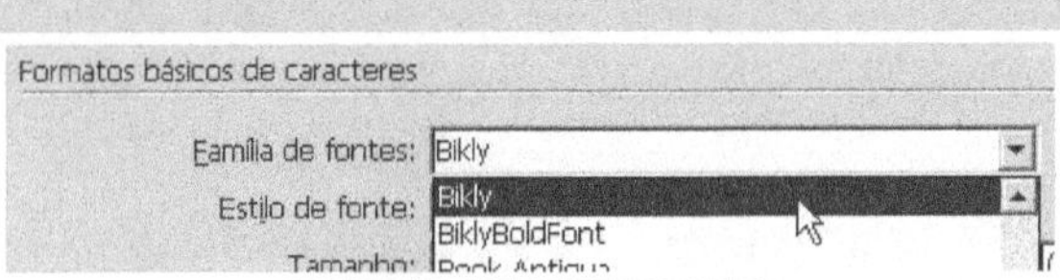


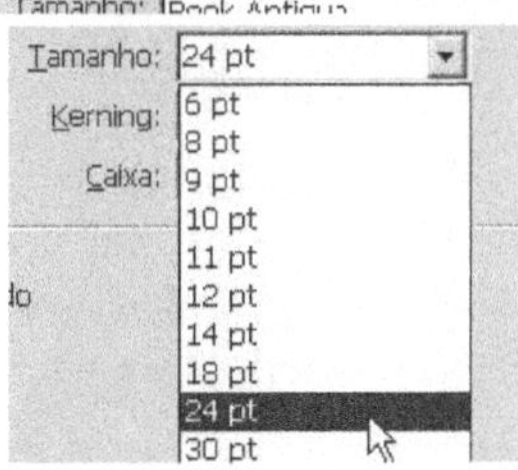


Clique em Recuos e espaçamento.

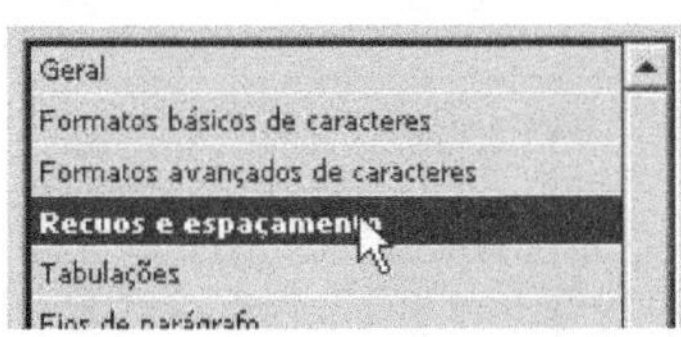

Na caixa que surge, determine o alinhamento do parágrafo.

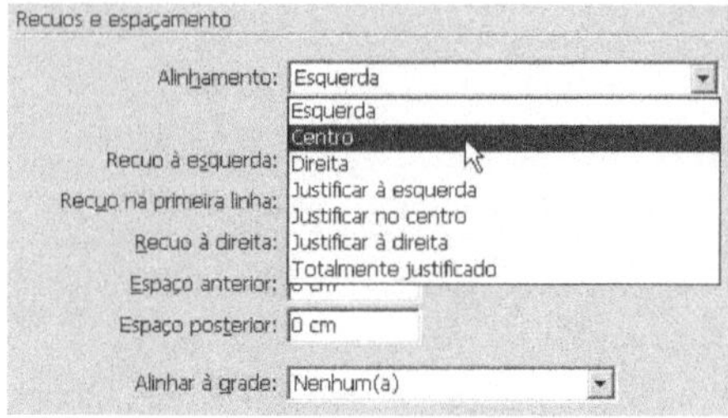


Clique em Fios de parágrafo.

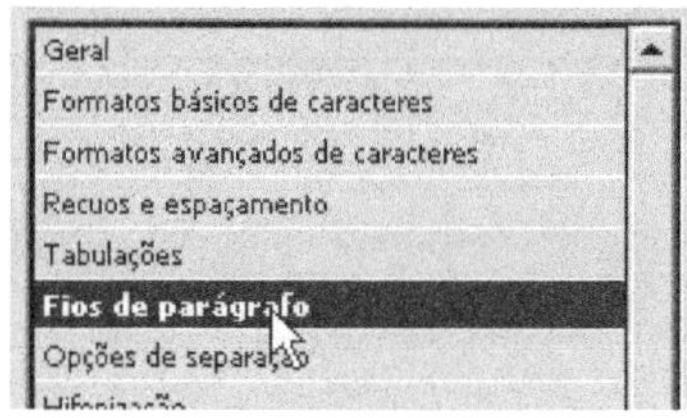


Insira um fio acima, como mostra a figura.

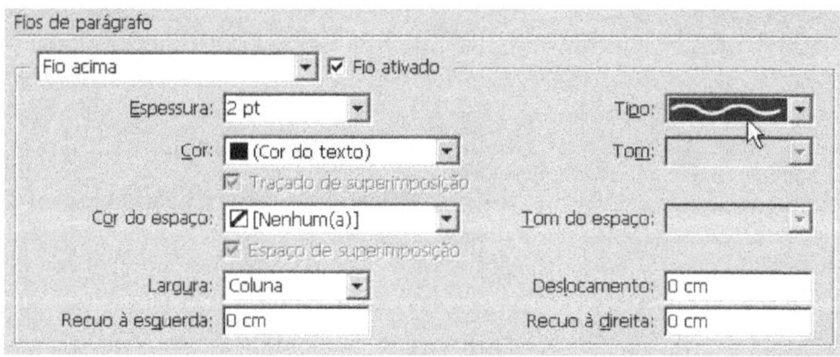


Clique em Hifenização e desative esse recurso. Digo isso, pois optamos por usar o alinhamento centro (centralizado) o qual não requer (e não combina) o uso de hífen.

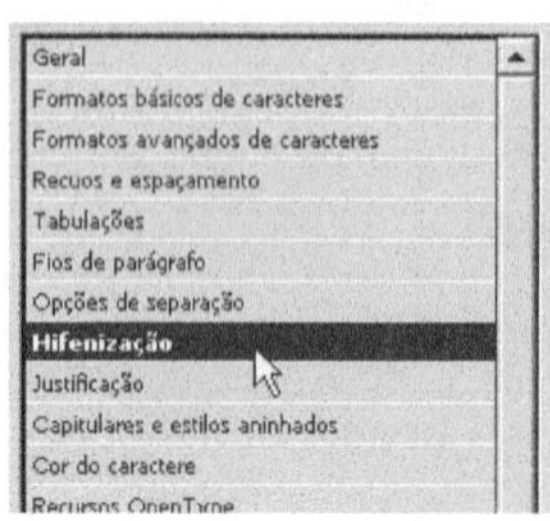


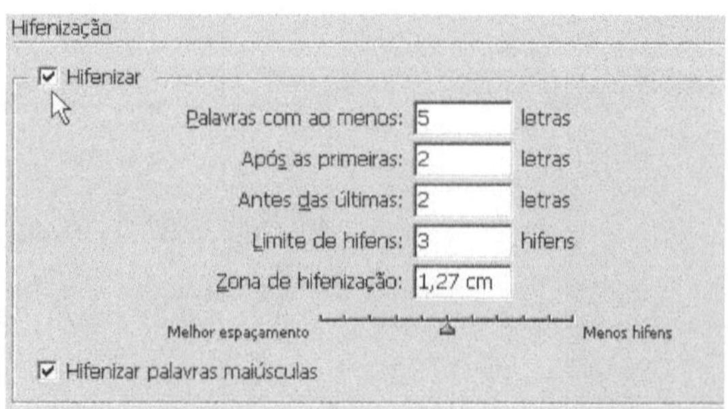

# Crie capitulares de forma rápida e inteligente

Clique em Capitulares e estilos aninhados. Nesta opção, você poderá criar uma letra capitular para o início do parágrafo. Capitulares são aquelas letras muito usadas em jornais e revistas no início de uma matéria, ou seja, uma letra maior que as demais letras do parágrafo.

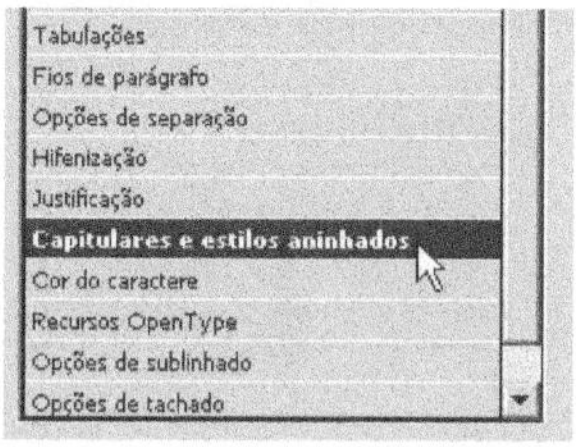


Informe a quantidade de linhas e de letras que o InDesign deverá trabalhar para gerar a capitular.

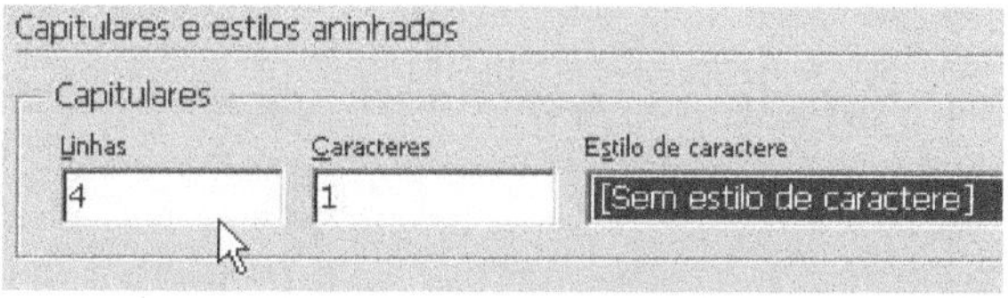


Deixe ativa a opção Visualizar para que todas as alterações que forem feitas no estilo sejam mostradas de imediato. Lembre-se de selecionar um parágrafo antes de abrir a caixa Novo estilo.

Para aplicar o estilo Destaque que foi criado, clique sobre o parágrafo com a ferramenta Tipo.

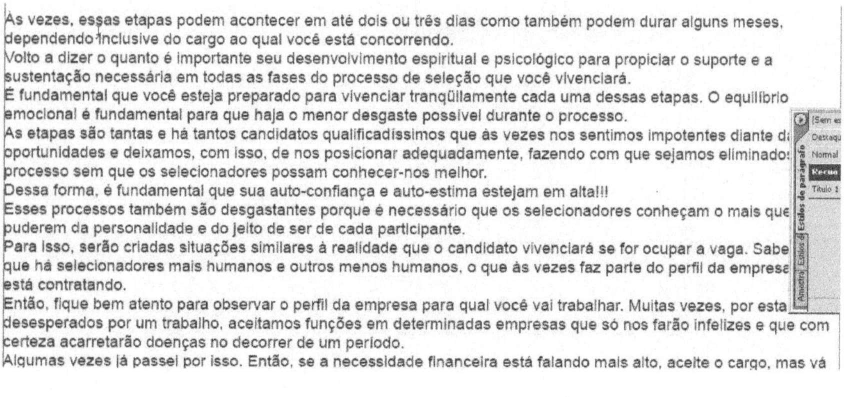
Às vezes, essas etapas podem acontecer em até dois ou três dias como também podem durar alguns meses, dependendo inclusive do cargo ao qual você está concorrendo.
Volto a dizer o quanto é importante seu desenvolvimento espiritual e psicológico para propiciar o suporte e a sustentação necessária em todas as fases do processo de seleção que você vivenciará.
É fundamental que você esteja preparado para vivenciar tranqüilamente cada uma dessas etapas. O equilíbrio emocional é fundamental para que haja o menor desgaste possível durante o processo.
As etapas são tantas e há tantos candidatos qualificadíssimos que às vezes nos sentimos impotentes diante d oportunidades e deixamos, com isso, de nos posicionar adequadamente, fazendo com que sejamos eliminados processo sem que os selecionadores possam conhecer-nos melhor.
Dessa forma, é fundamental que sua auto-confiança e auto-estima estejam em alta!!!
Esses processos também são desgastantes porque é necessário que os selecionadores conheçam o mais que puderem da personalidade e do jeito de ser de cada participante.
Para isso, serão criadas situações similares à realidade que o candidato vivenciará se for ocupar a vaga. Sabe que há selecionadores mais humanos e outros menos humanos, o que às vezes faz parte do perfil da empresa está contratando.
Então, fique bem atento para observar o perfil da empresa para qual você vai trabalhar. Muitas vezes, por esta desesperados por um trabalho, aceitamos funções em determinadas empresas que só nos farão infelizes e que com certeza acarretarão doenças no decorrer de um período.
Algumas vezes já passei por isso. Então, se a necessidade financeira está falando mais alto, aceite o cargo, mas vá

Na Paleta, clique no nome do estilo.

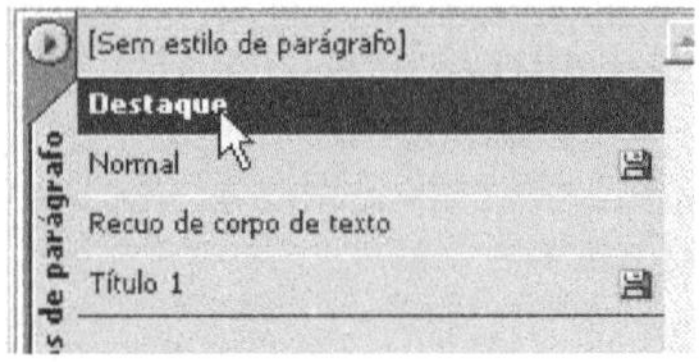


O parágrafo com o estilo aplicado.

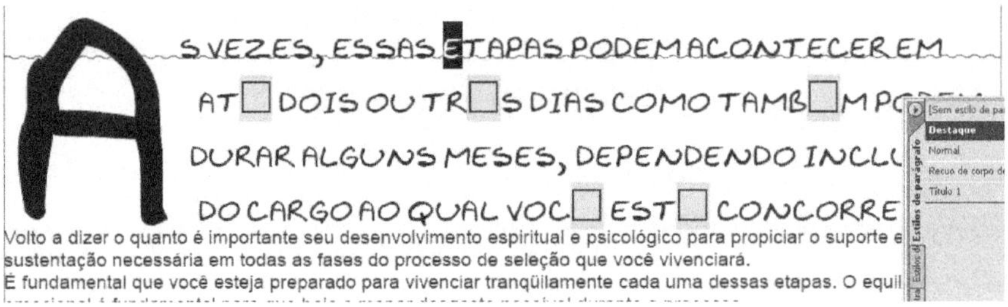


Repare que pelo fato de eu usar uma fonte sem acentuação o InDesign inseriu alguns caracteres indesejáveis e os marcou com a cor rosa.

Viu, criar estilos e fazer a editoração de um texto no InDesign é a coisa mais fácil. Até mesmo se você estiver usando a versão em inglês e mesmo se você não souber inglês poderá fazer sem muita dor de cabeça já que é possível configurar o estilo e ver o resultado ao mesmo tempo.

Vamos agora criar alguns estilos para usarmos no documento e que servirão como treino. Como não usaremos mais o estilo Destaque que foi gerado apenas para efeito de estudo, vamos removê-lo da paleta. Clique no estilo, segure e arraste até a lixeira existente na parte inferior da paleta. Em seguida, confirme a operação.

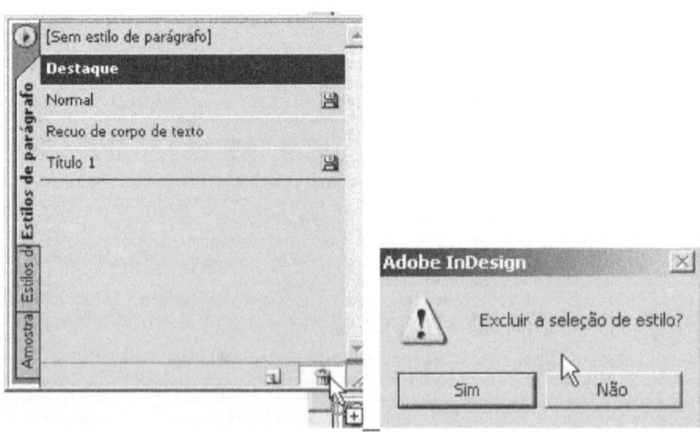

# Estilo Título

Começaremos criando o estilo para o estilo Título. Repare que na paleta estilo já existe um estilo chamado Título 1, que é padrão do sistema. Você pode, ou não, optar por usar esse mesmo estilo para os títulos do documento.

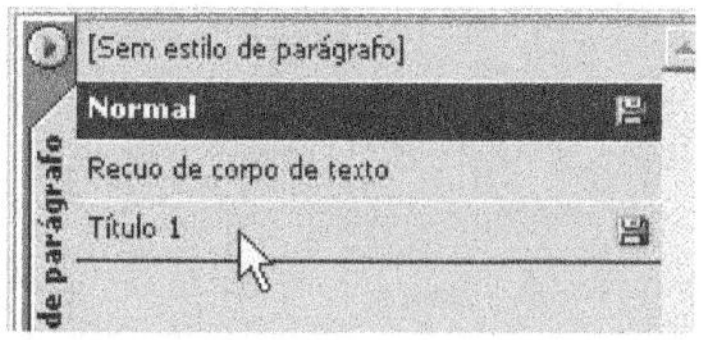


Se quiser usar o mesmo, clique sobre o nome do estilo com o botão direito e escolha Editar.

A caixa Opções de estilo será aberta e você poderá fazer as alterações que desejar.

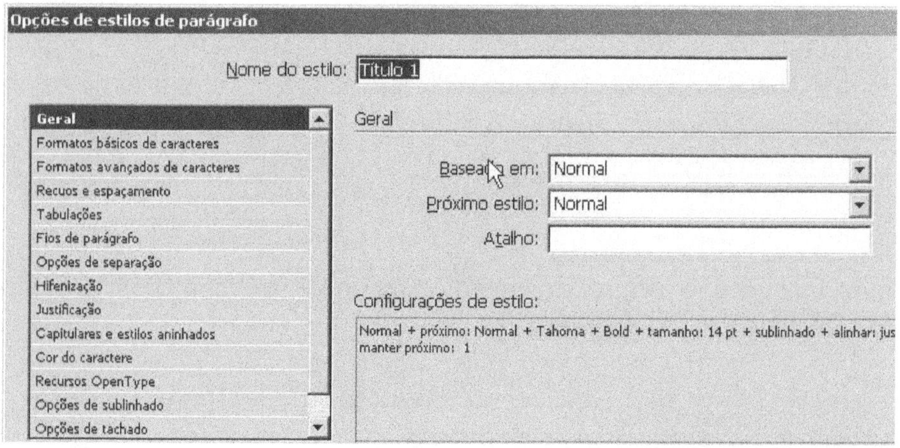

Bom, mas como não somos preguiçosos, vamos criar o estilo Título a partir do zero. Clique no menu da paleta e selecione Novo estilo de parágrafo.

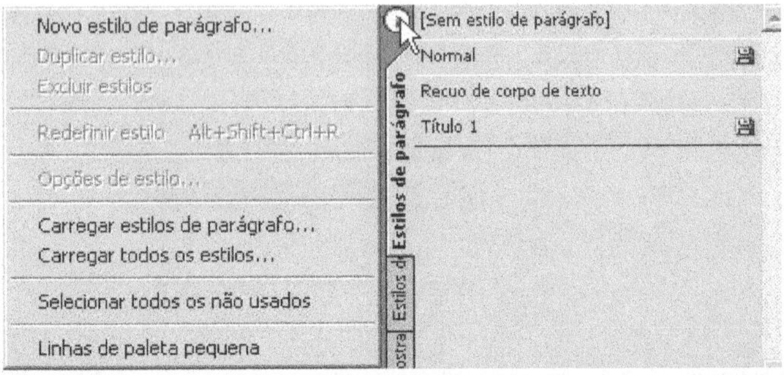


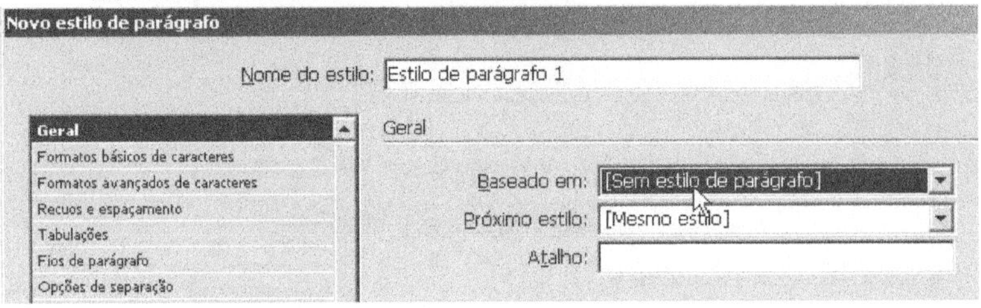


## Nota

Repare na figura anterior que a caixa Baseado em está definida como Sem estilo. Como estamos criando um estilo novo, não queremos que ele seja baseado (tenha as mesmas características que outro estilo) em nenhum estilo. Quando você deseja criar um novo estilo baseado na formatação já existente de um em outro estilo, basta selecionar o estilo na caixa Baseado em e o novo estilo terá as mesmas características do estilo selecionado. Cuidado, pois qualquer alteração no estilo base irá alterar o novo estilo.

Após informar o nome do estilo, determine os formatos do parágrafo, conforme a figura a seguir:

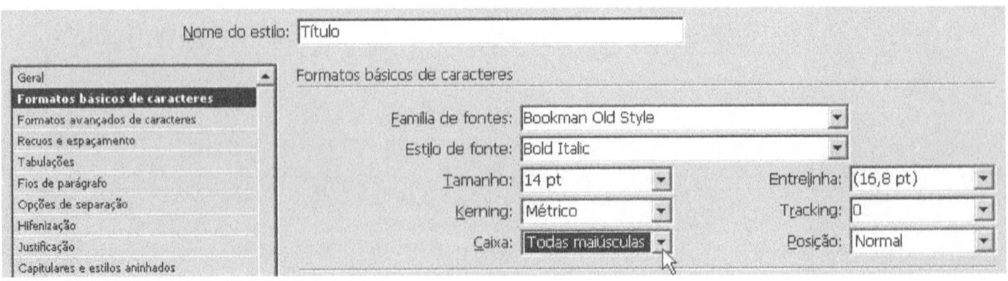

Clique em Formatos avançados de caracteres e certifique-se de que o idioma selecionado é o Português Brasileiro.

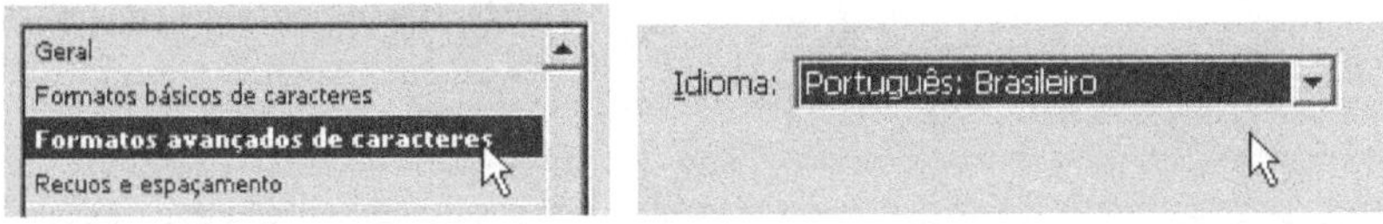


Agora, clique em Recuos e espaçamentos para definirmos as opções de alinhamento e espaçamento, como mostra a figura a seguir:

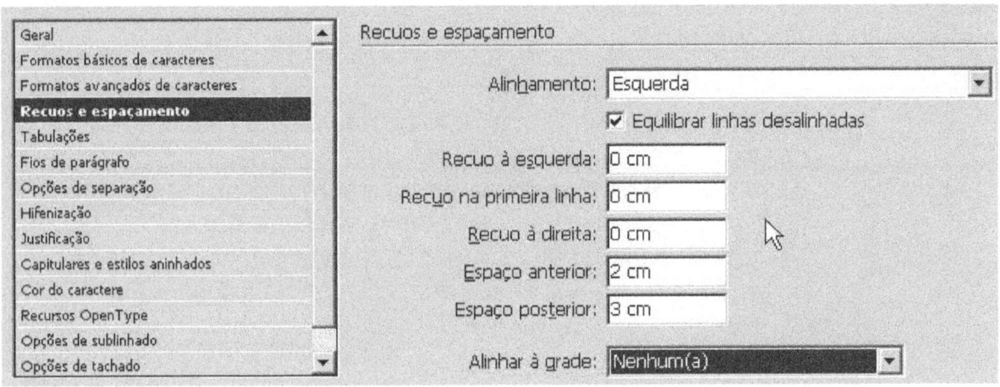


Como estamos fazendo um título, o ideal é não haver hifenização. Mas se isso for inevitável, oriente o programa a usar o mínimo de hifenizações possíveis.

Clique em Hifenização.

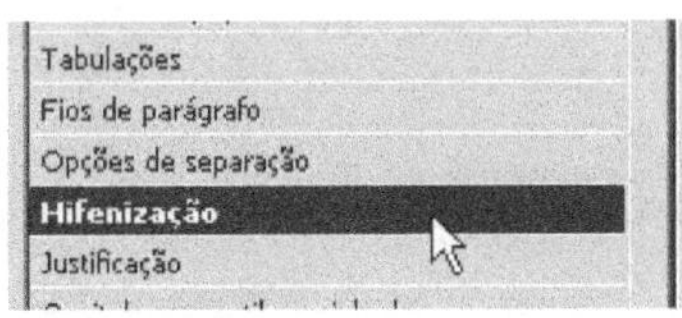


Na caixa, mova a barra em direção a menos hífens. Isso fará com que o texto seja hifenizado, porém com certa coerência.

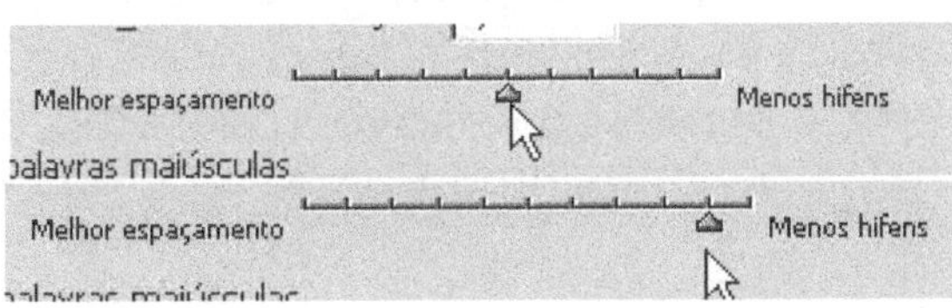

## Subtítulo

O mesmo procedimento e comando utilizado para a criação do estilo Título será usado para a criação do Subtítulo. A formatação para esse estilo eu deixo por sua conta.

## Estilo marcador ou bullet, como preferir

Para definir o estilo marcador, a primeira coisa que você deve fazer é definir qual será o marcador a ser usado. Clique no início do parágrafo que receberá o marcador e em seguida clique em Tipo > Glifos. Na caixa, selecione o elemento que deseja usar.

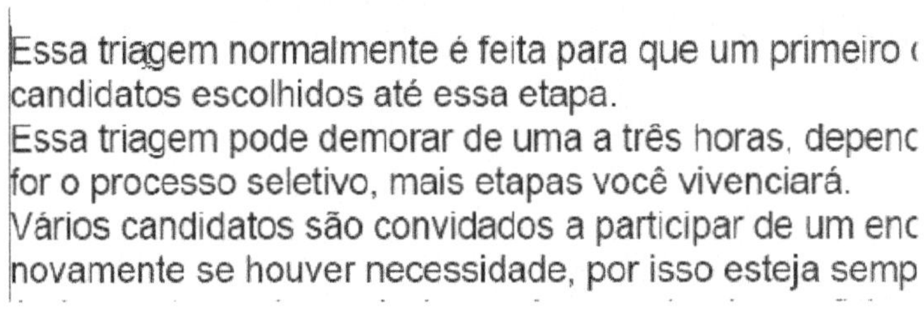


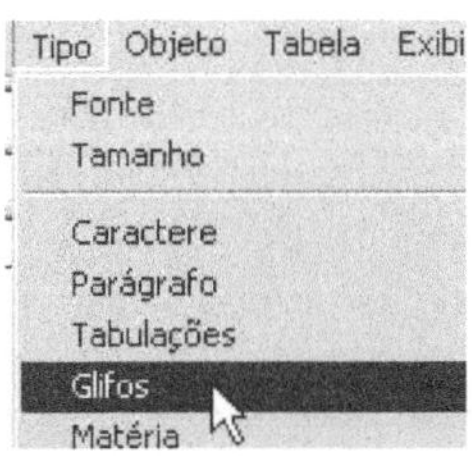


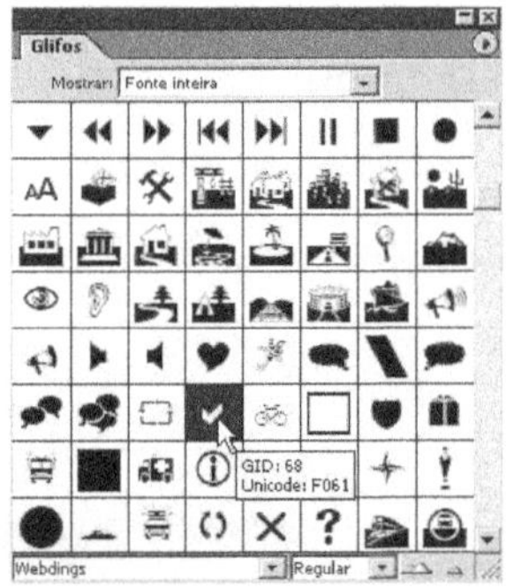


Após inserir o glifo, o parágrafo ficará assim:

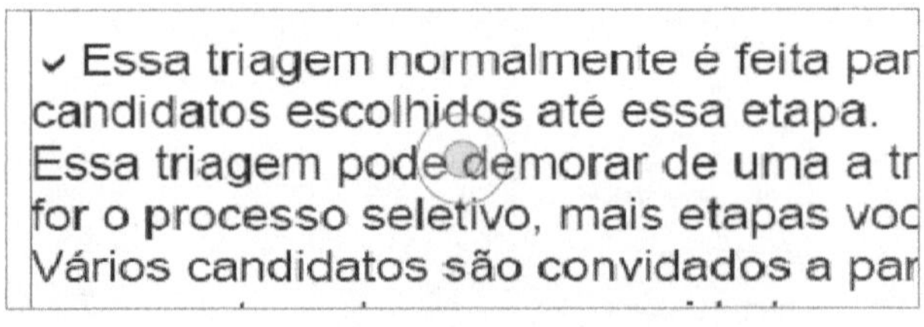

Nas configurações de caractere, deixe as que são fornecidas pelo sistema.

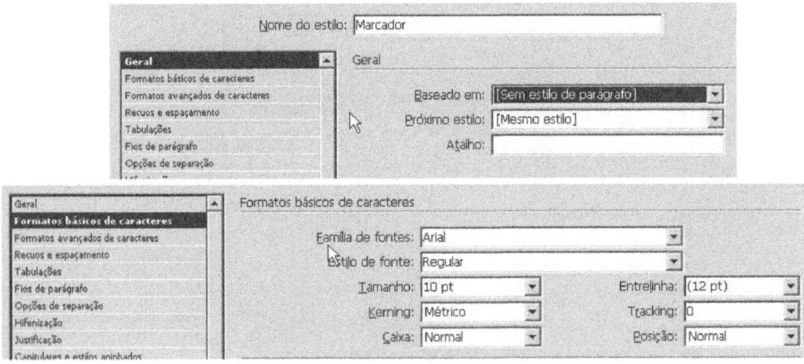


Já na parte de recuos e espaçamento será necessário usar uma mágica para que o parágrafo que está sendo editado fique com a seguinte forma:

- no nono non no nonon non no no nono non no nonon non nono nono non nononon non no no nono non no nonon non no no nono non no nonon non no

Ou seja, o glifo (marcador) à esquerda e o texto com uma pequena identação em todas as linhas. Isso envolverá o uso de recuos e também de tabulações.

Volte ao parágrafo onde foi inserido o marcador e insira um TAB entre o marcador e o texto.

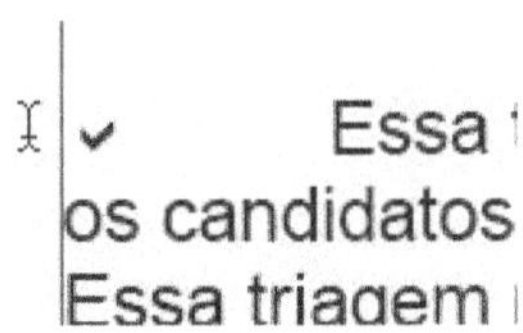


Se não for possível visualizar o TAB no texto, clique em Tipo > Exibir caracteres ocultos.

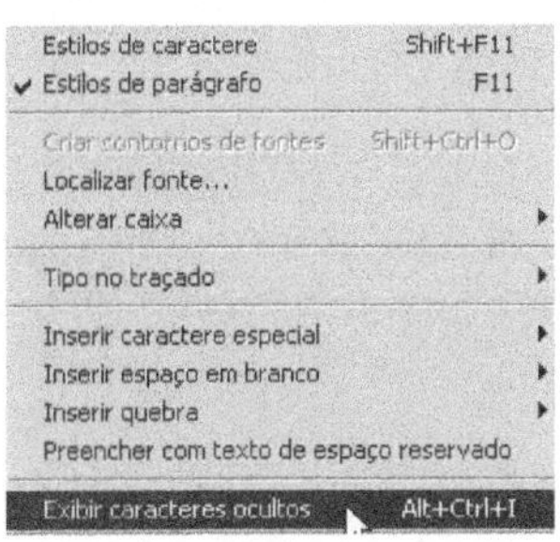


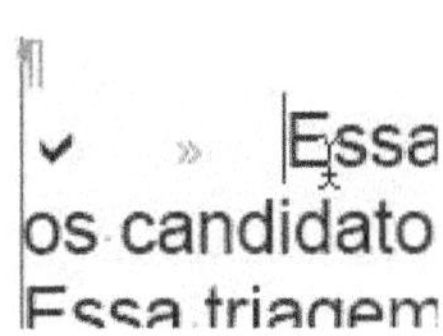

De volta à caixa de configuração do estilo, clique em Recuos e espaçamento.

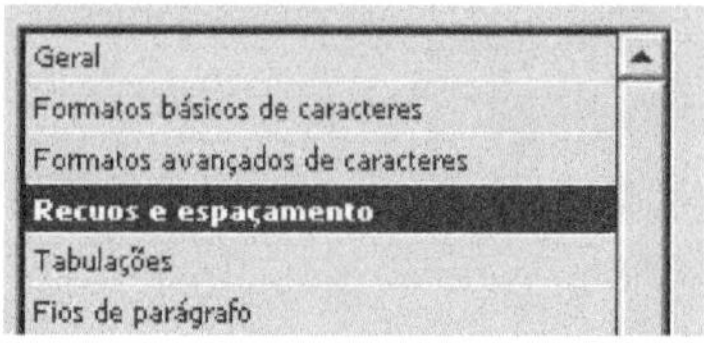


Insira os valores conforme a figura a seguir:

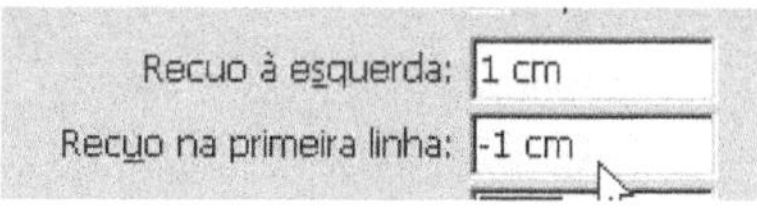


Clique em Tabulações.

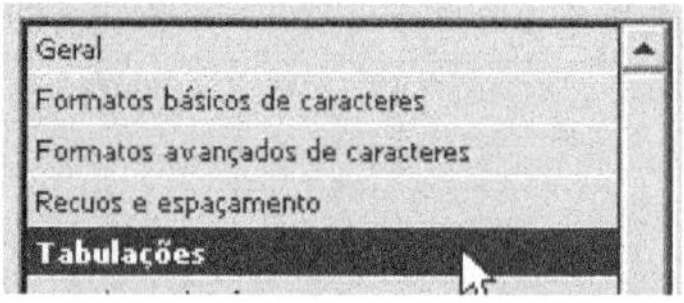


Crie uma parada de tabulação a 1 cm, como mostra a figura a seguir. Conforme você move a parada de tabulação, uma linha surge sobre o texto, mostrando a posição onde será feita a parada da tabulação.

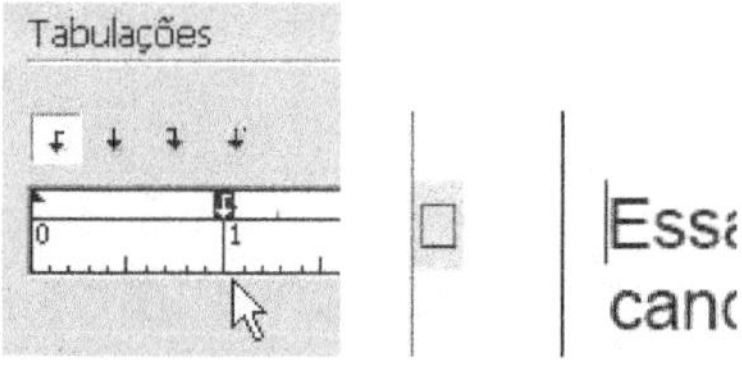


Pronto, agora o texto está identado e com o marcador. Mas espere, um erro surgiu. O marcador foi modificado. Esse problema poderá acontecer caso você faça alguma alteração na fonte do parágrafo, e como o marcador é parte do mesmo, ele será modificado de acordo com a fonte aplicada. Por isso, será necessário inserir novamente o glifo.

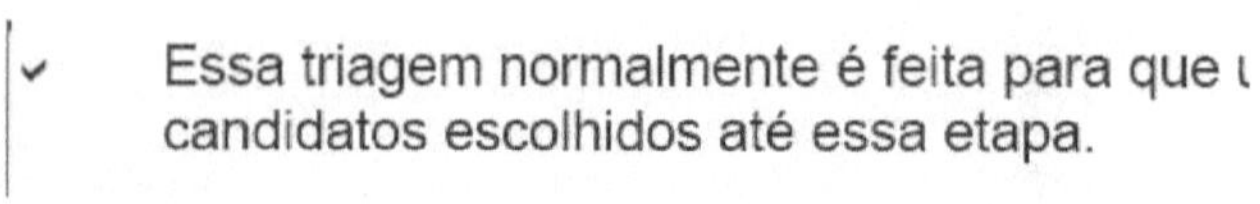


Agora sim, missão cumprida.

Apenas para dificultar, repare que o marcador está muito próximo da margem. Vamos dar um espaço maior entre a margem e o marcador. Para fazer isso, aumente o tamanho do recuo à esquerda para 2 cm.

O novo estilo.

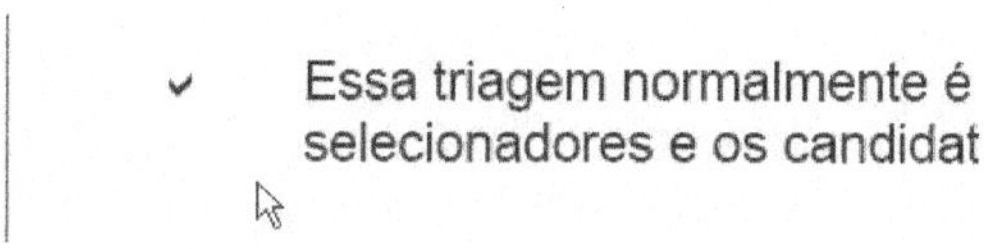


# Estilo Texto

O último estilo que iremos definir é o estilo texto, ou seja, o estilo comum a todos os parágrafos que não se encaixem em nenhum outro estilo do livro. Veja as especificações do estilo texto nas figuras a seguir:

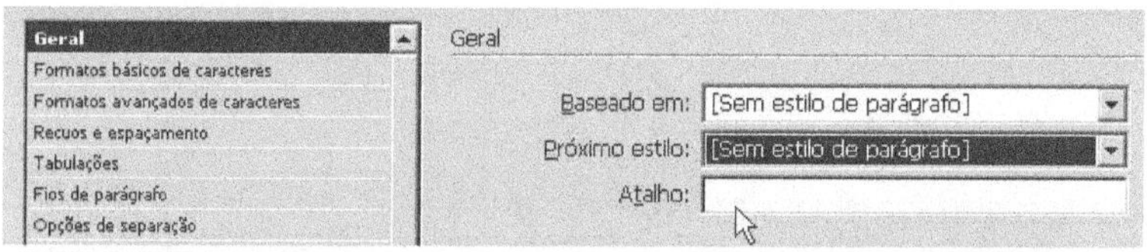


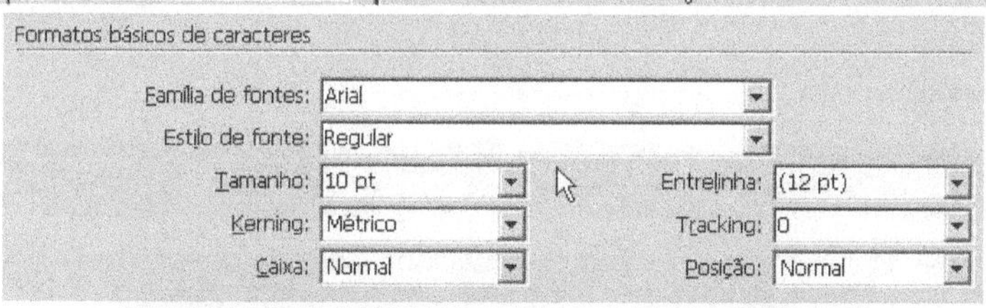


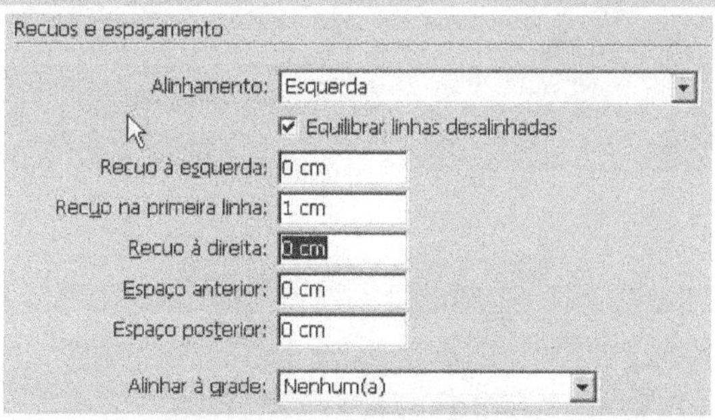


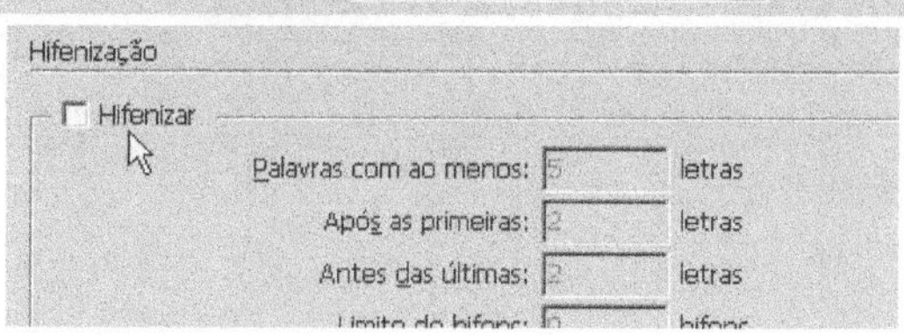

Agora que os estilos estão definidos, basta aplicar cada estilo ao parágrafo correspondente. Clique no parágrafo e, em seguida, clique sobre o nome do estilo na paleta.

O texto original.

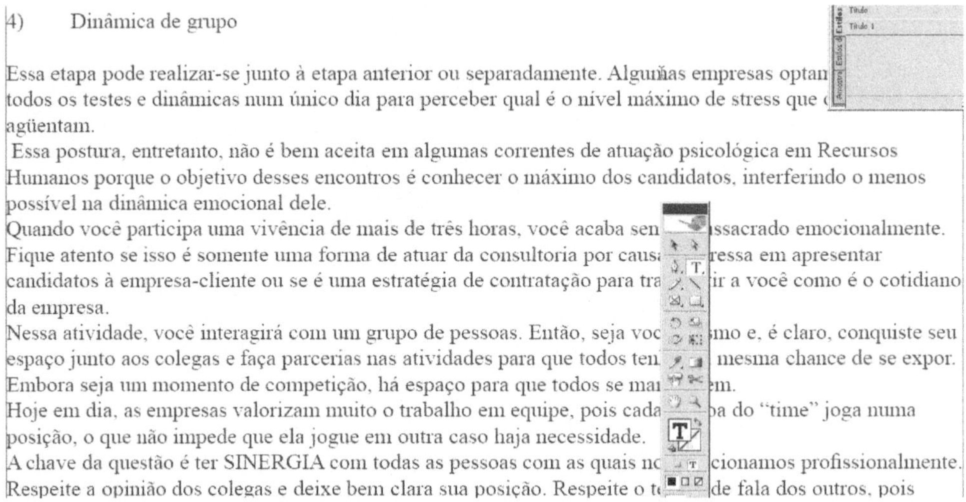


Aplicando os estilos.

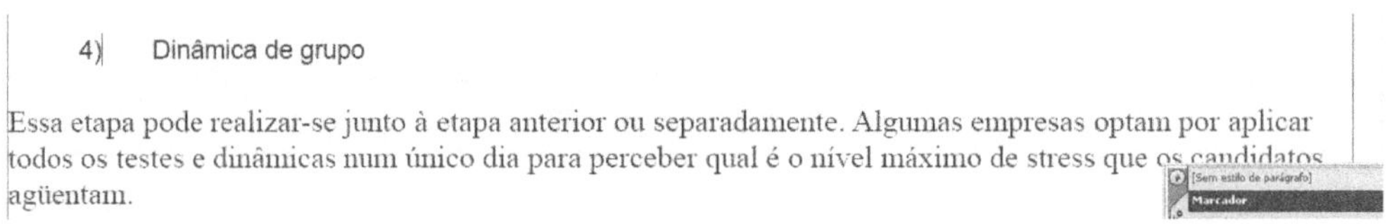


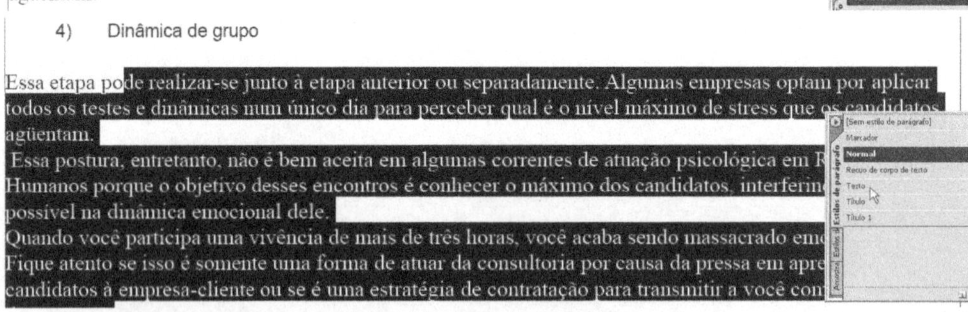


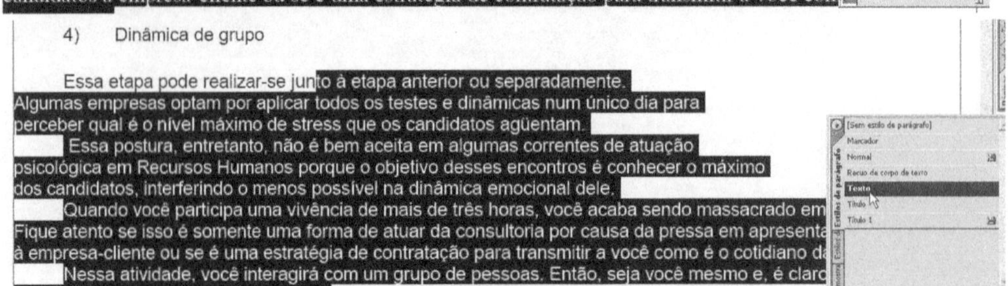

# Tabelas e tabulações

O processo de criação de tabelas é muito simples no InDesign® CS2 seja uma simples tabela ou uma tabela extremamente complexa.

Para criar uma tabela simples no InDesign® , siga os passos a seguir:

1. Vamos supor que a tabela que desejamos criar tenha três colunas com o seguinte texto:

   Elemento

   Valor unitário

   Valor total

2. De posse do texto a ser tabelado, insira uma tabulação logo após a primeira palavra (que, no caso, representa a primeira coluna de nossa tabela) e exclua o Enter existente ao final da palavra Elemento para que a palavra Valor unitário fique na mesma linha. Em seguida, faça o mesmo com a segunda palavra (segunda coluna). Ficará assim:

3. Agora, todas as palavras estão tabuladas e na mesma linha. Temos então que acertar os pontos de parada da tabulação para que o texto realmente fique com a aparência de uma tabela. Clique em Tipo e em seguida em Tabulações.

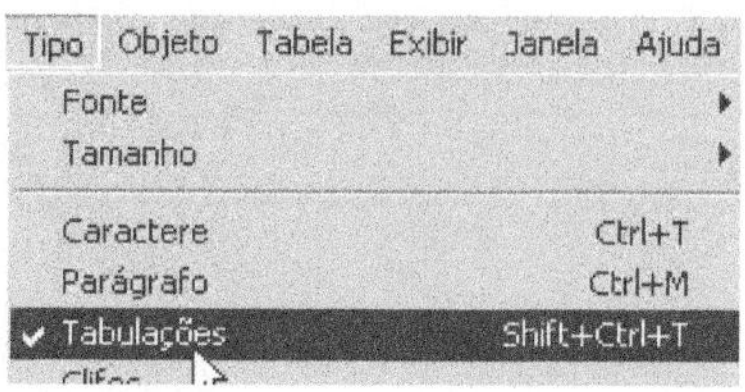


Lembre-se de clicar sobre o parágrafo que deseja definir a tabulação primeiramente.

Neste exemplo não faremos a configuração do parágrafo através de estilos e sim uma configuração individual e específica ao parágrafo.

A caixa Tabulações surgirá.

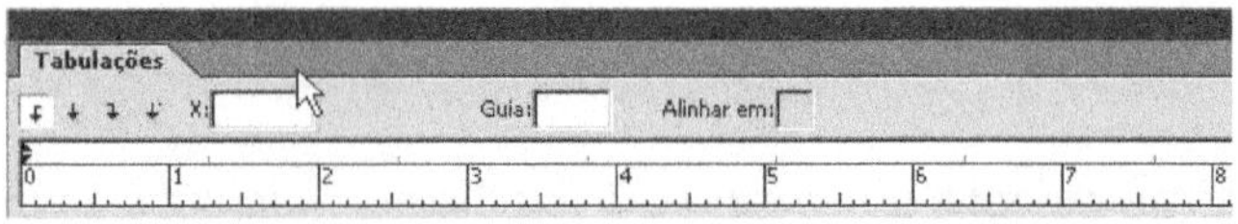


Na caixa, você verá a régua que lhe ajudará a definir onde cada tabulação precisa começar. No exemplo, usamos paradas de tabulação em 4 cm e 8 cm como mostra a figura a seguir:

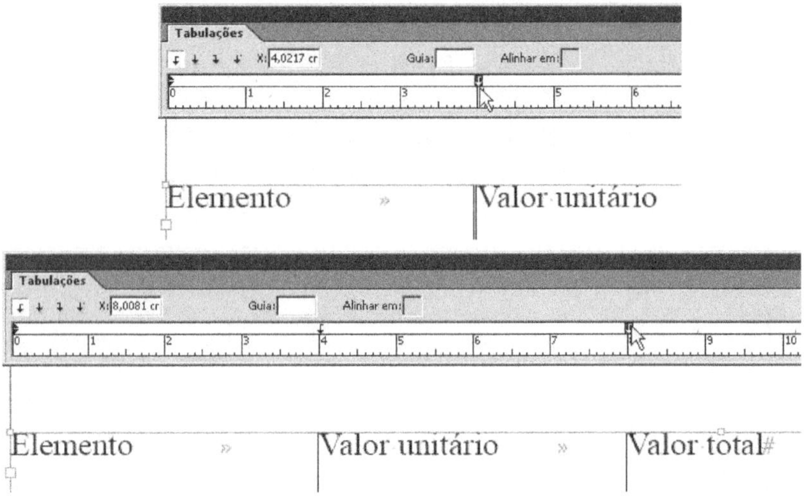


Depois de definir as paradas de tabulação, feche a paleta para visualizar o resultado. Caso não esteja satisfeito com o resultado, clique em Limpar tudo e comece novamente.

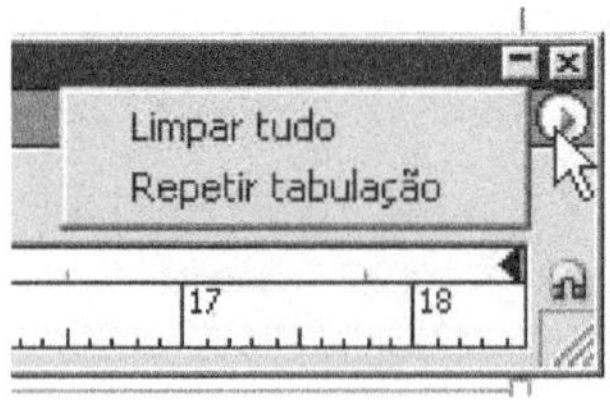

Agora que temos a primeira linha da tabela já configurada, podemos dar continuidade ao resto da tabela. Para isso, basta ir até o final da linha e pressionar a tecla Enter para criar uma nova linha com as mesmas características da linha anterior, como mostrarei a seguir:

| Elemento | Valor unitário | Valor total |
|---|---|---|
| Chapa | 10,00 | 10,00 |
| Latão | 15,00 | 15,00 |
| Ferro | 1150,00 | 1150,00 |
| Cobre | 0,10 | 0,10 |

| Elemento » | Valor unitário » | Valor total¶ |
|---|---|---|
| Chapa » | 10,00 » | 10,00¶ |
| Latão » | 15,00 » | 15,00¶ |
| Ferro » | 1150,00 » | 1150,00 |

**Nota**

Se preferir, você pode criar um estilo Tabela, por exemplo, onde as marcas de parada de tabulação, a formatação dos parágrafos, os fios e tudo o mais já esteja pré-definido.

A seguir, apresento alguns exemplos de tabelas complexas que podem ser criadas no InDesign®, mas essas tabelas requerem muita paciência e atenção já que o uso de tabulações é excessivo.

## EXTRA: Exemplo de tabela número 1

| | |
|---|---|
| 8 | Determinar as necessidades do cliente no que diz respeito a novas aplicações, protocolos, número de usuários, horários de pico, segurança e gerenciamento de rede. |
| 9 | Diagramar o fluxo de informações para novas aplicações. |
| 12 | Prognosticar o nível e o tipo de tráfego causado pelas aplicações a partir de quadros que caracterizam o tráfego de rede típico. |

## EXTRA: Exemplo de tabela número 2

| Número do telefone | Destino |
|---|---|
| Chamada para 8-xxxx | Encaminhar para o IP: 10.10.10.1 |
| Chamada para 7-xxxx | Encaminhar para o IP: 10.20.20.1 |
| Chamadas externas | Encaminhar para a PSTN |
| 6-1234 | Porta de voz 1/0 |
| 6-4567 | Porta de voz 1/1 |

## EXTRA: Exemplo de tabela número 3

| | |
|---|---|
| NetBIOS em TCP/IP | • O NetBIOS em NetBEUI não pode ser roteado.<br>• O NetBIOS em TCP/IP é mais escalável do que o NetBIOS em NetBEUI porque ele é executado em IP. |
| DHCP | • Usado para atribuir automaticamente um endereço IP e uma máscara de sub-rede a um dispositivo.<br>• Entre as opções DHCP estão o gateway-padrão, o endereço IP do servidor WINS e o endereço IP do servidor DNS.<br>• Use o comando ip helper-address para encaminhar solicitações DHCP para o servidor DHCP. |
| WINS | • Usado para definir os nomes NetBIOS dos endereços IP.<br>• Clientes e servidores registram seus nomes NetBIOS no servidor WINS. |
| Resposta NT | • Comunicação servidor a servidor que contém informações sobre o domínio NT. |

## EXTRA: Exemplo de tabela número 4

| Código | Tipo | Descrição |
|---|---|---|
| 1<br>o custo. | LSA de roteador | Produzido por todos os roteadores, inclui todos os enlaces de roteador, as interfaces, os estados dos enlaces e |
| 2 | LSA de rede | Produzido por todos os roteadores designados em qualquer broadcast de trânsito ou rede NBMA (nonbroadcast multiaccess). Ele lista todos os roteadores conectados na rede multiacesso. |
| 3 | LSA de resumo | Produzido pelos ABRs (area border routers).<br>Ele é enviado para uma área com o intuito de anunciar destinos fora da área. |
| 4 | LSA de resumo<br>boundary routers). | Produzido pelos ABRs (area border routers). Ele anuncia ASBRs (autonomous system |
| 5 | para o AS OSPF. | LSA de sistema Produzido pelos ASBRs. Ele anuncia os destinos externos ao AS (autonomous system) do OSPF, transbordado |
| 7 | LSA de NSSA | Produzido pelos ASBRs em uma NSSA (not-so-stubby area). Ele não é transbordado para o sistema autônomo do OSPF (o AS); apenas para a NSSA. |

Repare que no exemplo número 4 tudo parece estar perfeito. Correto? Errado. Se você parar para ler a terceira coluna, perceberá que o texto correu. Um erro muito comum que ocorre na hora de fazer tabelas.

Pronto, agora tudo está finalizado, definido, configurado. Só falta fazer a editoração de cada capítulo para fecharmos o projeto. Parece difícil, mas não é. No máximo pode ser cansativo ou repetitivo. Com o tempo e o uso, você aprenderá outras técnicas que lhe pouparão um precioso tempo.

## Regras importantes para editoração

Veja a seguir algumas regras que você tem que ter na cabeça sempre que pensar em editorar algum material. Guarde-as por enquanto em um local que você possa visualizar a todo momento.

- Nunca reduza o tamanho da fonte para fazer um texto caber em um determinado espaço;
- Nunca reduza o tamanho do espaço entre as linhas de um parágrafo para fazer um texto caber em um determinado espaço;
- Evite usar texto sublinhado;
- Evite colocar dois Enters ao final do parágrafo;
- Evite ao máximo usar um título todo em letras maiúsculas;
- Use o hifenizador;
- Nunca coloque comentários seus no meio do texto. Por exemplo, um aviso ao pessoal do bureau para imprimir tal página usando tal recurso;
- Não use ponto final nos títulos;
- Jamais utilize colunas inconsistentes;
- Jamais utilize colunas estreitas com texto justificado;
- Utilize símbolos sempre que possível;
- Os itens das tabelas são separados por Enter;
- SEMPRE usar caixa alta na primeira letra de cada parágrafo, mesmo sendo título;
- Reduza o espaçamento entre as linhas nos títulos;
- Evite rios de espaços em branco;
- Evite linhas viúvas;
- Use capitulares;
- Evite capitulares em palavras com duas ou três letras apenas;
- Cuidado com letras problemáticas (o F por exemplo) durante o uso de capitulares;

- Use abuse dos efeitos especiais, com base na área de trabalho e na mensagem a ser transmitida, evitando, assim, a poluição da página;
- Utilize sangrias;
- Evite legendas de figuras parecidas com o texto normal da publicação;
- Jamais use linhas longas com o corpo pequeno;
- Use clip arts;
- Alinhe com cuidado as suas imagens;
- Evite o uso de bordas pesadas;
- Respire. Você e o projeto! Sempre deixe uma boa área de respiração na publicação;
- Cuidado com os gráficos, na medida do possível opte pelos gráficos de torta;
- Cuidado com as combinações de cores. Existem diversos livros sobre cores e eu recomendo que você leia a maior quantidade possível;
- Use as cores para dar um destaque seletivo à mensagem ou para ajudar a organizar as informações;
- Explore ao máximo o preto e branco;
- Use os diversos tipos de papel colorido para dar um realce ao projeto na hora da impressão;
- Não se esqueça de usar marcas de registro e de corte na sua publicação;
- Se estiver trabalhando com material colorido, não se esqueça de fazer a separação de cores na hora de mandar para o bureau.

**Nota**

Nunca utilize uma técnica ou recurso do software tão somente por ele estar disponível. Toda e qualquer técnica aplicada a um projeto precisa ser previamente avaliada quanto ao resultado final.

# O que importa é a página?

Sim, o processo de criação de uma página é similar nos quatro cantos do mundo, mas o que difere uma página da outra são os detalhes que são trabalhados durante a confecção da página. Uma simples mudança na margem ou no entrelinhamento pode fazer uma real diferença ao projeto.

Existem alguns elementos que, se manipulados da maneira correta, podem fazer uma grande diferença. São eles:

- **Margens** - Utilizando-se margens de profundidades variadas, podem ser criadas áreas adicionais de espaço vazio na página;
- **Cabeçalhos e rodapés** - Você pode adicionar elementos gráficos, fios e trabalhar a fonte do cabeçalho para criar limites visuais que unifiquem e definam as páginas da publicação;
- **Títulos** - A utilização da fonte correta nos títulos torna mais fácil a compreensão do texto e lembre-se, de que o título é o ponto de partida da leitura;
- **Olhos** - Pontos importantes do texto podem ser trabalhados em pequenos trechos (frases curtas);
- **Espaço vazio** - Não confundir com espaço perdido. Os espaços vazios são ótimas ferramentas de organização e também para dar um aspecto "clean" ao projeto.

# Ganhe tempo

Sim, tempo é dinheiro e em editoração o fator tempo é vital. Portanto, aprenda a economizar tempo e a trabalhar mais eficientemente. Veja como:

- Domine os atalhos de teclado do InDesign® ;
- Sempre utilize os estilos, visando também manter a consistência;
- Crie modelos;
- Reaproveite as tabelas;
- Aprenda a trabalhar e a criar macros para automatizar tarefas repetitivas;
- Evite trabalhar com prazos apertados, pois você tenderá a fazer todo o projeto na mão para não perder tempo criando padrões.

# Inserção de imagem durante a editoração

Principalmente em livro, apostilas e jornais é necessário e até comum ser feita a inserção de imagens, gráficos e fotos no meio do texto. Iremos agora trabalhar com a inserção de imagens no meio de um texto.

Você pode optar por três formas de inserção de imagens dentro de uma publicação no InDesign®: Copiando e colando, importando e vinculando.

# Copiando e colando uma imagem

Vamos supor que o exemplo a seguir seja um texto e que no meio desse texto você precise colar uma imagem que está no CorelDRAW.

1. No Corel, selecione a imagem e copie (Ctrl+C) para a área de transferência.
2. No InDesign®, localize o local onde deseja colar a imagem

no no nonononononono non non non nononono non non nono nono n nnon nonn on non non non non on no n on n non no non n on non non n onn ono non no no n ono n on nononon onon noono n ono nnoo nono non onnonnono nono noono n ono nn

**A IMAGEM ENTRA AQUI**

no no nonononononono non non non nononono non non nono nono n nnon nonn on non non non non on no n on n non no non n on non non n onn ono non no no

3. Clique com a ferramenta Tipo na posição e em seguida pressione Ctrl+V para colar a imagem. A seguir você verá o resultado:

no no nonononononono non non non nononono non non nono nono n nnon nonn on non non non non on no n on n non no non n on non non n onn ono non no no n ono n on nononon onon noono n ono nnoo nono non onnonnono nono no n ono n on nononon onon noono n ono nnoo nono non onnonnono nono

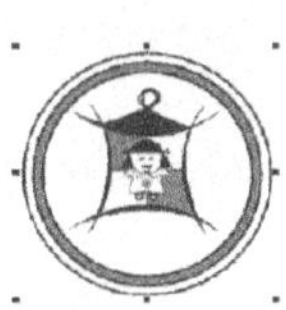

no no nonononononono non non non nononono non non nono nono n nnon nonn on non non non non on no n on n non no non n on non non

Repare que a imagem será movida juntamente com o texto em virtude de termos inserido a imagem, usando a ferramenta texto, portanto ela passou a ser parte integrante do texto. Se usarmos a ferramenta ponteiro, a imagem ficará flutuando sobre o texto e você terá que posicioná-la manualmente.

A aparência da imagem quando colada com a ferramenta Seleção é mostrada na figura a seguir:

**Nota**

A imagem pode aparecer em um tamanho maior ou menor do que a imagem original e, portanto, você terá que ajustar o seu tamanho, usando a ferramenta ponteiro.

Usar o recurso de copiar e colar só é válido para imagens de baixa resolução, pois a perda durante o processo é muito grande e pode comprometer o produto final.

## Importando e vinculando uma imagem

Para imagens mais pesadas como, por exemplos, imagens em formato .eps, a melhor alternativa é a importação de imagem através do uso do comando Inserir.

1. Pressione Ctrl+D para ter acesso à caixa de diálogo Inserir.

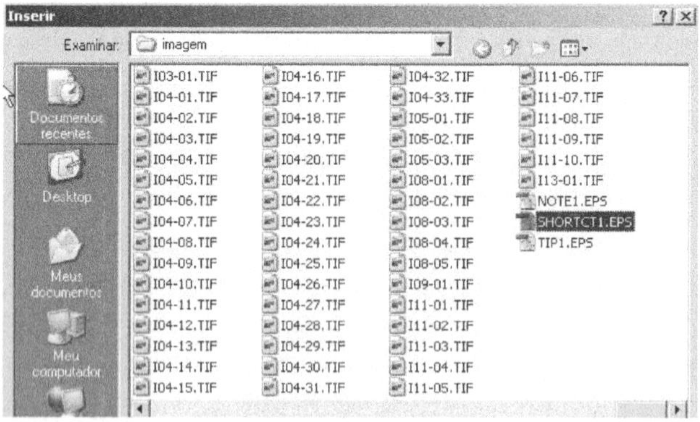


2. Em seguida, localize o arquivo que deseja inserir no arquivo e clique em Abrir. Pronto, o arquivo será inserido.

## Nota

Durante a importação e vinculação de imagem, você pode optar por usar a ferramenta Seleção (a imagem flutuará sobre o texto) ou a ferramenta Tipo (a imagem fará parte do texto)

Quando você insere uma imagem, ela será carregada com o seu tamanho original.

Caso a imagem esteja muito grande, clique nas alças de manipulação com a ferramenta de Seleção e ao mesmo tempo mantenha pressionada a tecla Ctrl. A redução será proporcional.

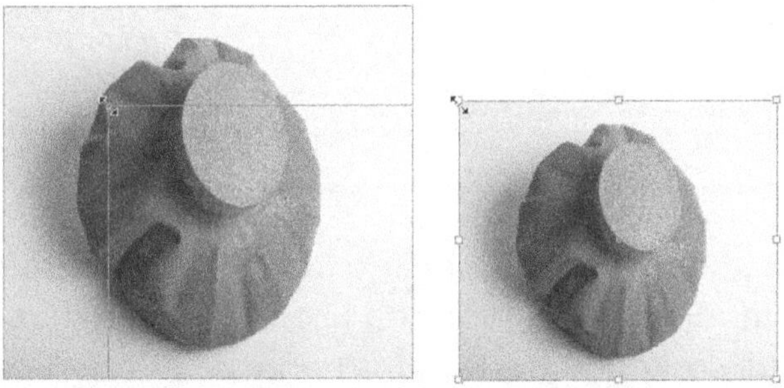

Se você não pressionar a tecla Ctrl, ao invés de reduzir a imagem você irá omitir parte dela, como mostram as figuras a seguir:

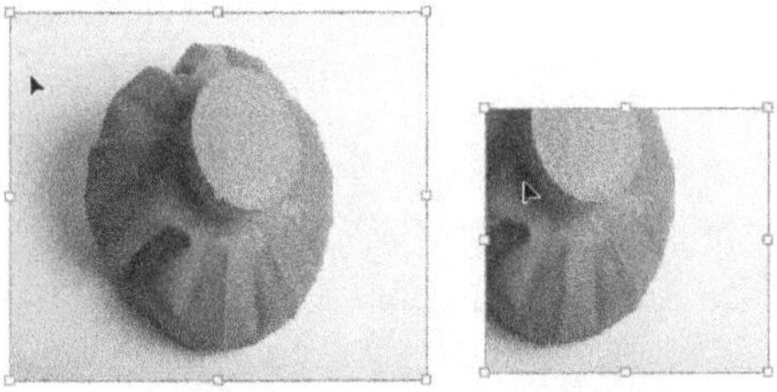

Agora, mostrarei como trabalhar com o texto e a imagem ao mesmo tempo. Primeiro, insira um texto no documento.

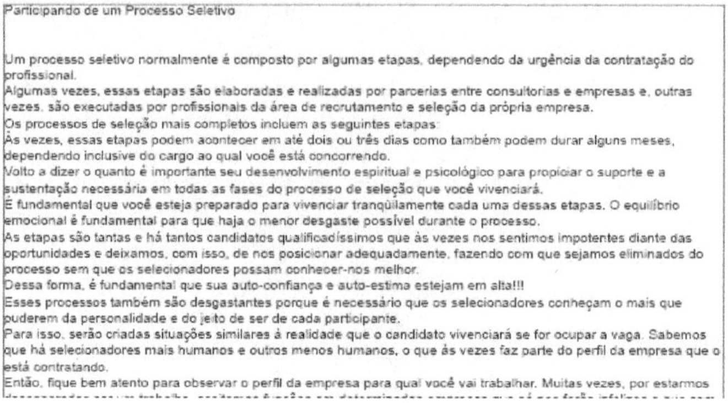
Participando de um Processo Seletivo

Um processo seletivo normalmente é composto por algumas etapas, dependendo da urgência da contratação do profissional.
Algumas vezes, essas etapas são elaboradas e realizadas por parcerias entre consultorias e empresas e, outras vezes, são executadas por profissionais da área de recrutamento e seleção da própria empresa.
Os processos de seleção mais completos incluem as seguintes etapas:
Às vezes, essas etapas podem acontecer em até dois ou três dias como também podem durar alguns meses, dependendo inclusive do cargo ao qual você está concorrendo.
Volto a dizer o quanto é importante seu desenvolvimento espiritual e psicológico para propiciar o suporte e a sustentação necessária em todas as fases do processo de seleção que você vivenciará.
É fundamental que você esteja preparado para vivenciar tranqüilamente cada uma dessas etapas. O equilíbrio emocional é fundamental para que haja o menor desgaste possível durante o processo.
As etapas são tantas e há tantos candidatos qualificadíssimos que às vezes nos sentimos impotentes diante das oportunidades e deixamos, com isso, de nos posicionar adequadamente, fazendo com que sejamos eliminados do processo sem que os selecionadores possam conhecer-nos melhor.
Dessa forma, é fundamental que sua auto-confiança e auto-estima estejam em alta!!!
Esses processos também são desgastantes porque é necessário que os selecionadores conheçam o mais que puderem da personalidade e do jeito de ser de cada participante.
Para isso, serão criadas situações similares à realidade que o candidato vivenciará se for ocupar a vaga. Sabemos que há selecionadores mais humanos e outros menos humanos, o que às vezes faz parte do perfil da empresa que o está contratando.
Então, fique bem atento para observar o perfil da empresa para qual você vai trabalhar. Muitas vezes, por estarmos

Em seguida, insira uma imagem.

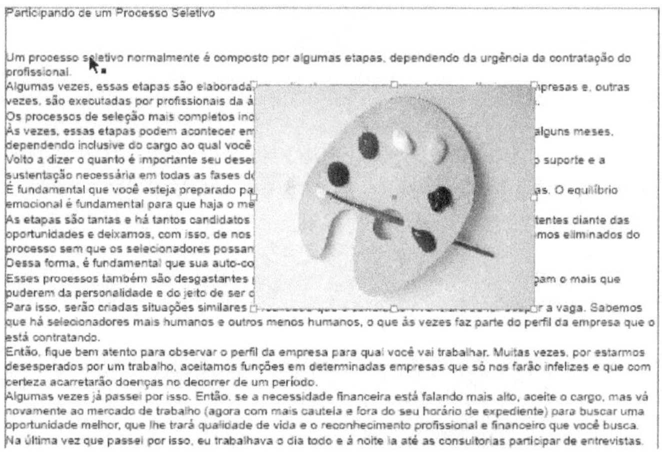


Repare que a imagem ficou por cima do texto. Para contornar esse problema, você pode manipular o quadro de texto ou determinar como será o fluxo de texto ao redor da imagem, usando a paleta Texto em contorno.

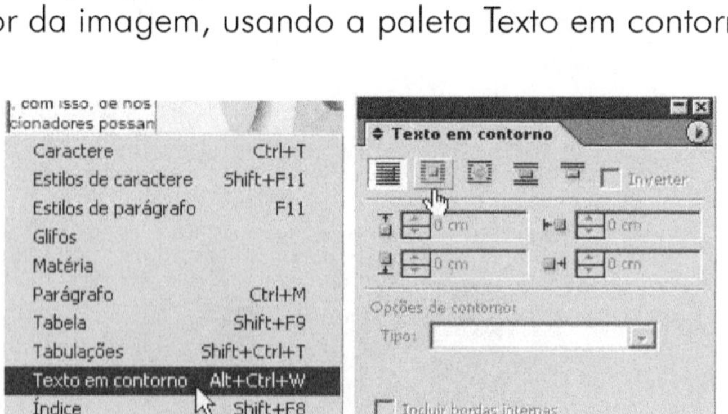

Nesta paleta, você poderá determinar como o texto reagirá ao encontrar um quadro de imagem, ou seja, se o texto deverá ficar ao redor, abaixo, acima, no meio etc.

Clique sobre a imagem. Na paleta, escolha uma das opções de contorno.

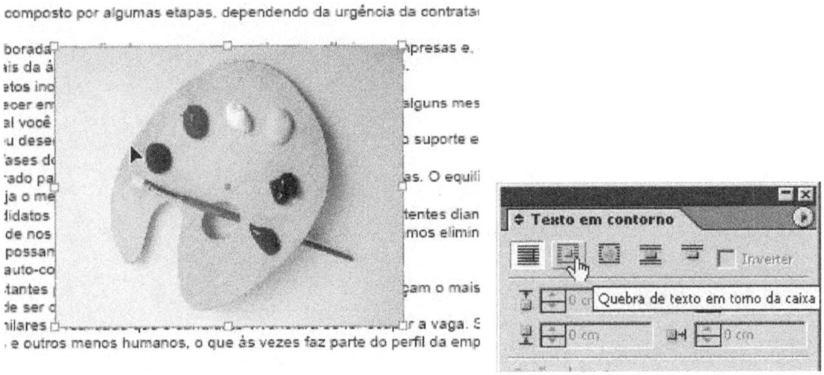


Automaticamente, o texto fluirá conforme o posicionamento da imagem.

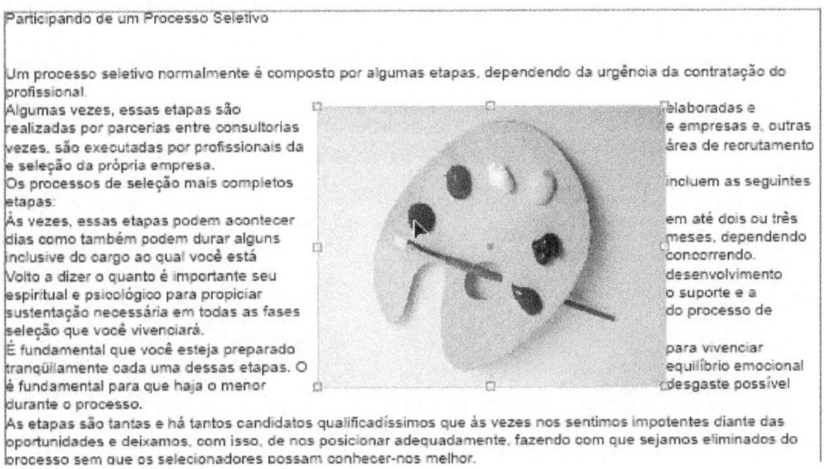

Ainda na paleta, altere os deslocamentos existentes na parte logo abaixo dos ícones dos tipos de contorno. No exemplo, aumentei o deslocamento à direita da imagem.

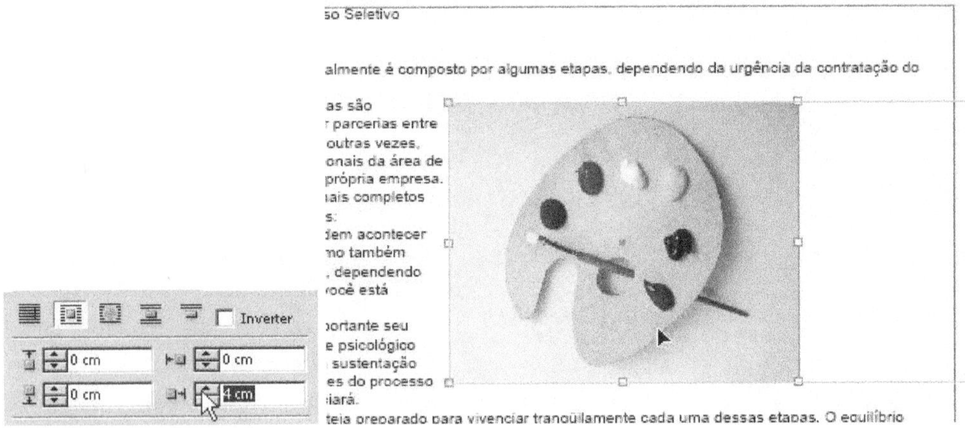


Pronto, agora o texto fluirá apenas nas áreas por você determinadas. Com o auxílio da ferramenta de Seleção direta, você poderá criar diversas formas para a imagem e fazer com que o texto flua ao seu redor (configurando o texto em contorno).

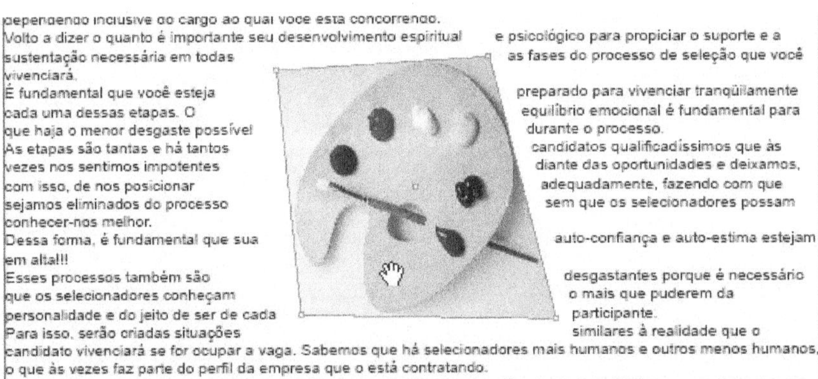

## Capítulo 06

# Dentro do chapéu do Mestre dos Magos*

ueles que tiveram a felicidade de assistir ao desenho Caverna do
agão lembrarão que do chapéu do mago surgia cada coisa...

# Livro

No início do livro, falei sobre a criação de um novo documento. Lembra que existe uma opção chamada Novo Livro?

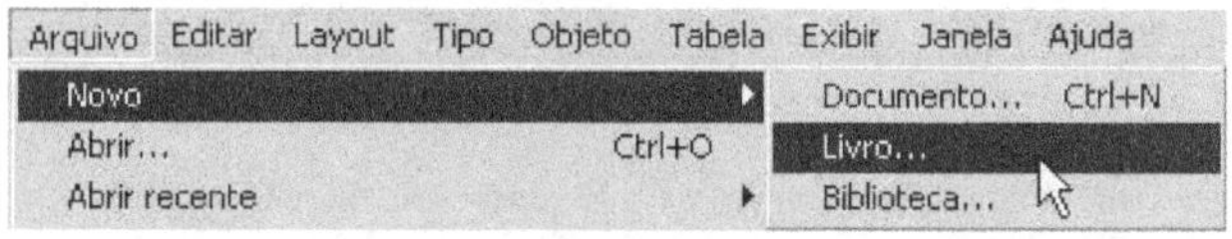


A função desta opção é reunir, em um único documento, diversos outros documentos do InDesign. Ao ativar essa opção, será solicitado o nome do livro que será criado.

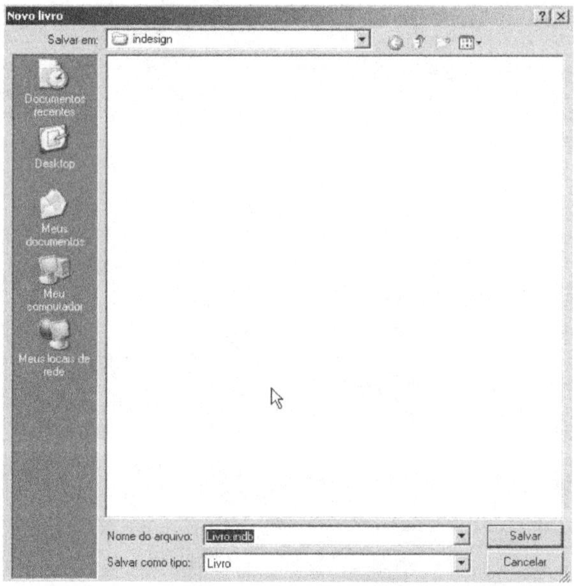


Em seguida, a paleta Livro será exibida. Note que você não precisa ter nenhum documento aberto no InDesign para poder gerar o Livro.

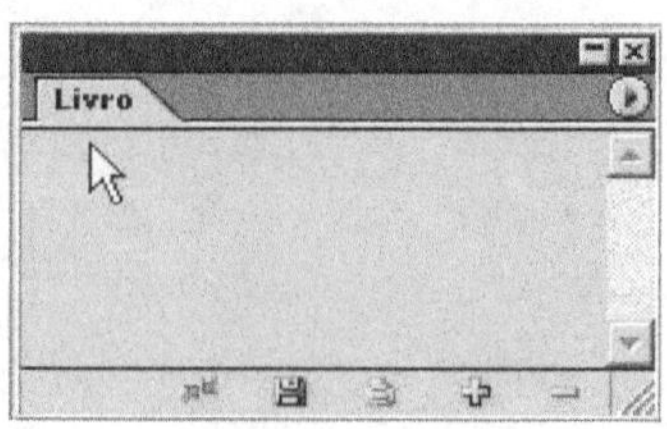

Na paleta clique em **+** para incluir os documentos que farão parte do livro. Na verdade, os documentos serão cada capítulo do livro físico e, consequentemente, cada capítulo é um documento do InDesign.

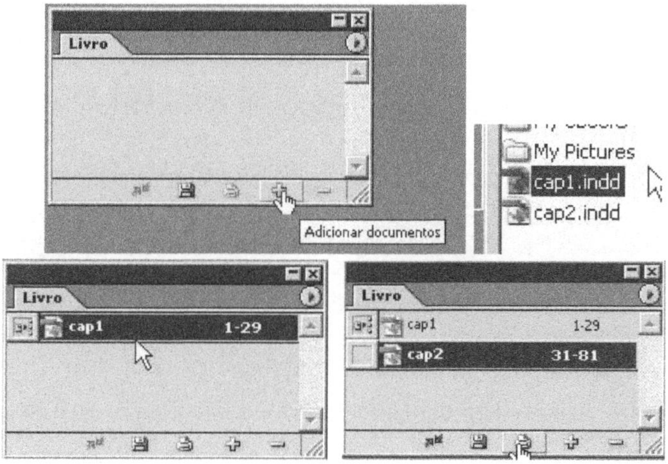


**Nota**

Os números que aparecem ao lado do nome do livro são as páginas inicial e final do documento.

Agora, com o livro criado (só inseri dois capítulos, pois não há necessidade de colocar 15 capítulos apenas como exemplo) você pode executar diversas tarefas nos documentos que compõem o livro de uma única vez. Por exemplo, você pode imprimir todos os documentos sem a necessidade de abrir um por um. Para isso, clique no ícone da impressora existente na paleta.

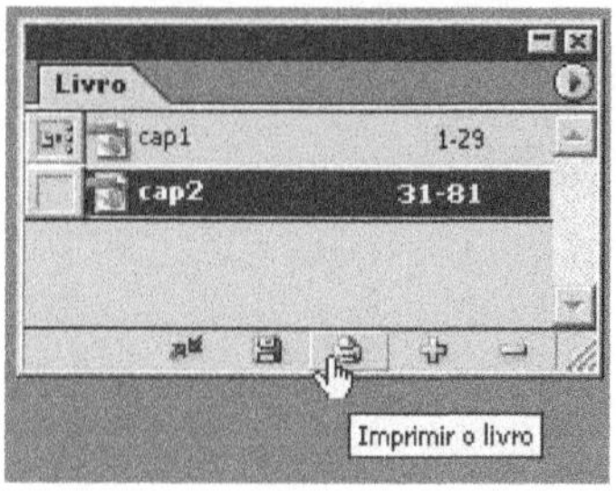


Outras ações que podem ser aplicadas ao livro e seu conteúdo são a geração de PDF, a geração de índice e sumários. Falaremos sobre sumários a seguir e depois sobre geração de PDF.

# Sumário

Todo livro precisa ter um sumário. Você já imaginou o trabalho que dá colocar em um sumário (ou tabela de conteúdo) todo o conteúdo de uma obra, título a título? Imagine isso em um livro de 900 páginas?

Pensando nisso, o InDesign® (e outros softwares de editoração) tem um recurso que permite a criação de sumário de uma forma rápida e prática.

Antes de começar a criar o sumário, você precisa ter em mente algumas coisas:

- O sumário somente será gerado se os parágrafos que você deseja que façam parte do sumário estejam definidos com algum estilo.
- Para gerar os sumários você pode optar por criar o sumário para todos os documentos de um livro ou apenas para um único capítulo.

Vou usar como exemplo o livro criado anteriormente. Na paleta Livro, clique sobre o capítulo 1. Em seguida, clique em Layout > Sumário.

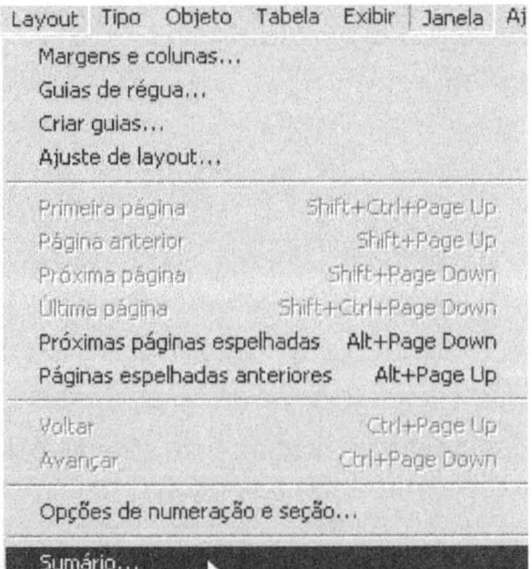


A caixa Sumário será exibida.

Na caixa, digite o nome do Título: Sumário. Em Estilos no sumário > incluir estilos de parágrafos

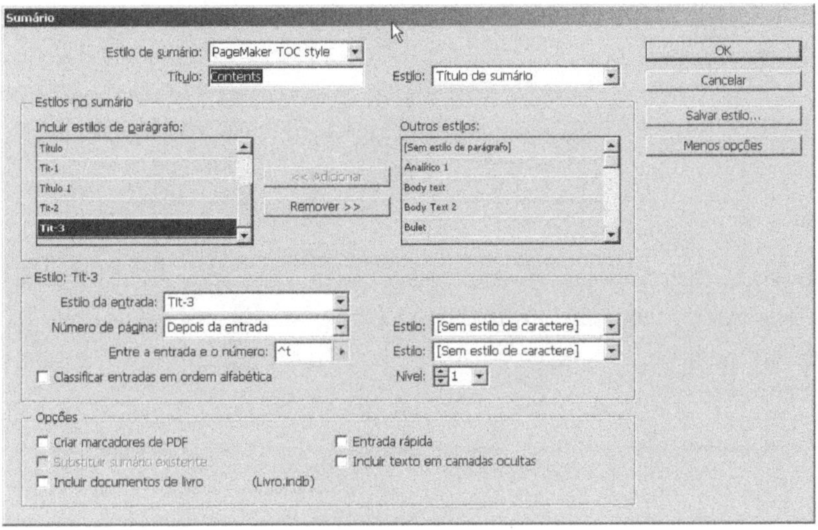


Na caixa Sumário, insira o nome **Sumário** no campo **Título**. Repare que no lado esquerdo o InDesign já selecionou os estilos que estão presente, no documento do capítulo 1. A sua tarefa será manter na caixa da esquerda apenas os estilos que cujo conteúdo (parágrafo) você deseja visualizar no sumário. O ideal para um produto livro é mantermos apenas os estilos referentes a títulos e subtítulos.

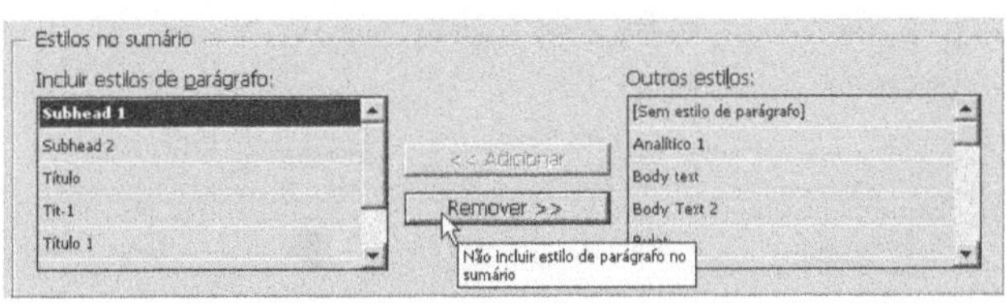


Limpe todos os estilos que você não quer e inclua (com o botão Adicionar) os estilos que não estiverem listados na caixa da esquerda.

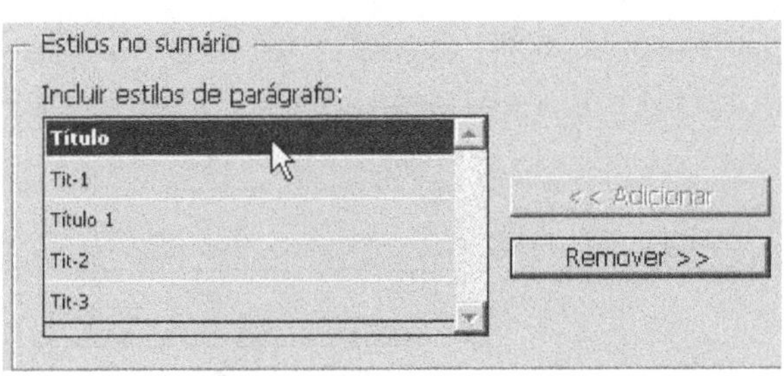

Depois de indicar os estilos, informe ao InDesign se o sumário será gerado com base no documento atual ou com base em todos os documentos que estão na paleta Livros. Se for a segunda opção, ative a opção Incluir documento de livro.

Um ponto importante que você não pode esquecer é de informar em qual local deverá ser inserido o número da página. Como estamos fazendo um sumário tradicional, deixe o campo Número de página definido como Depois da entrada.

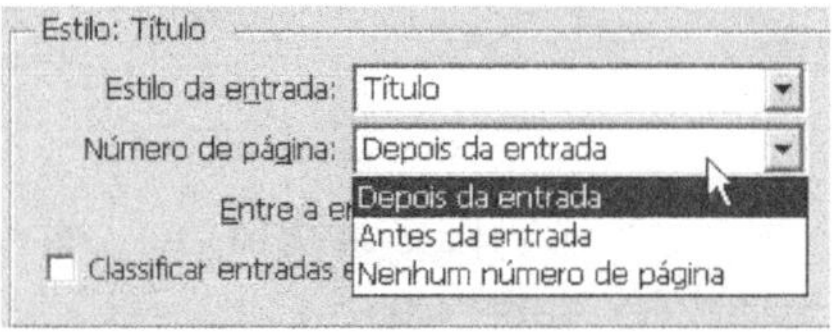


**Nota**

Entre o texto e o número de página, você pode inserir alguns elementos que estão disponíveis no campo Entre a entrada e o número. Eu optei por deixar o padrão Caractere de tabulação (^t).

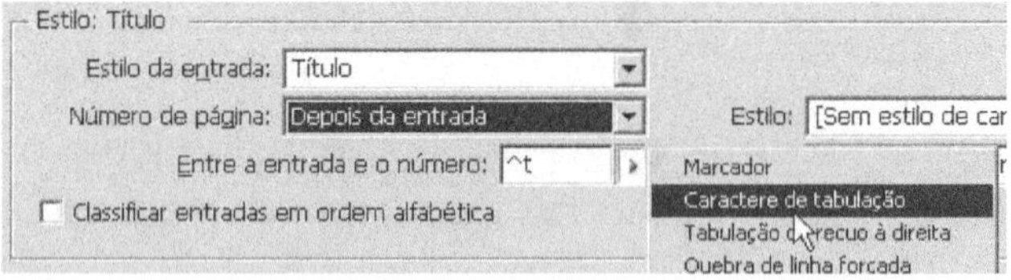


Pronto, agora clique em OK. O sumário será gerado e o cursor mudará para. Clique em uma página em branco para inserir o sumário.

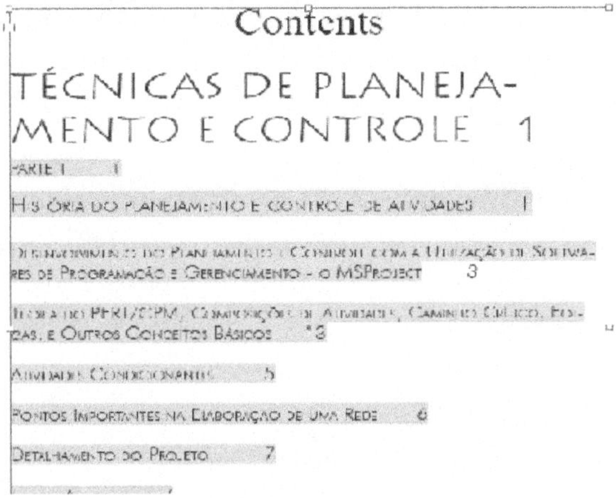


Note que a formatação dos parágrafos está respeitando os atributos definidos no estilo de cada parágrafo. Caberá a você arrumar a formatação dos parágrafos do sumário.

## Impressão

Vamos agora tratar da impressão no InDesign®. Se montar um livro ou um documento qualquer já é uma tarefa fácil no InDesign® imagine imprimir.

## Antes de imprimir

A impressão no InDesign®, apesar de ser exatamente igual à impressão em qualquer outro programa em ambiente Windows, oferece uma gama de recursos que com certeza lhe serão úteis no seu cotidiano.

De todas a que eu julgo fundamental é o fato do InDesign® trabalhar (e muito bem) com impressoras PostScript. Portanto, recomendo que você se informe com precisão sobre o tipo de impressora que você tem e todos os recursos disponíveis no driver de impressão da sua impressora.

## Impressão

Para imprimir, clique em Arquivo > Imprimir.

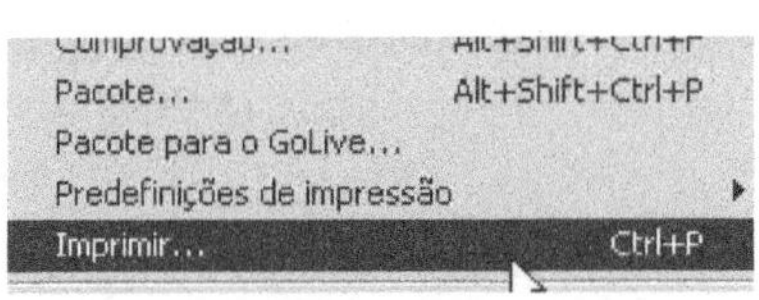

Não existem, num primeiro momento, comandos e configurações complicadas para serem feitas na hora de imprimir. Isto é, considerando que você está imprimindo um documento em sua impressora pessoal.

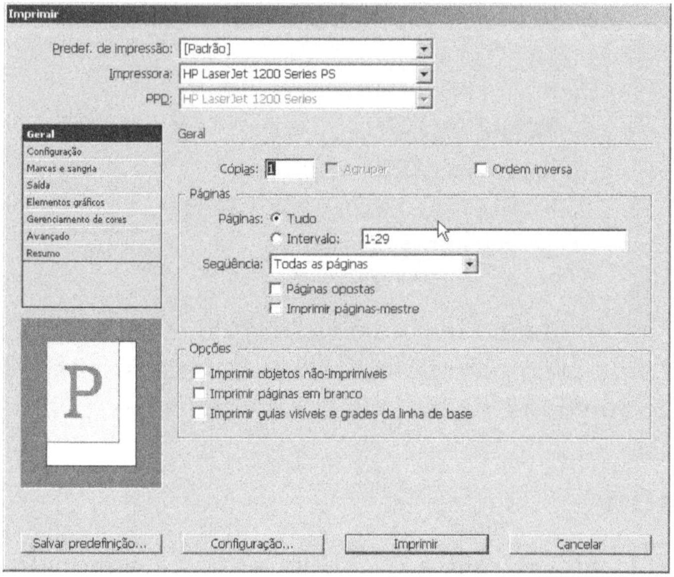


Agora, se você for imprimir filmes ou gerar um arquivo de impressão para um bureau, a coisa já começa a complicar, pois você terá que configurar cores, formato, PPD, marcas de impressão, separações de cores e etc.

# Impressão em PDF ou geração de PDF, como preferir

Não preciso nem falar da maravilha que é o PDF, pois acredito que você já esteja acostumado com essa tecnologia. Caso não esteja, recomendo uma visita até a biblioteca mais próxima ou ao site da Adobe.

Eu utilizo o PDF para ter uma prova na tela de todos os materiais que faço antes de imprimir em papel. Isso faz com que eu economize papel e tinta/toner além de ter a oportunidade de fazer uma última revisão em todo o material, na forma como ele será entregue ao cliente. Para imprimir em PDF um ou mais arquivos, você precisa ter o Acrobat instalado na sua máquina, mas não estou falando do Acrobat Reader e sim do Acrobat Distiller. Supondo então que você já tem o Acrobat instalado, vamos criar o nosso PDF para todos os arquivos do nosso projeto. Clique em Arquivo > Imprimir e na caixa Imprimir selecione o Acrobat, como mostra a figura a seguir. No lado esquerdo da caixa você verá as opções de impressão.

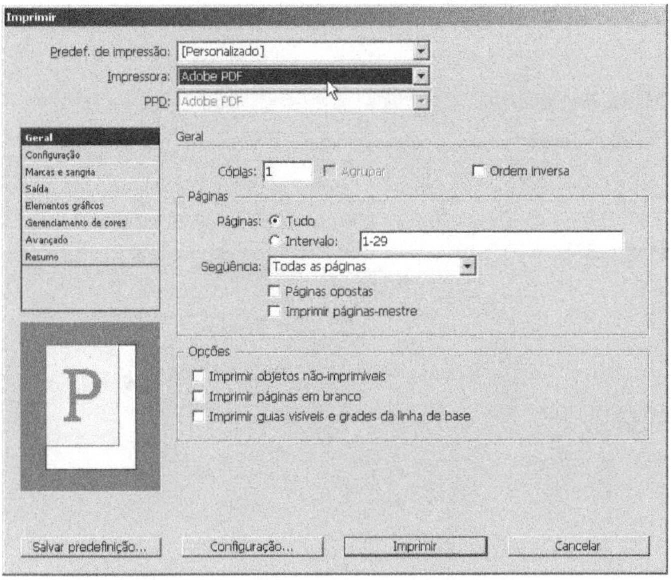


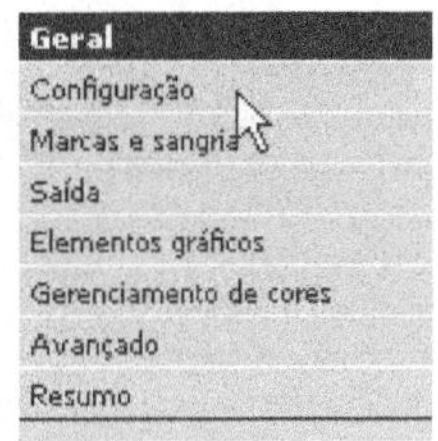


Em Configuração, defina o tamanho do papel.

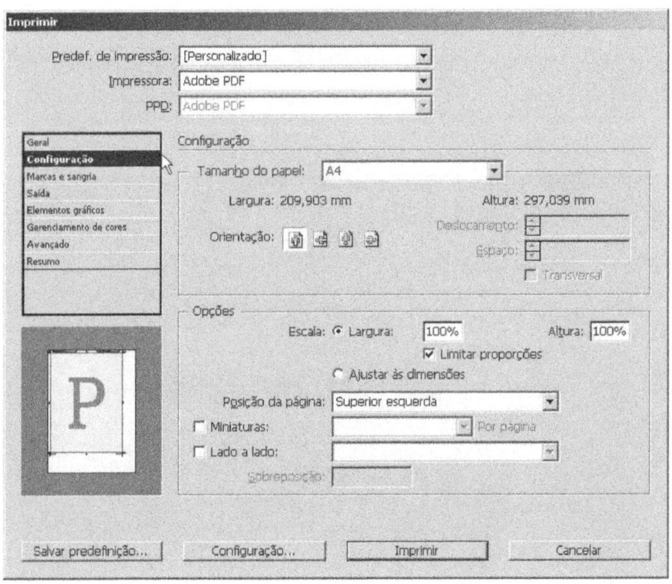

Em Marcas e sangria, ative a caixa Todas as marcas da impressora.

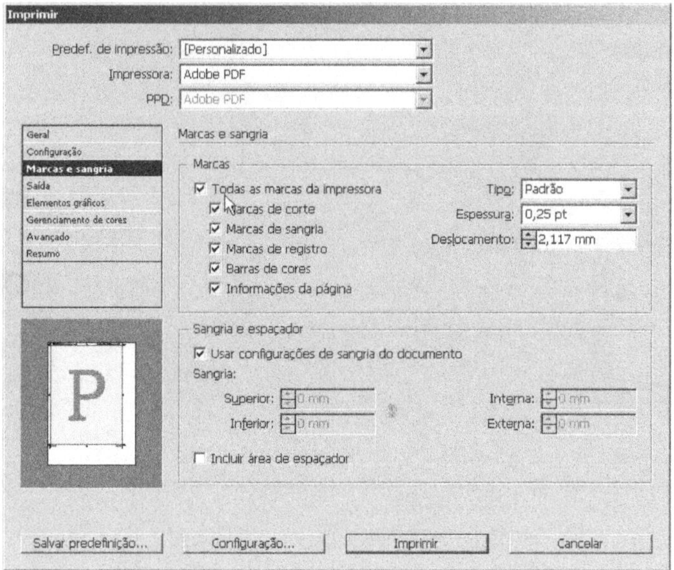


Em Saída, configure a caixa Virar como Horizontal. Repare no preview da impressão que o P mudou de lado. Esse recurso é usado para impressão de filmes.

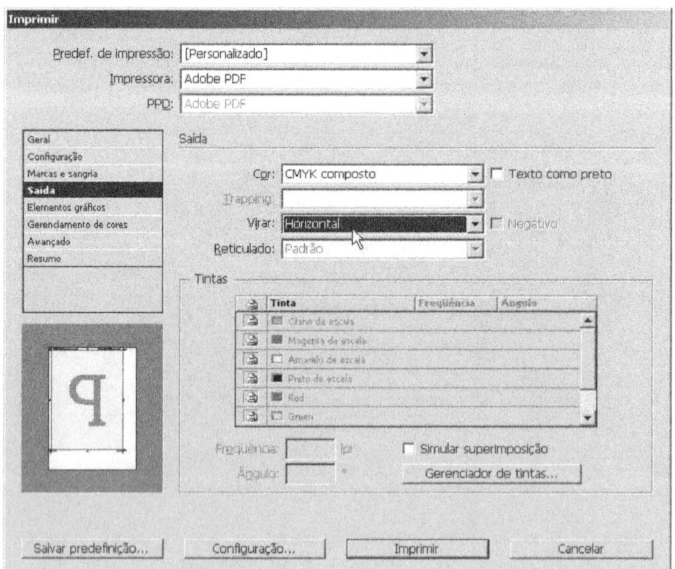

Em Elementos gráficos, configure o campo Enviar dados como Tudo.

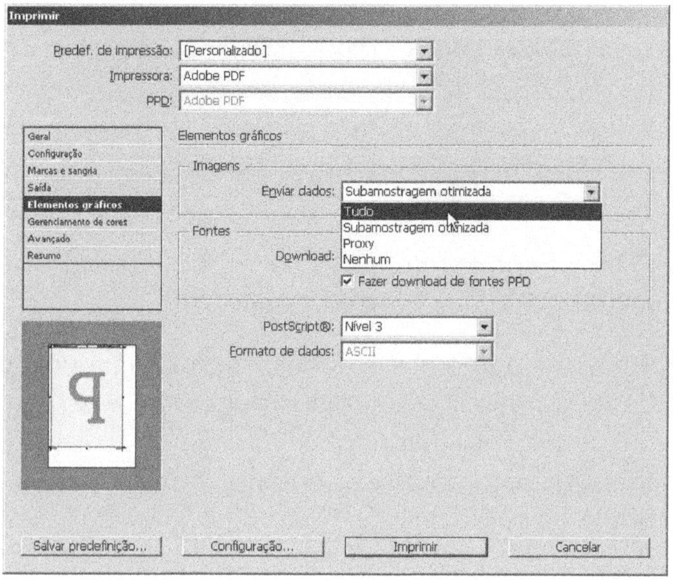


Depois de configurada todas as opções acima (e as demais que você desejar), basta clicar no botão Imprimir que o InDesign® irá gerar o PDF de acordo com as especificações.

Caso exista algum problema com o documento, falta de fonte por exemplo, você receberá um alerta do programa.

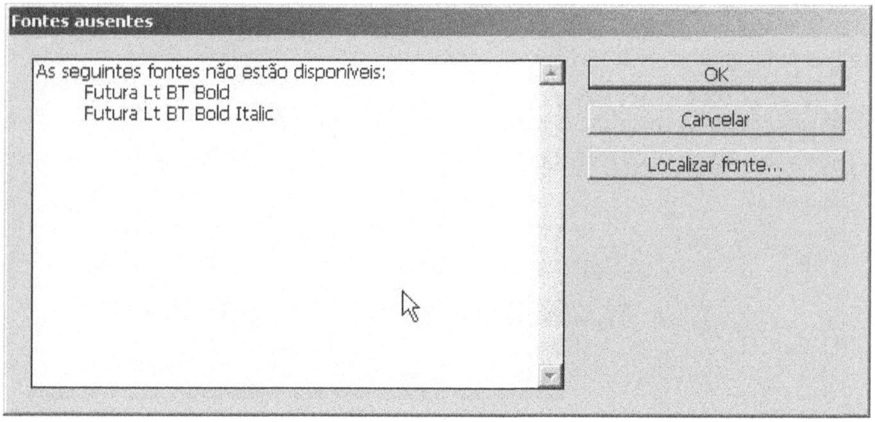

Se concordar com o erro, o programa irá gerar o PDF conforme as configurações informadas.

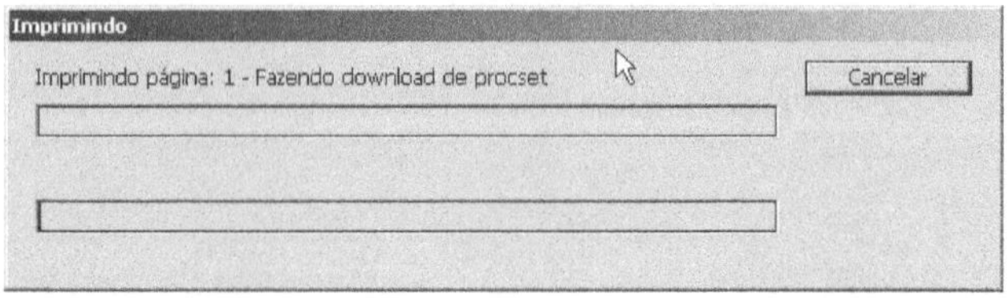


Pronto, o PDF foi criado. Repare que a página está invertida e que na parte de cima estão as marcas de impressão.

É possível imprimir páginas não consecutivas digitando os números das páginas que deseja imprimir com uma vírgula entre eles. Se desejar imprimir uma sequência de páginas (páginas 3 a 5 e 7 a 10, por exemplo) basta digitar um hífen após o número da página. Exemplo: 1, 2, 4-7, 9, 20-25 imprimirá somente as páginas 1, 2, 4 a 7, 9 e 20 a 25.

## Predefinições de exportação de PDF

Outro bom recurso e que facilita bastante são as Predefinições de exportação de PDF, modelos prontos para uso que geram PDFs com base na aplicação que o arquivo PDF terá. Por exemplo, um PDF para ser usado na Web tem alguns detalhes que o diferenciam de um PDF para ser enviado para o bureau.

No caso do PDF para a Web o tamanho em bytes do arquivo é fundamental, já no PDF para o bureau a existência de sangrias, marcas de corte e separação de cor são fundamentais.

Pensando nisso, a Adobe incluiu as predefinições no InDesign , pois assim basta abrir o arquivo .indd a ser exportado para PDF e escolher uma das predefinições.

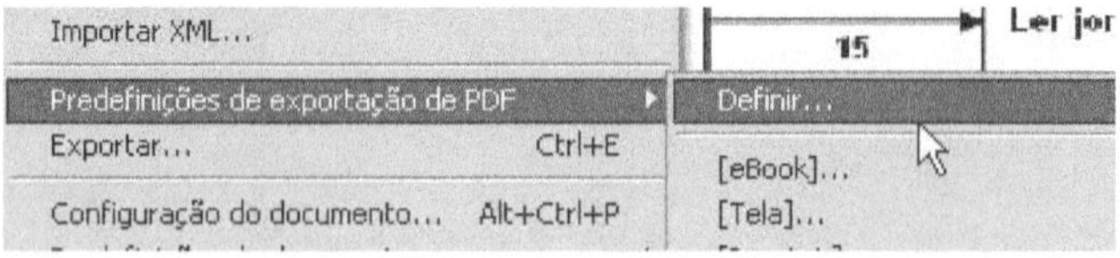


Feita a escolha da predefinição, o próximo passo é exportar e determinar o nome do arquivo a ser exportado. Clique em Arquivo > Exportar.

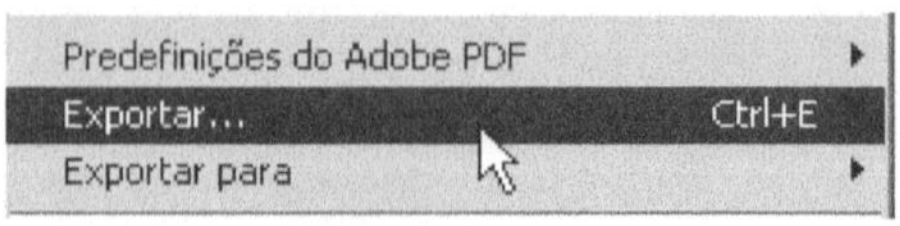

Em seguida, surgirá a caixa Exporta PDF com as configurações determinadas pela predefinição selecionada, no caso e-book (Web).

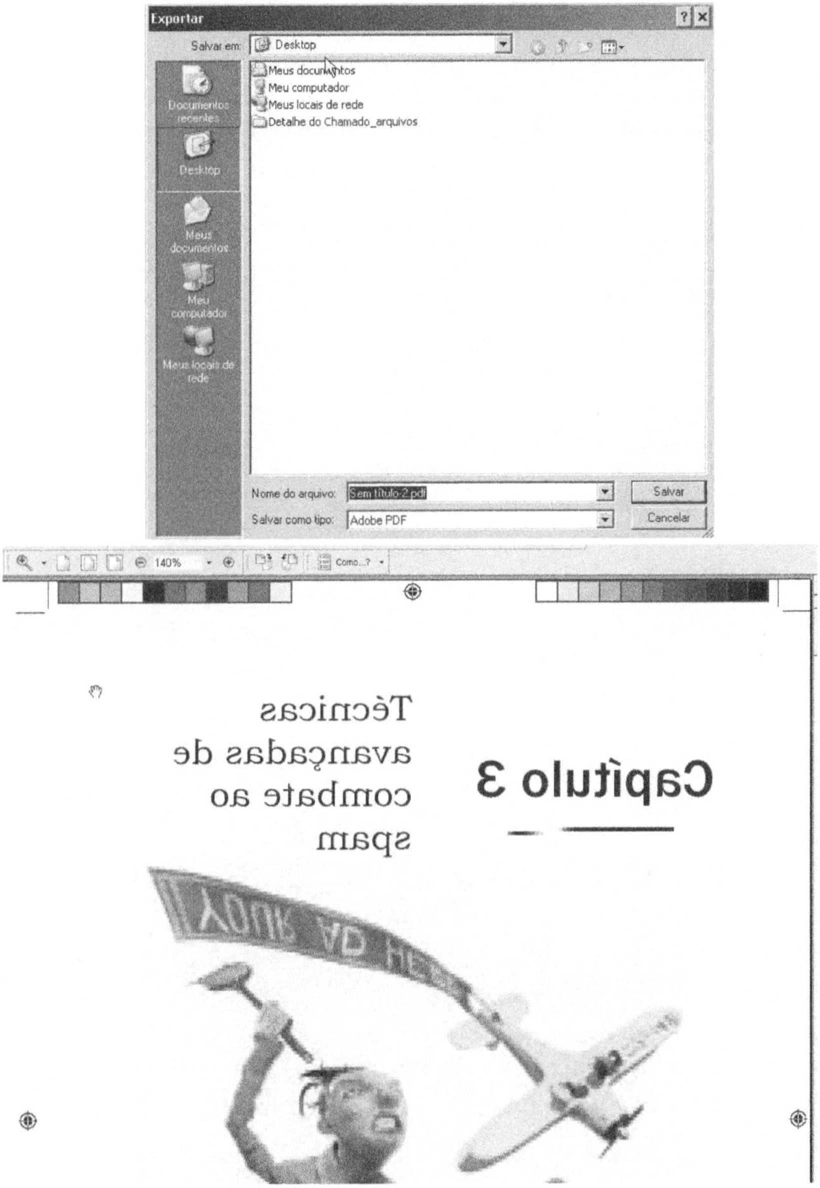

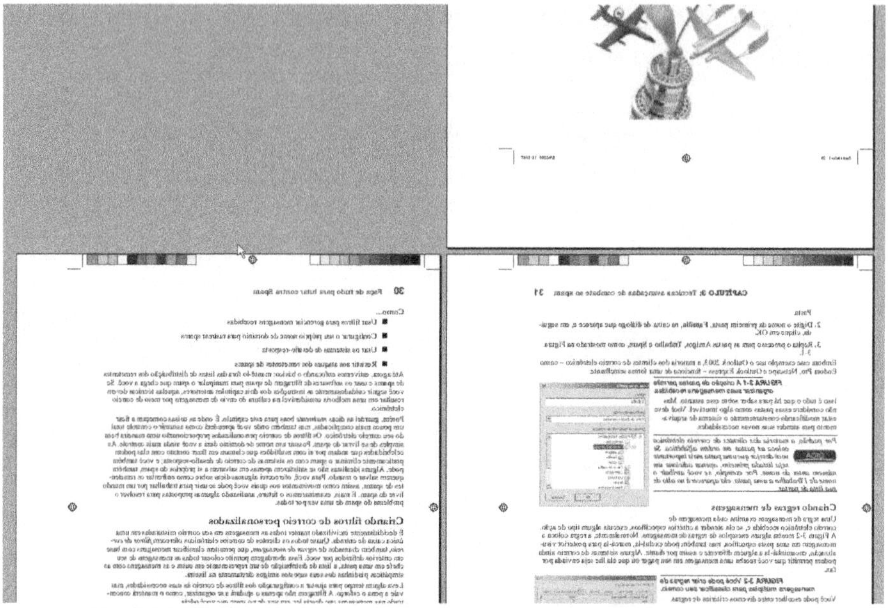

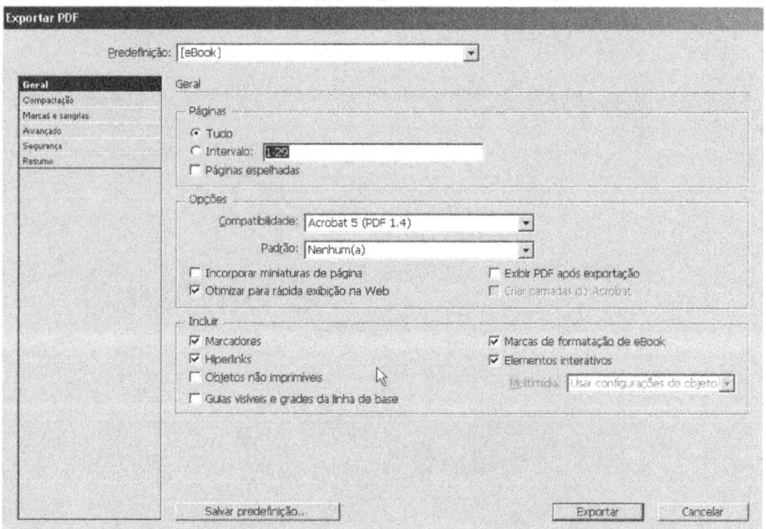


Você pode optar por deixar as configurações como estão ou alterá-las de acordo com as suas necessidades. Ao clicar no botão Exportar o arquivo PDF será gerado.

Caso você altere alguma configuração, não se esqueça de salvar a predefinição alterada, clicando no botão Salvar predefinição.

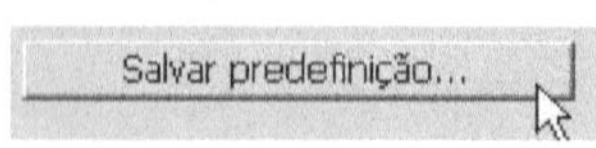

Apenas para comparação, eu falei que para a Web o PDF não necessita ter entre outras coisas as marcas de impressão. Isso você consegue verificar clicando na opção Marcas e sangrias da caixa Exportar PDF com a predefinição e-book selecionada.

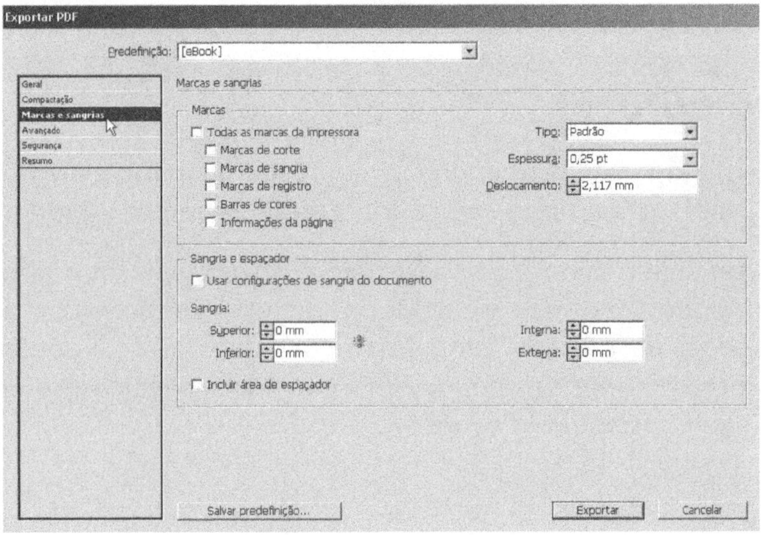


Já a compactação para um PDF para a Web é maior do que um PDF para impressão. Repare nas figuras a seguir a diferença entre a quantidade de pixels por polegadas para a predefinição e-book e para a predefinição Imprimir

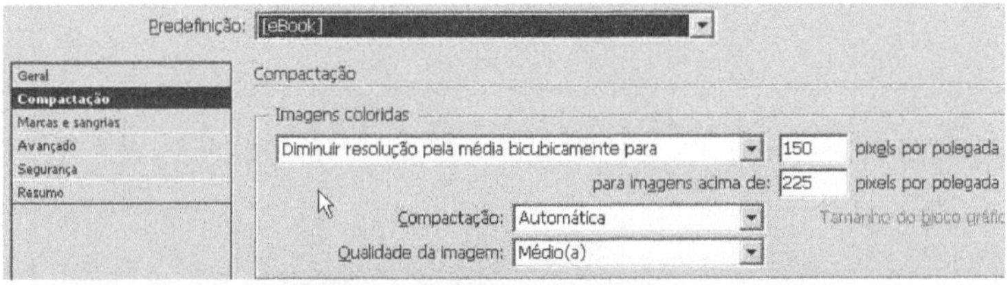


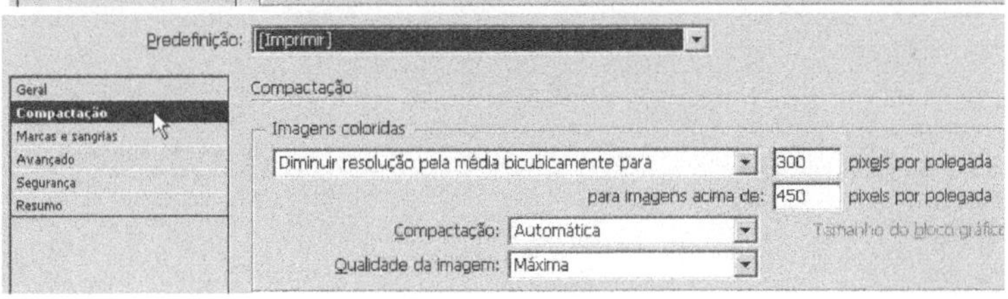


## Nota

Além de exportar para PDF um documento, você dispõe de outros formatos através da opção Arquivo > Exportar.

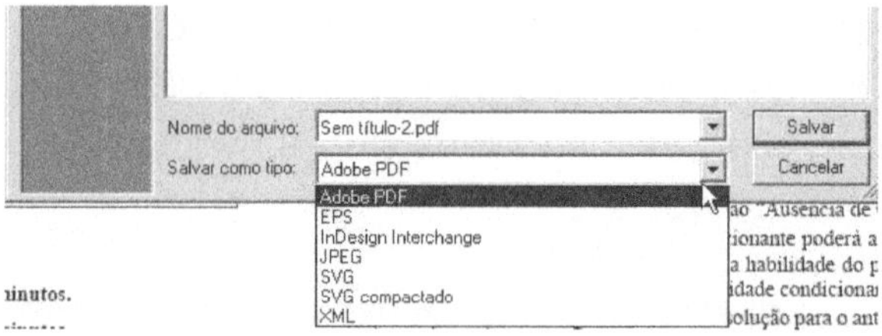


## Direito autoral

Olhando a imagem a seguir, com o conteúdo de um arquivo produzido no InDesign, você saberia dizer quem foi o mestre que criou o documento?

Provavelmente a sua resposta será não. Agora, se o autor do documento tivesse um pouquinho mais de cuidado, ele teria usado o comando Arquivo > Informações do arquivo. Em informações do arquivo, é possível inserir o nome do autor, a data de criação, informações específicas ao documento e, principalmente, aviso de copyright.

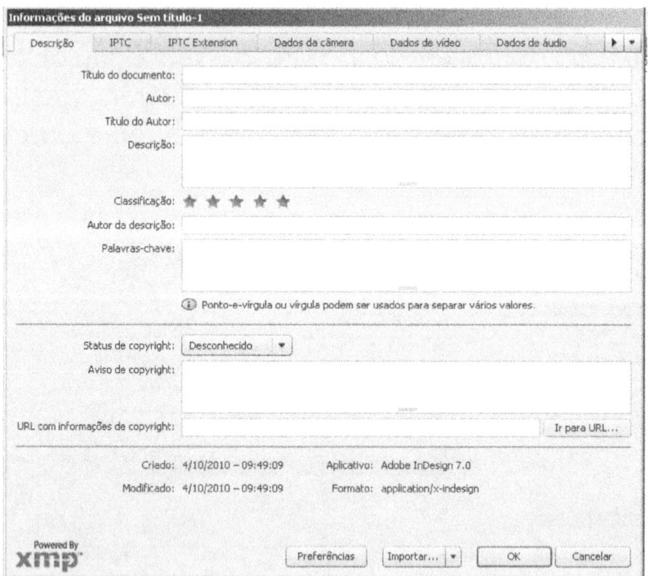


## Pacote

Bom, supondo que você seja o autor da obra de arte que foi mostrada no tópico anterior e sendo assim, você gostaria de imprimir o material em um plotter para que todos na rua possam ver a sua criação.

Acredite, a maior dificuldade que você terá será a de reunir todos os arquivos necessários para que a plotagem seja bem-sucedida.

Para evitar dores de cabeça com falta de arquivos, imagens, fontes e outras coisas que podem comprometer a plotagem, utilize o comando Arquivo > Pacote.

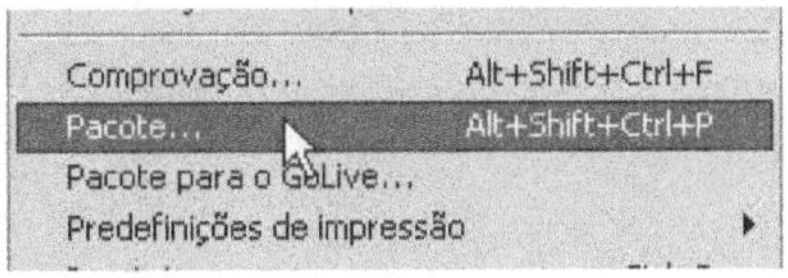


Ao ativar esse comando o InDesign irá checar todas as informações e vínculos do documento. Se houver algum problema, de imediato você será informado.

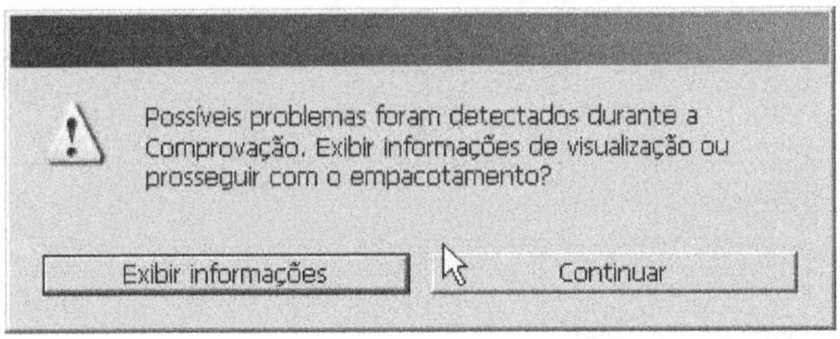


Como houve realmente um problema, clique em Exibir informações para avaliar se o problema poderá ou não comprometer a plotagem.

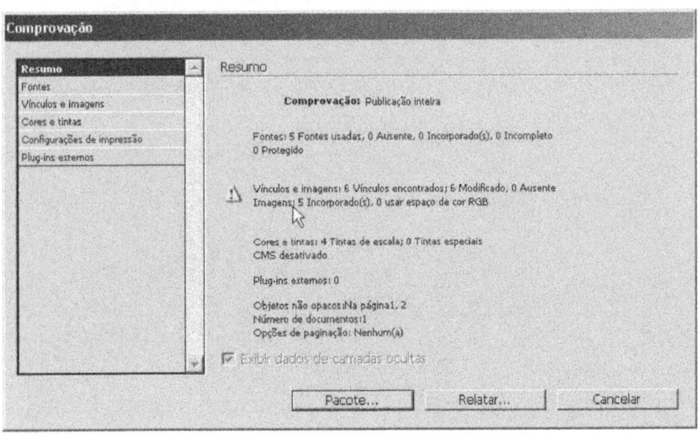


Após ler o resumo dos problemas, clique em Pacote para prosseguir.

Na tela seguinte, informe as instruções para impressão (dados para contato caso o operador tenha algum problema).

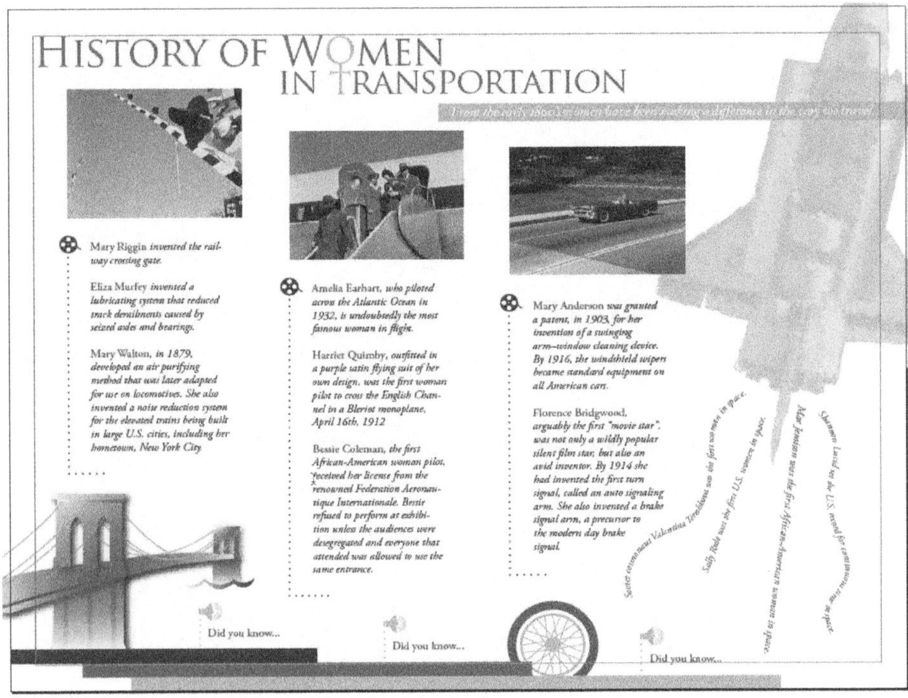


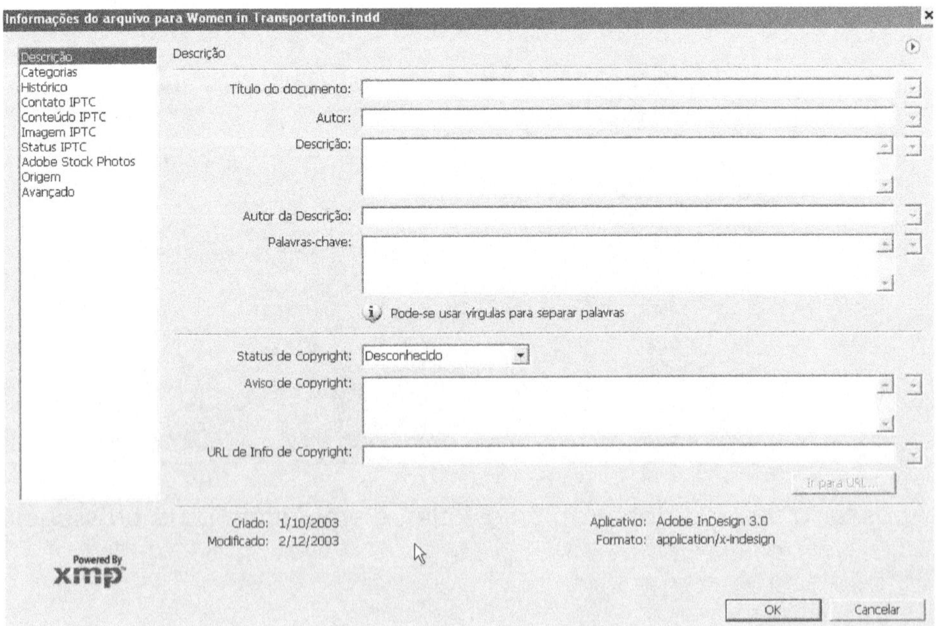

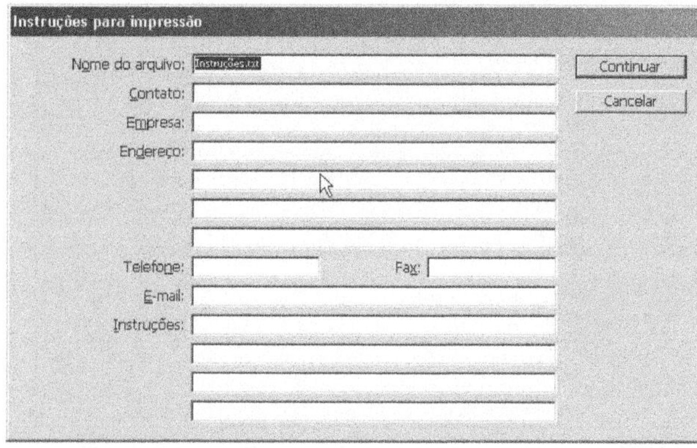


Clique em Continuar. Agora, informe o local onde o InDesign irá salvar o pacote que conterá todos os arquivos necessários para ser enviado ao bureau que irá plotar a imagem.

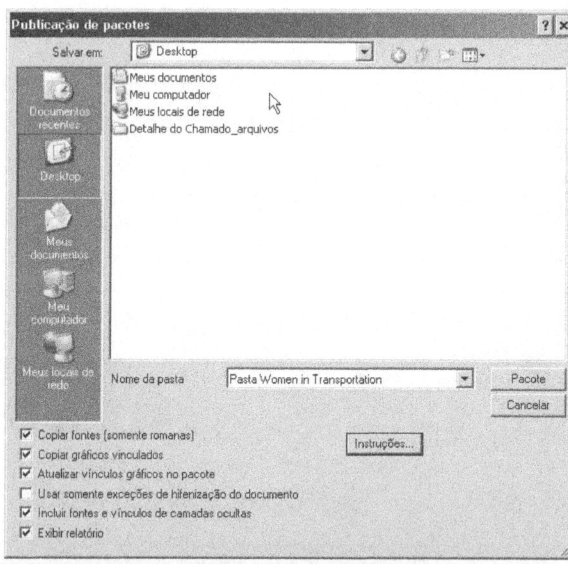


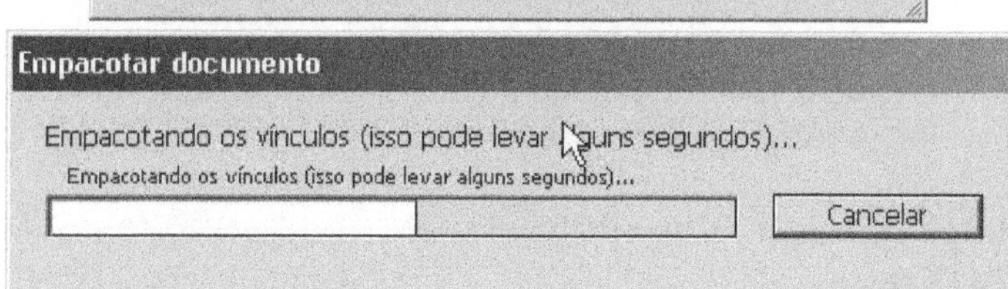


Ao final, será gerado um arquivo txt. com as informações do documento e o pacote estará disponível na pasta que você indicou.

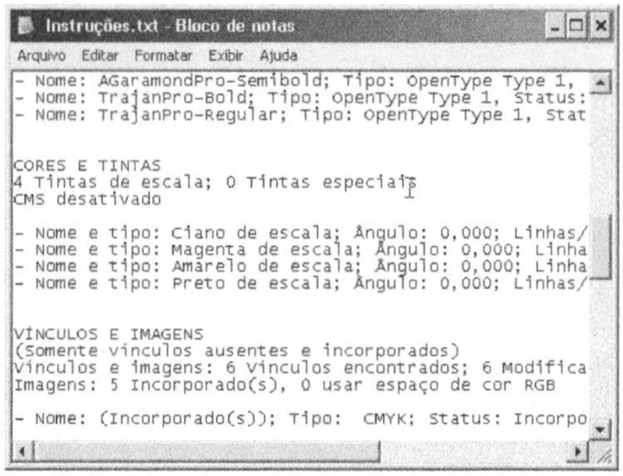


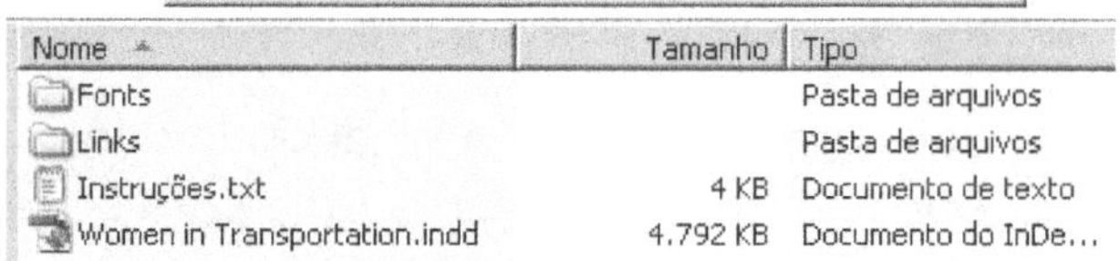


## Alterar caixa

Chega de ficar reescrevendo o parágrafo ou letras para mudar a caixa. Vá direto ao comando Alterar caixa e facilite a sua vida.

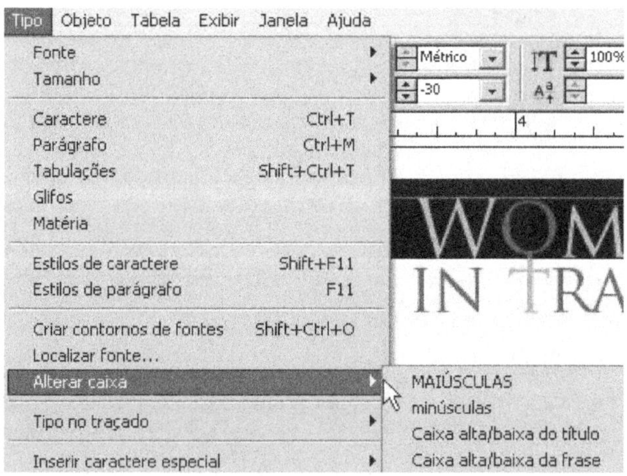


Com o texto selecionado, escolha no menu Alterar caixa qual a nova aparência do texto.

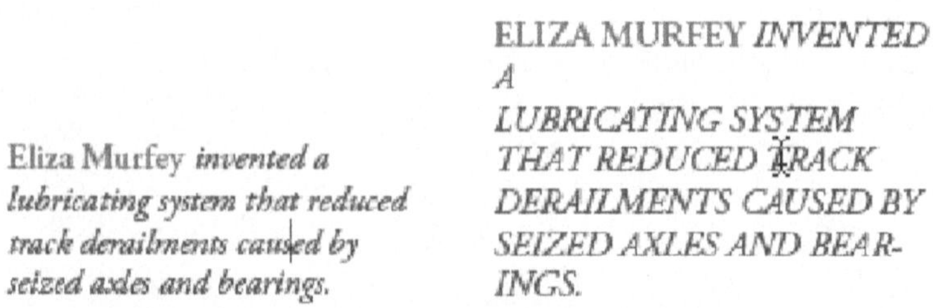

# Procura-se uma fonte

Usou uma fonte não registrada e agora não sabe em que parte do documento ela está (e, por isso, não pode enviar o documento para impressão comercial)?

Imagine um problema como este em um manual com 25 fontes diferentes e 1.560 páginas? Seriam horas e horas de procura.

Se você usar o comando Tipo > Localizar fonte, esse problema será sanado em alguns segundos.

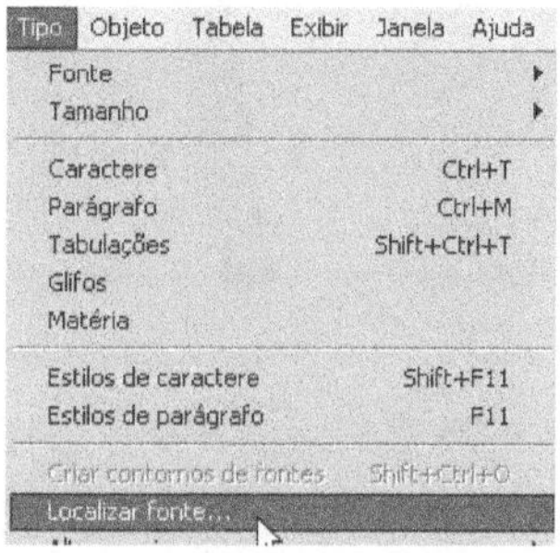


Ao ativar o Localizar fonte, o InDesign irá buscar em todo o documento todas as fontes utilizadas e, então, você poderá orientar o programa a indicar onde a fonte está.

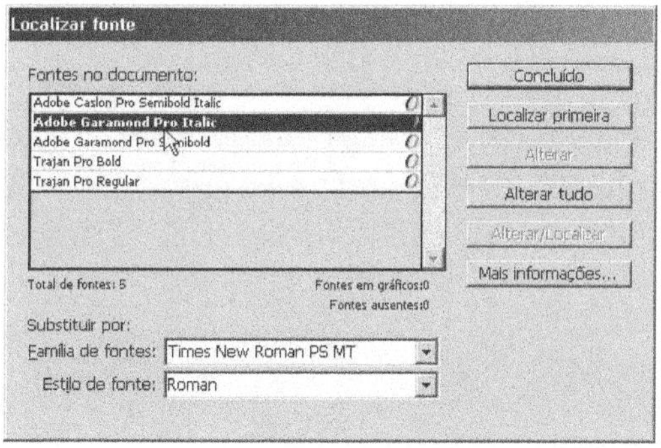

Clique sobre o nome da fonte e em seguida clique em Localizar primeira. Ao encontrar a fonte, o programa irá selecionar o parágrafo.

Uma vez encontrada a posição, altere a fonte por uma outra que você possa usar sem problemas. Para isso, insira o nome da fonte em Substituir por.

## Nota

Quer saber quantos caracteres tem o documento? Clique no botão Mais informações e a quantidade de caracteres e outras informações aparecerão.

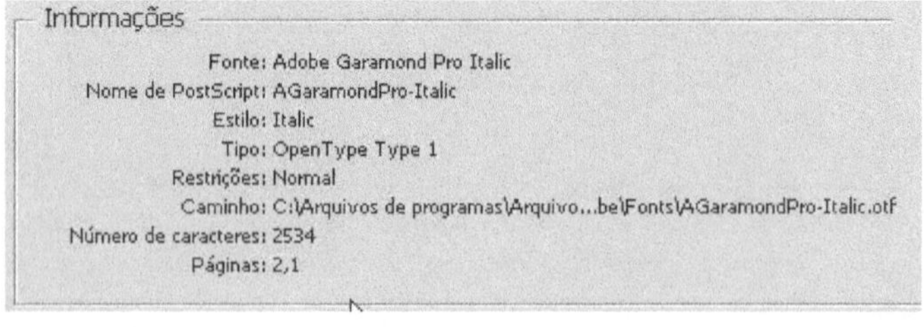

# Bordas do quadro

Enquanto não ficar expert no InDesign, você deve usar as bordas dos quadros para poder ter plena noção do posicionamento dos objetos e também para ter plena certeza que nada está errado.

Clique em Exibir > Exibir bordas do quadro. No CS5 clique em Exibir > Extras > Mostrar bordas do quadro.

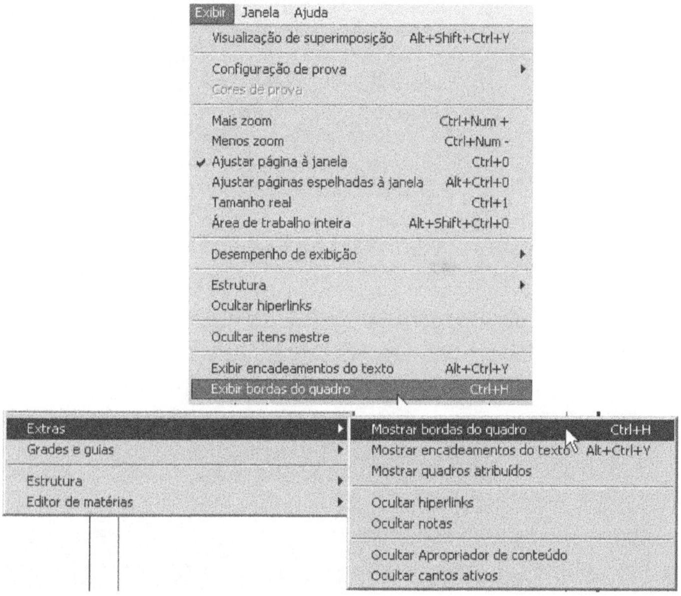


Sem as bordas, um quadro tem a seguinte aparência.

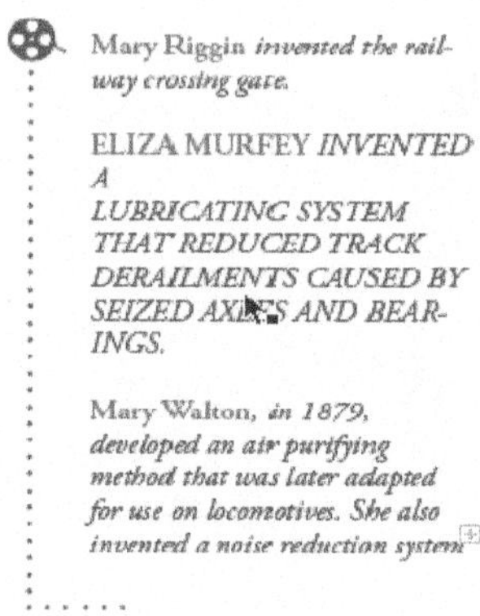

Quando você ativa a exibição, essa será a nova aparência do quadro:

Repare no sinal de + existente no canto inferior direito do quadro de texto. Como o documento foi dividido em falsas colunas, você tem que ficar atento para não perder nenhum trecho do parágrafo (salto de texto como é conhecido) enquanto estiver manipulando os quadros.

**Nota**

> Só para refrescar a sua memória, o sinal de + indica que existe continuação do texto no próprio quadro, mas não existe área para exibição.

Já que estamos falando de visualização, aproveite também o uso do comando Exibir > Exibir grade de linha base. Essa grade irá ser útil para o alinhamento dos quadros e objetos em documentos complexos.

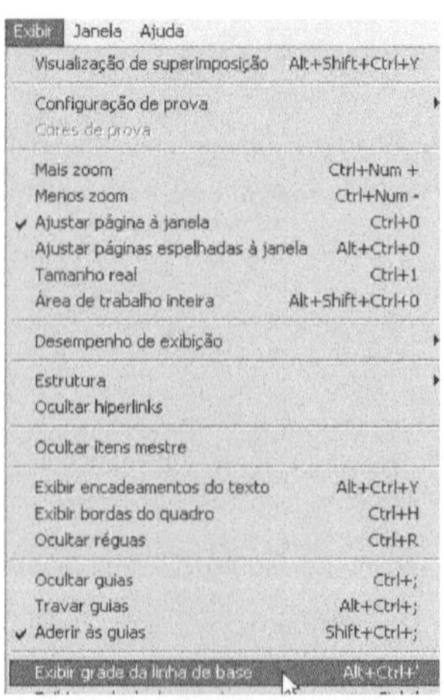

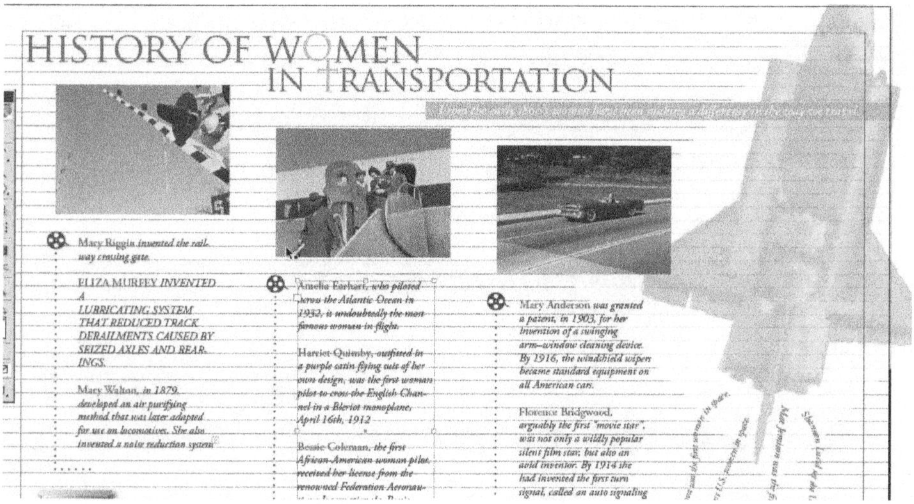


Se não for o suficiente, você pode também ativar o comando Exibir > Exibir grade do documento.

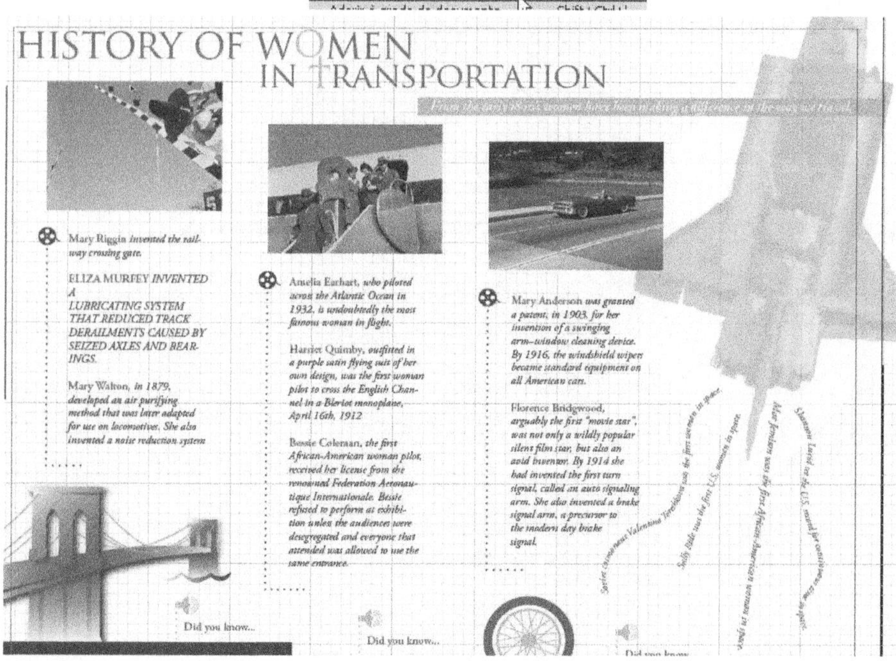

Na prática, a grade da linha de base é ideal para alinhar colunas de texto e a grade do documento ideal para alinhar objetos.

Em Editar > Preferências > Grades é possível configurar as grades usadas no documento.

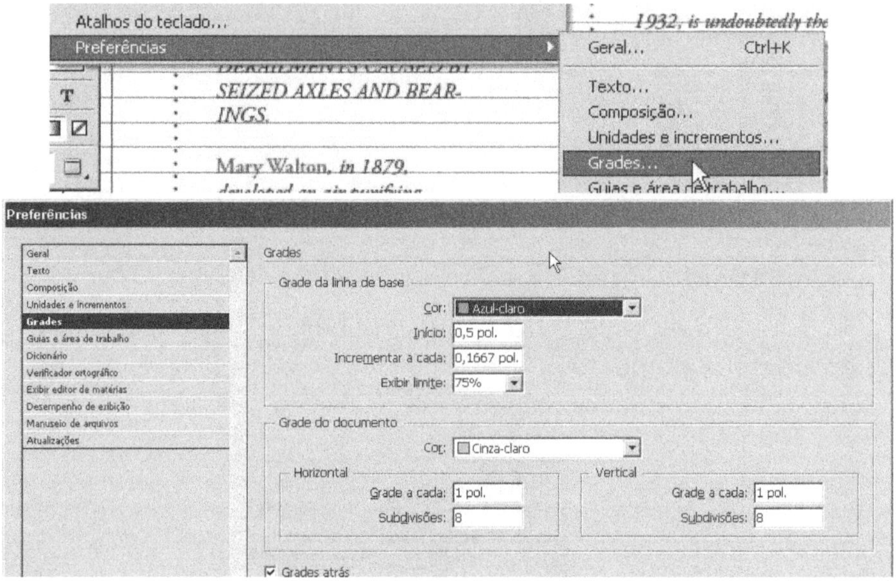


De acordo com o documento que estiver produzindo, alterar a cor das grades poderá ser de grande valia para não fazer confusão com as cores dos elementos.

## Exibição da área de trabalho inteira

Em documentos com diversas páginas, a visualização de toda a área de trabalho é uma alternativa visual ideal para a localização de determinada página ou objeto.

Clique em Exibir > Área de trabalho inteira.

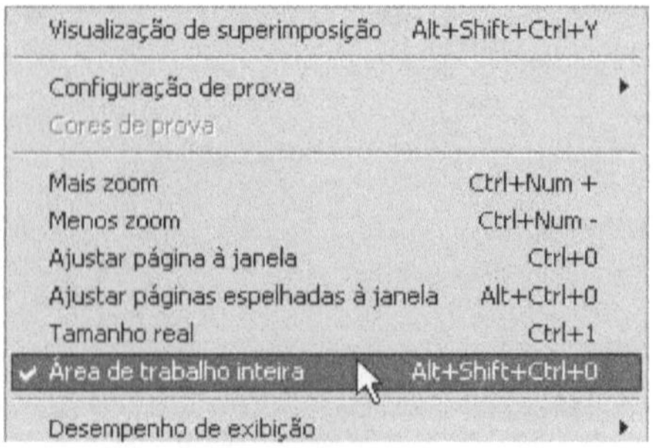

A nova aparência da área de trabalho é mostrada na figura a seguir.

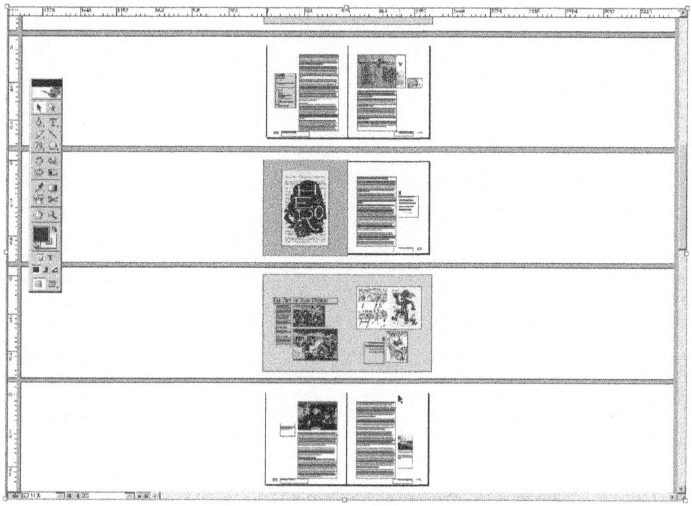

Capítulo 07

# Ultra secreto

## (Não abra, não leia, não seja curioso.)

é secreto, porque eu escreveria aqui as coisas que você encontrará capítulo?

# CS5 x 2 = Nota 10

Neste capítulo mostrarei técnicas e recursos do InDesign, específicas ou não da versão CS5, que em geral são desconhecidas da grande maioria dos usuários. Vou mostrar, por exemplo, um recurso extremamente útil para quem deseja criar fundo transparente no Photoshop sem queimar muitos neurônios e depois utilizá-lo no InDesign. Na verdade, o título deste capítulo deveria ser Técnicas Profissionais para Iniciantes e Profissionais.

Será nesse capítulo também que você conhecerá algumas das novas ferramentas e técnicas do InDesign CS5. Como falei no início do livro, quem já conhece um pouco do InDesign em suas versões anteriores poderia pular algumas páginas do livro e vir direto para esse capítulo. Agora aqueles nunca mexeram com InDesign, sintam-se felizes por chegarem até aqui depois de terem lido o livro todo, pois isso prova o quanto vocês estão realmente se interessando em usar o InDesign no dia a dia.

**Nota**

Os trechos nesse capítulo que se referirem ao CS5 exclusivamente estarão devidamente acompanhados do ícone CS5 para maior facilidade de identificação.

# Bridge

Esse recurso nada mais é que uma versão bastante aprimorada do Browser (procurar) disponível nas versões anteriores dos programas da Adobe.

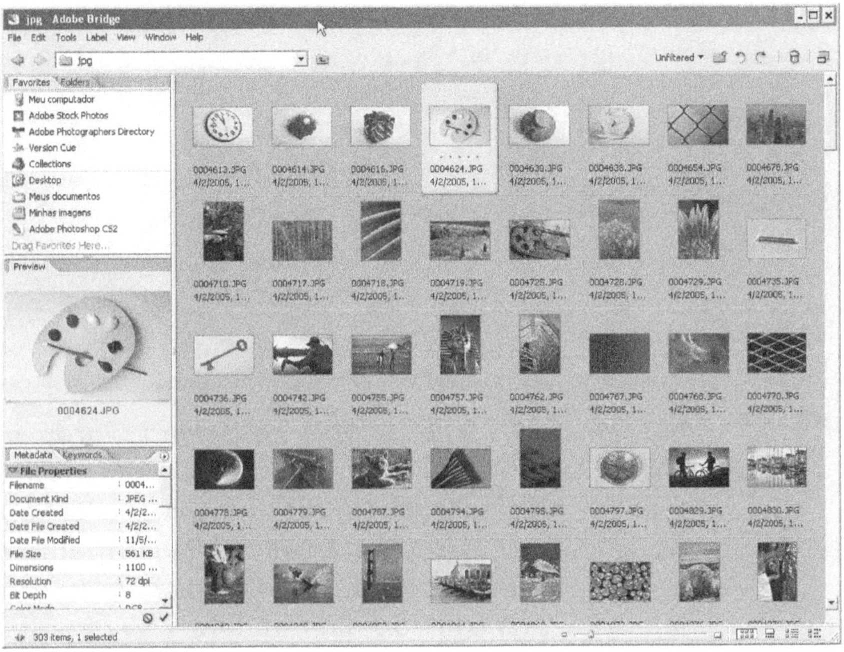


Use-o para localizar com facilidade as imagens que deseja utilizar em seus documentos já que ele oferece controle centralizado sobre quase todos os aspectos dos seus projetos, desde as buscas por arquivos até as configurações de cor.

# Plug-ins

Um recurso comum a todos os programas da Adobe que consistem em gerenciar os plug-ins de terceiros e que, posso assegurar, serão muito utilizados por você à medida que for dominando o software e também à medida que for necessário aplicar técnicas mais profissionais ou no mínimo mais ágeis.

Clique em Ajuda > Configurar Plug-ins. A caixa Configurar plug-ins será exibida.

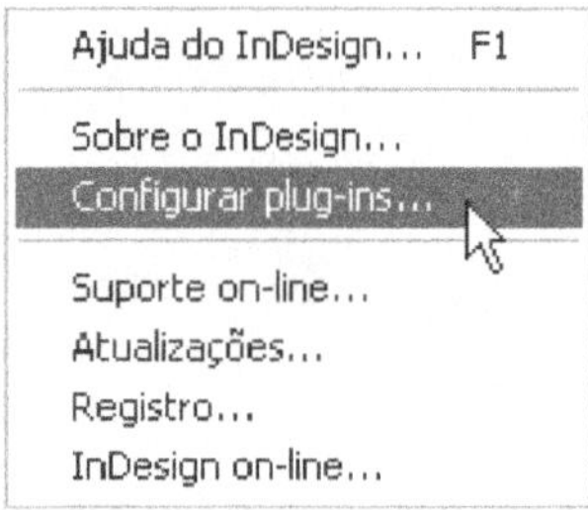


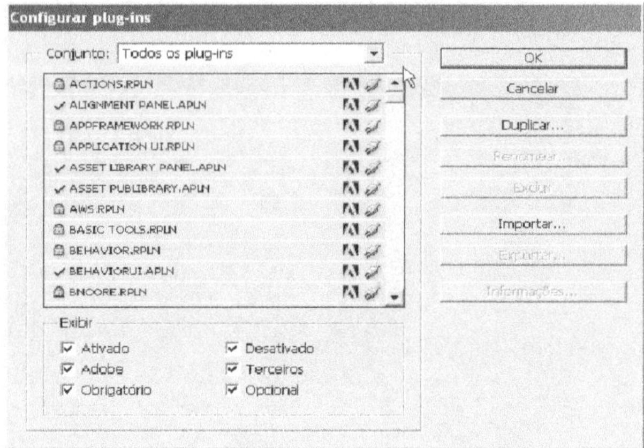


**CS5** Na versão CS5, o recurso se chama Gerenciar Extensões e é um pouco diferente pois utiliza o Adobe Extension Manager que nada mais é que o gerenciador de extensões (plug-ins) usado anteriormente por cada programa da Adobe e que agora reúnem em uma só tela todos os softwares do pacote CS5.

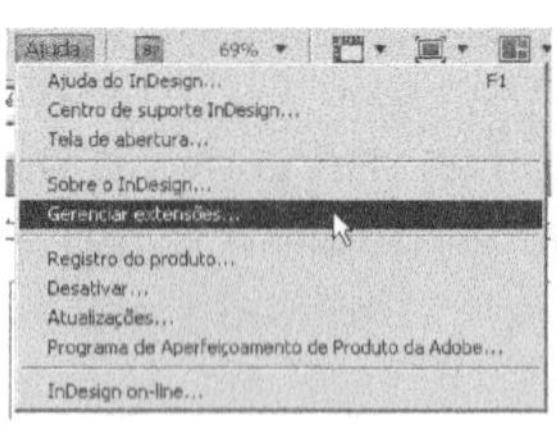


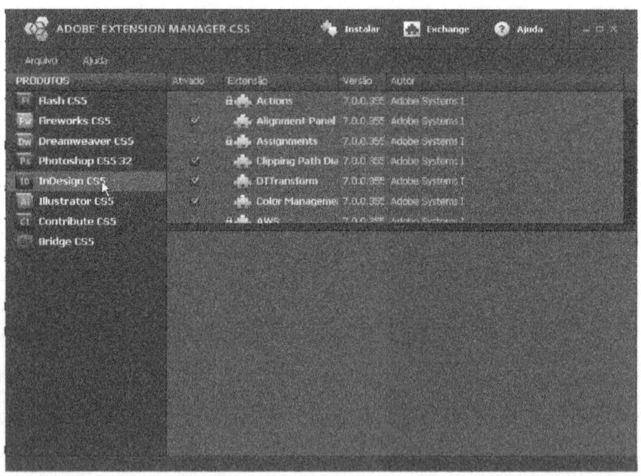


Nessa caixa, você poderá adicionar, remover e gerenciar o funcionamento de cada plug-in instalado no seu InDesign. Apenas recomendo que você não sobrecarregue o InDesign com uma pancada de plug-ins, pois isso tornará o programa bastante instável e lento.

Se você é usuário do PageMaker, deve estar acostumado com o processo de criação de brochura. No InDesign, esse processo se chama Imposição e não é tão simples de ser feito. Na verdade eu acho bastante difícil de fazer a imposição, em especial no InDesign, pois no programa você terá que usar uma sequência meio chata de ser seguida. A sequência é:

Clique em Arquivo > Imprimir livreto...

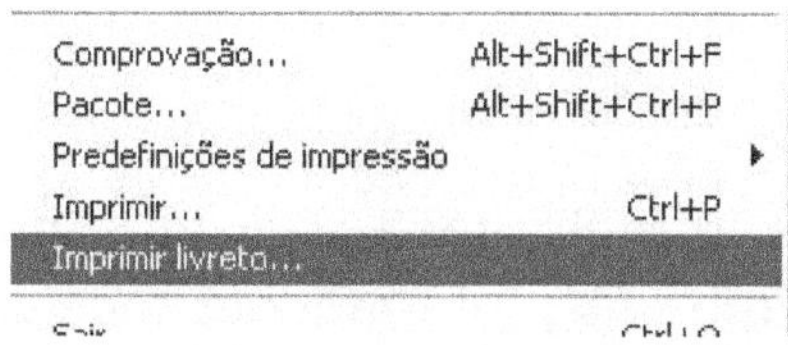


A caixa Imprimir livreto será exibida.

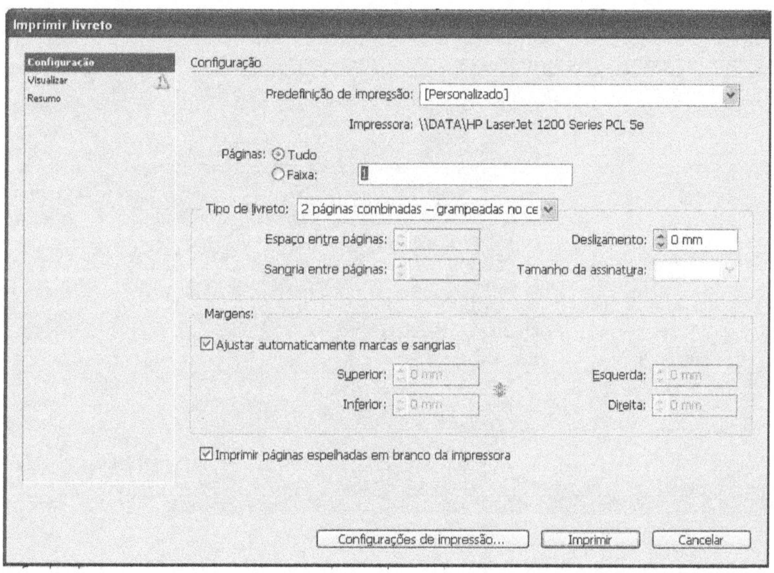


**Nota**

Imposição é um procedimento para espelhamento das páginas para impressão profissional.

Na caixa Imprimir livreto, basta você especificar o tipo de livreto que deseja criar.

Viu, extremamente difícil de criar...(risos)!

Na teoria, é realmente muito fácil criar uma imposição, mas na prática você irá precisar obter algumas informações técnicas antes de criar a imposição, tais como formato, margens, sangrias, marcas e outros. Se você não configurar com exatidão esses itens, a imposição não será feita a contento como mostra a figura a seguir:

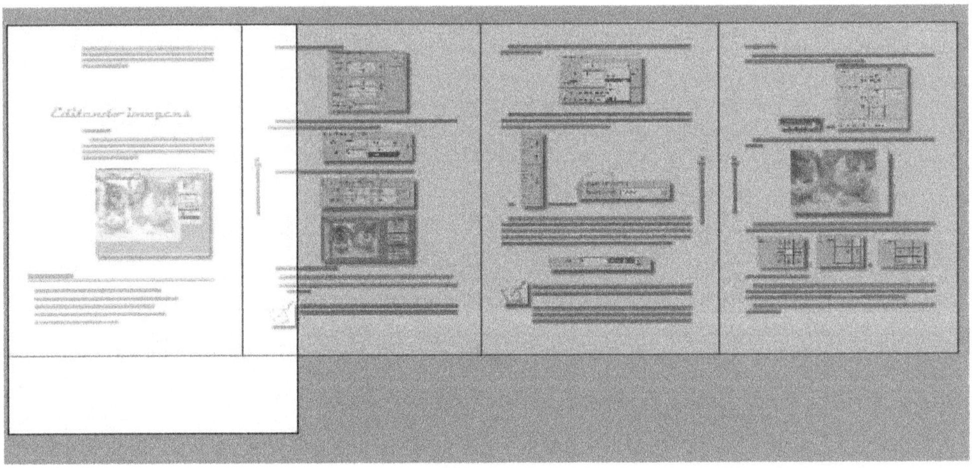

Para acessar a visualização de como ficará a imposição, você precisa clicar em Visualizar no lado esquerdo da caixa Imprimir livreto. Como você pode observar na figura anterior, eu não configurei as margens e o tamanho do papel.

## Trabalhando com grande volume de texto

Pare e pense: esse livro que você está lendo é razoavelmente pequeno (formato menor que 20 cm de largura), com poucas páginas, poucas tabelas e razoável número de imagens. Lidar com esse produto, ou seja, a sua edição no InDesign é relativamente fácil.

Mas e quando você precisar lidar com a edição de material realmente grandioso? Por grandioso refiro-me a livros com mais de 500 páginas, tamanho grande (por exemplo, 21x28 cm) e repleto de recursos gráficos? Como fazer e não ficar louco considerando que só VOCÊ irá produzir todo material?

Foi pensando em situações como essa que a Adobe ao desenvolver o In-Design em substituição a vários outros programas de edição se preocupou, e muito, com a questão do gerenciamento de arquivos e estabilidade do programa.

Por gerenciamento de arquivos você pode entender como a facilidade que o InDesign tem em manipular 1 ou 200 arquivos separados para gerar um único produto final (por exemplo, gerenciar 200 capítulos de um único livro);

Por estabilidade do programa você pode entender como o perfeito código de programação por trás do InDesign que lhe permite várias configurações de salvamento e recuperação de arquivo danificado (imagine você perder todo o capítulo após 13 horas de trabalho seguidas por causa de uma simples falha na memória RAM do seu computador). Ok não será impossível perder arquivos, mas o InDesign facilita e automatiza o trabalho de recuperação de arquivos danificados.

Nos exemplos a seguir, utilizarei como base um livro que produzi com as seguintes características:

Páginas: 672, em 2 colunas

Tamanho: 21x28 com capa dura

Imagens: ao menos 1 por página

Tabelas: Sim, diversas e de diferentes formatos

Sumário: Sim

Índice: Sim

Recursos gráficos avançados: Sim

Bom, para alguns pode até assustar... para outros é um livro normal. Veja na figura abaixo a amostra de algumas páginas do livro (como não há necessidade de leitura do conteúdo, quero que você apenas visualize a disposição dos elementos).

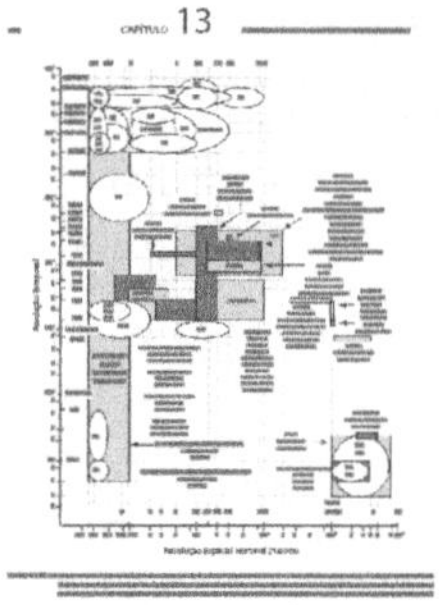

Você pode não acreditar, mas eu lhe asseguro: Tudo o que está nas imagens foi criado exclusivamente no InDesign (claro, com exceção das fotografias e imagens que apenas sofreram interferência no texto sobre as mesmas como mostra a figura a seguir).

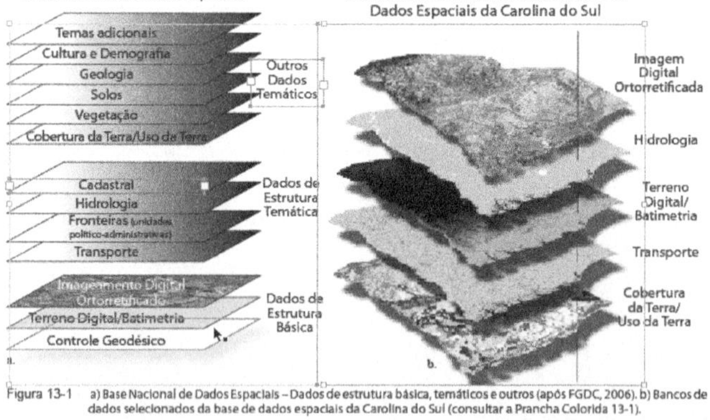


Figura 13-1 a) Base Nacional de Dados Espaciais – Dados de estrutura básica, temáticos e outros (após FGDC, 2006). b) Bancos de dados selecionados da base de dados espaciais da Carolina do Sul (consultar a Prancha Colorida 13-1).

1. limpeza do terreno (parcial ou completa)

2. loteamento(i.e.,levantamentotopográficoe

temporalcomoaquelasquelidamcomfenômenosdeelevadodinamismocomoavegetação,cujociclovitalpodesedaremumaúnicaestaçãodoano.Poressasrazões,amaior

**CS5** Na figura acima, você pode observar a quantidade de caixas de texto que tive que inserir e editar para adaptar a imagem (originalmente em inglês) para que a mesma apresentasse os textos em português. Quando eu produzi a obra, não havia no InDesign a ferramenta Espaço... Se existisse, o tempo que levei posicionando alguns elementos cairia pela metade.

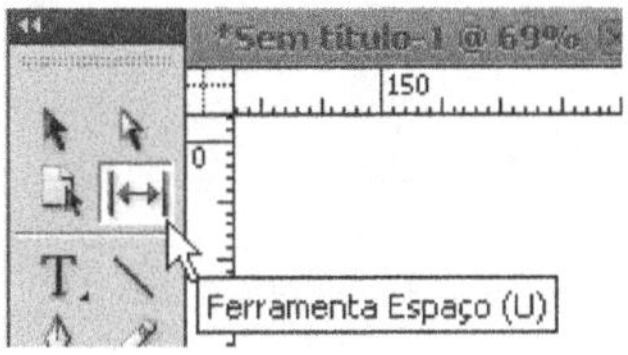


Com a ferramenta Espaço é possível posicionar e mover os elementos sem perda de medidas ou descontrole no espaçamento entre eles. Por exemplo, você pode mover dois objetos distintos mantendo a exata distância entre eles sem a necessidade de ficar medindo, usando réguas e fazendo cálculos diversos.

Veja o que o Sistema de Ajuda do InDesign fala sobre a ferramenta:

"A ferramenta 'Espaço' fornece uma maneira rápida de ajustar o tamanho de um espaço entre dois ou mais objetos. Ela também permite que você redimensione ao mesmo tempo vários objetos que possuem bordas comumente alinhadas, ao mesmo tempo em que mantém fixos os espaços entre eles. O ajuste do layout é feito em uma única etapa, por meio da manipulação direta do espaço entre os objetos.

A ferramenta 'Espaço' ignora objetos bloqueados e itens de páginas-mestre.

1. Selecione a ferramenta 'Espaço'.
2. Mova o ponteiro entre dois objetos e execute qualquer uma das ações a seguir:

- Arraste para mover o espaço e redimensionar todos os objetos alinhados ao longo dele.
- Pressione Shift e arraste para mover o espaço apenas entre os dois objetos mais próximos.
- Pressione Ctrl (Windows) ou Command (Mac OS) e arraste para redimensionar o espaço em vez de movê-lo. Adicionar a tecla Shift redimensiona o espaço apenas entre os dois objetos mais próximos.
- Pressione Alt (Windows) ou Option (Mac OS) e arraste para mover o espaço e os objetos na mesma direção. Adicionar a tecla Shift move apenas os dois objetos mais próximos.
- Pressione Ctrl+Alt (Windows) ou Command+Option (Mac OS) e arraste para redimensionar o espaço e mover os objetos. Adicionar a tecla Shift redimensiona o espaço e move apenas os dois objetos mais próximos.

Fonte: Ajuda do InDesign CS5"

Na prática, olha o que acontece:

Posicionamento original dos objetos

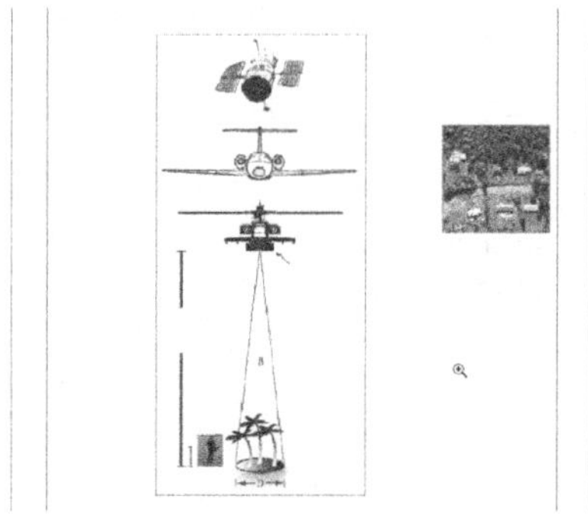

Movimentação dos objetos usando a ferramenta Espaço + Shift

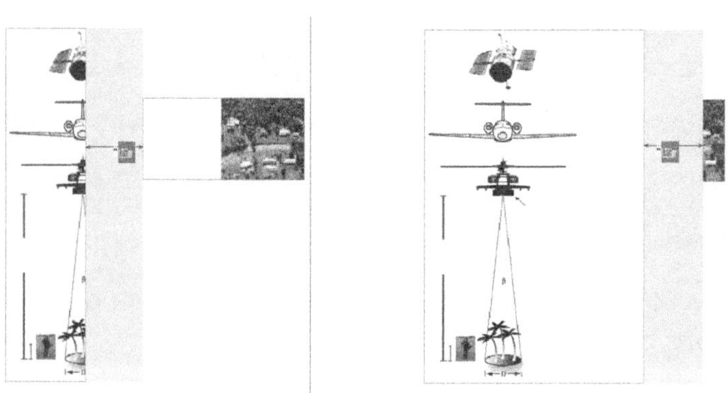

Movimentação dos objetos usando a ferramenta Espaço + Ctrl, desta vez usando a imagem que criei para o livro anteriormente mostrada.

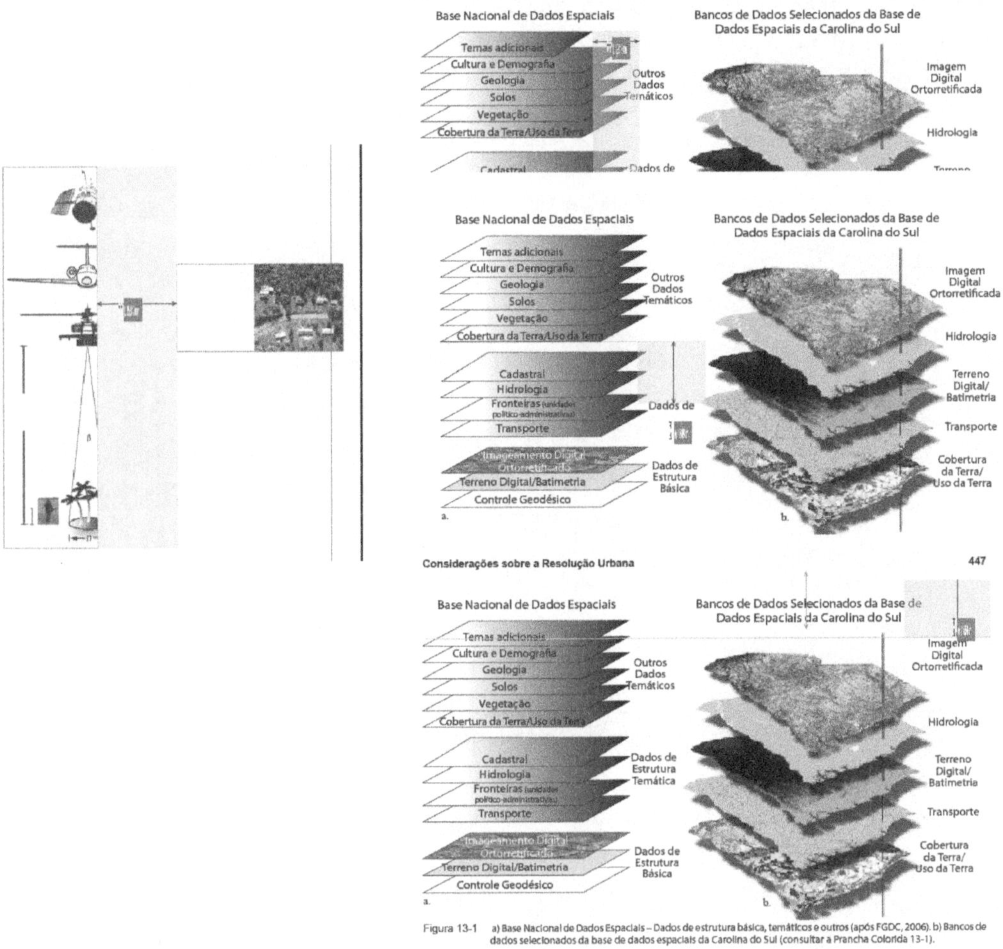


O problema da ferramenta Espaço é que ela ao mesmo tempo é útil como também poderá ser inútil dependendo da complexidade dos elementos que você irá manipular. Como você pode ver nas figuras acima, como existem vários elementos fica um pouco confuso você manipular os objetos e sendo assim o melhor a fazer é trabalhar individualmente e mecanicamente. É o velho dilema, nada substitui o homem!!

Quando necessitamos trabalhar com arquivos complexos, inevitavelmente iremos trabalhar com situações adversas. Quando se produz um dicionário, o padrão das páginas e do fluxo de texto tende a sofrer pouca variação (é quase que um texto corrido sem inserção de tabelas ou gráficos). Já num livro como o que estou mostrando no exemplo mesmo com a criação de uma grande quantidade de estilos e predefinições será praticamente impossível não ter que fazer uso de ajustes manuais e também das famosas gambiarras (no caso, o uso de 2 ou mais técnicas para se conseguir o resultado esperado).

Em geral, na edição de livros grande (e também acontece com jornais e revistas) o primeiro problema é relativo ao tamanho da página X quantidade de elementos e disposição dos mesmos em uma única página. Observe a tabela abaixo que eu tive que montar para o livro.

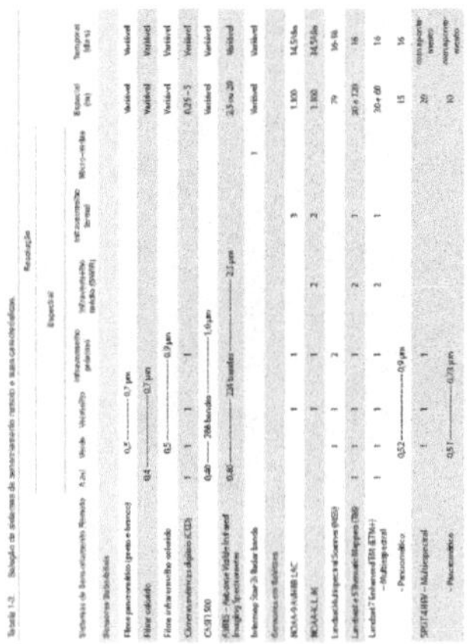

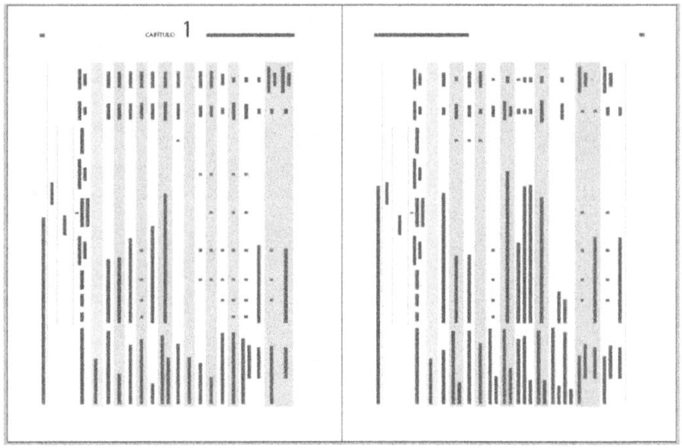

Para fazer a tabela caber nas páginas, tive que dividir a tabela em duas páginas (me preocupando, inclusive com questões relativa a lombada do livro).

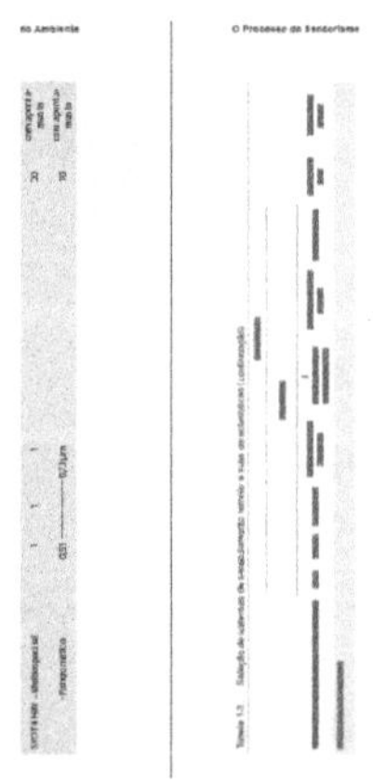

Essa opção de dividir a tabela em duas parte e girá-la para caber no espaço da página e de acordo com a orientação do papel é a mais adequada? Talvez sim, talvez não.. vai depender de vários fatores tais como:

- a quantidade de elementos
- seus conhecimentos
- o que o cliente quer como produto final (alguns caso poderá haver uma regra explicita para se economizar páginas totais do livro)
- tempo disponível para produção.... e por ai vai!

Mas agora, preste atenção a um detalhe. A tabela está rotacionada para manter o padrão da orientação das páginas. É claro que quando montei a tabela eu não a o montei rotacionada. Fiz a tabela normalmente independente da orientação da página (usando a área fora da página) e depois de pronta agrupei toda a tabela, rotacionei e encaixei na página.

**CS5** | **Agora, se na época eu já tivesse usando o CS5 seria um pouco mais fácil pois eu poderia usar a ferramenta Página e girar apenas a página que eu preciso para fazer a tabela, mantendo todo o resto do documento intacto (em relação a orientação das páginas)**

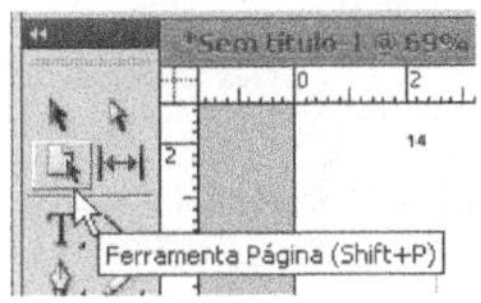


Basta selecionar a ferramenta, depois clicar sobre a página que deseja manipular e configurar a página com a ajuda das opções disponível na barra na parte superior do InDesign.

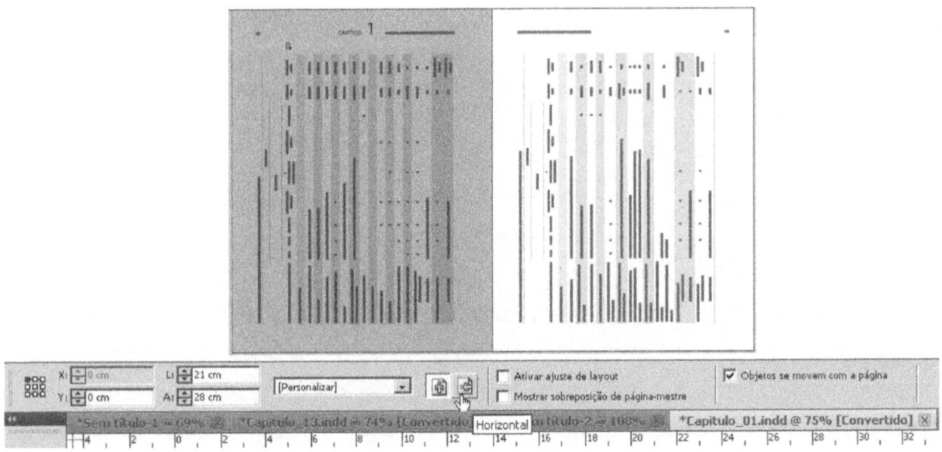

O resultado será a mudança na orientação da página selecionada sem afetar demais páginas. Para quem está montando o livro isso é uma ajuda e tanto... Para o leitor não fará tanta diferença pois ele mesmo você tendo mudado a orientação da página terá que ler a tabela rotacionando o livro para poder ler a tabela.

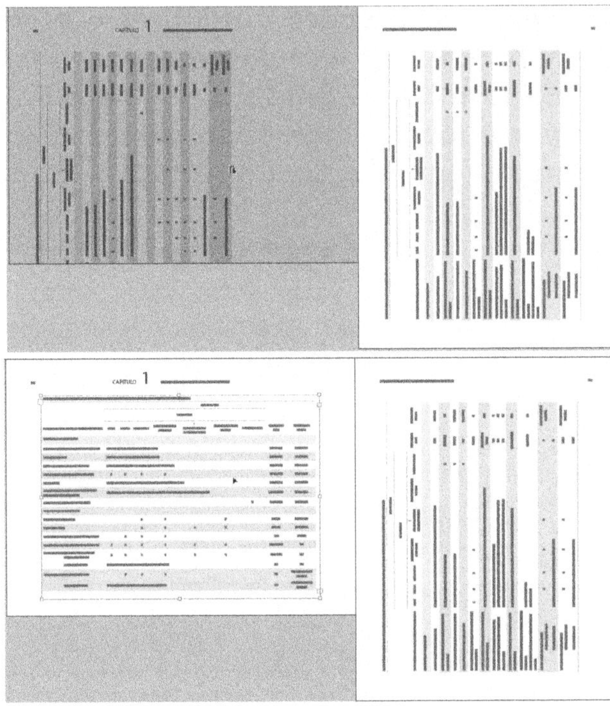

## Fórmulas

Outra grande dificuldade quando da edição de determinados tipos de livros é a manipulação de fórmulas e símbolos no meio do texto. No passado, era comum o autor produzir uma obra no Word, inserir várias fórmulas, símbolos, equações e outras coisas que nem todo mundo é obrigado a entender (rsrsrs) e os coitados dos diagramadores sofriam para repetir esses elementos nos softwares de edição (leia-se, PageMaker por exemplo) que nem sempre reconheciam os elementos corretamente. Pegue algum livro produzido a uns 10 ou 15 anos e que tenha bastante fórmulas e equações e verá como é fácil encontrar erros, em geral símbolos que nada têm a ver com equação (o software de edição ao importar o texto não reconhecia o elemento e substituía por algum símbolo sem nexo).

Já no InDesign isso acontece ainda, infelizmente, mas em quantidade infinitamente menor e é bem mais fácil gerenciar.

No livro que estou usando como exemplo uma das coisas mais chatas que eu tinha que fazer era justamente reproduzir as equações tanto em parágrafo avulso como no meio do texto e me assegurar que esses elementos seriam reproduzidos com perfeição na hora da impressão.

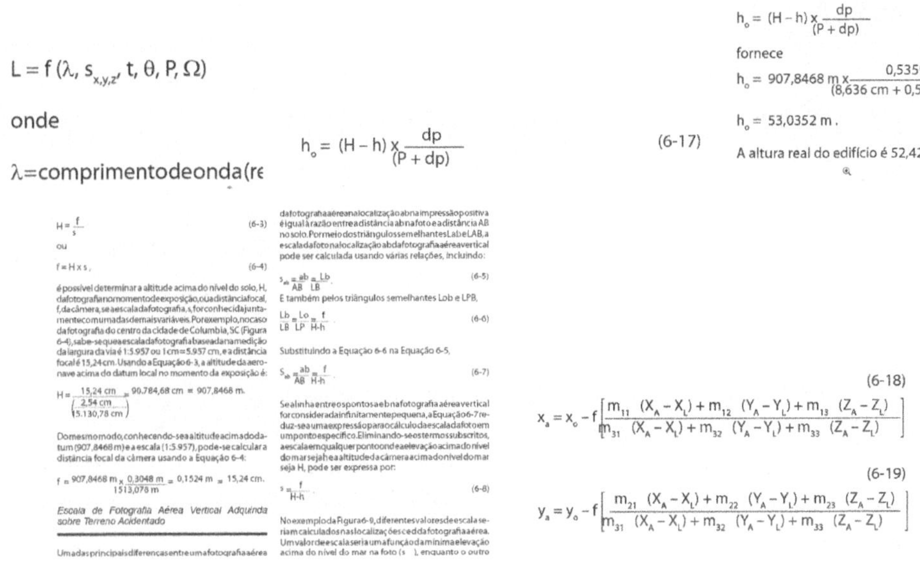

$$h_o = (H - h) \times \frac{dp}{(P + dp)}$$

fornece

$$h_o = 907{,}8468\ m \times \frac{0{,}53594\ cm}{(8{,}636\ cm + 0{,}53594\ cm)}$$

$$h_o = 53{,}0352\ m.$$

A altura real do edifício é 52,4256 m.

$$L = f(\lambda, s_{x,y,z}, t, \theta, P, \Omega)$$

onde

λ=comprimentodeonda(rє

$$h_o = (H - h) \times \frac{dp}{(P + dp)} \quad (6\text{-}17)$$

$$H = \frac{f}{s} \quad (6\text{-}3)$$

ou

$$f = H \times s, \quad (6\text{-}4)$$

épossível determinar a altitude acima do nível do solo, H, dafotografianomomentodeexposição,ouadistânciafocal, f,dacâmera,seaescaladafotografia,s,forconhecidajuntamentecomumadasdemaisvariáveis.Porexemplo,nocaso dafotografia do centro da cidade de Columbia, SC (Figura 6-4),sabe-sequeaescaladafotografiabaseadanamedição da largura da via é 1:5.957 ou 1 cm=5.957 cm, e a distância focal é 15,24cm. Usando a Equação 6-3, a altitude da aeronave acima do datum local no momento da exposição é:

$$H = \frac{15{,}24\ cm}{\left(\frac{2{,}54\ cm}{15.130{,}78\ cm}\right)} = 90.784{,}68\ cm = 907{,}8468\ m.$$

Domesmomodo,conhecendo-seaaltitudeacimadodatum (907,8468 m) e a escala (1:5.957), pode-se calcular a distância focal da câmera usando a Equação 6-4:

$$f = 907{,}8468\ m \times \frac{0{,}3048\ m}{1513{,}078\ m} = 0{,}1524\ m = 15{,}24\ cm.$$

*Escala de Fotografia Aérea Vertical Adquirida sobre Terreno Acidentado*

Umadasprincipaisdiferençasentreumafotografiaaérea

dafotografiaaéreanalocalizaçãoabnaimpressãopositiva éigualàrazãoentreadistânciaabnafotoeadistânciaAB no solo.PormeiodostriângulossemelhantesLabeLAB,a escaladafotonalocalizaçãoabdafotografiaaéreavertical pode ser calculada usando várias relações, incluindo:

$$s_{ab} = \frac{ab}{AB} = \frac{Lb}{LB}. \quad (6\text{-}5)$$

E também pelos triângulos semelhantes Lob e LPB,

$$\frac{Lb}{LB} = \frac{Lo}{LP} = \frac{f}{H-h}. \quad (6\text{-}6)$$

Substituindo a Equação 6-6 na Equação 6-5,

$$S_{ab} = \frac{ab}{AB} = \frac{f}{H-h}. \quad (6\text{-}7)$$

Sealinhaentreospontosaebnafotografiaaéreavertical forconsideradainfinitamentepequena,aEquação6-7 reduz-seaumaexpressãoparaocálculodaescaladafotoem umpontoespecífico.Eliminando-seostermossubscritos, aescalaemqualquerpontoondeaelevaçãoacimadonível domarsejaheaaltitudedacâmeraacimadoníveldomar seja H, pode ser expressa por:

$$s = \frac{f}{H-h}. \quad (6\text{-}8)$$

NoexemplodaFigura6-9,diferentesvaloresdeescalaseriamcalculadosnaslocalizaçõescedda fotografiaaérea. Umvalordeescalaseriaumafunçãodamínimaelevação acima do nível do mar na foto (s ), enquanto o outro

$$x_a = x_o - f\left[\frac{m_{11}\ (X_A - X_L) + m_{12}\ (Y_A - Y_L) + m_{13}\ (Z_A - Z_L)}{m_{31}\ (X_A - X_L) + m_{32}\ (Y_A - Y_L) + m_{33}\ (Z_A - Z_L)}\right] \quad (6\text{-}18)$$

$$y_a = y_o - f\left[\frac{m_{21}\ (X_A - X_L) + m_{22}\ (Y_A - Y_L) + m_{23}\ (Z_A - Z_L)}{m_{31}\ (X_A - X_L) + m_{32}\ (Y_A - Y_L) + m_{33}\ (Z_A - Z_L)}\right] \quad (6\text{-}19)$$

Mas repare nas imagens acima que em alguns casos o alinhamento não está ok. Isso ocorre pelo seguinte motivo:

Quando eu abri o arquivo do capítulo ele apresentou erros de leitura de fonte (não encontrou algumas fontes instalada no computador) e eu simplesmente ignorei o erro e mandei o programa continuar com a leitura do arquivo. O resultado não poderia ser outro, erro na formatação dos elementos. Como eu não estou usando a mesma maquina que usei quando criei o livro é normal uma ou outra fonte não estar instalada. O que não é normal e muito menos aceitável é eu abrir o arquivo e ignorar a mensagem de fonte ausente pois por mais que pareça que o arquivo está perfeito, sempre haverá pequenos detalhes que sofrerão com a falta de fonte (um símbolo modificado, espaçamento alterado ou mudança no tipo de letra). Não faça isso! Sempre fique atento as mensagens de erro que o programa emitir e tome as devidas providências.

A edição/inserção de fórmulas e equações no InDesign não é nenhum bicho de 7 cabeças. Funciona de maneira tão simples quanto funciona no Word (desde que você não utilize o maldito Equation do Office). Contudo, não pense que o programa irá montar as equações sozinho, você é quem terá que cuidar para que a equação tenha a formatação adequada, ou seja, fará tudo na mão e na marra e sempre que possível irá agrupar os elementos para evitar perda de alinhamento ou posicionamento.

## Ops, casa se escreve com C e não com K

Legal, meu livro de 600 páginas, cheio de gráficos e colunas e agora percebi que em todo o texto do livro o autor escreveu "casa" com K e não com C. O que fazer?

Bom, é claro que você vai falar: "simples, basta usar o localizar/substituir e pronto". Realmente a resposta é essa sim, só que com um detalhe... e se o livro tiver, digamos, 124 capítulos você fará a busca em substituição em cada capítulo individualmente?

Pois bem, se você for um mero usuário do InDesign com certeza fará a busca capítulo por capítulo. Agora se você gosta de desafios, irá optar pelo uso de scripts (já comentados anteriormente) mas que serão discutidos novamente e com maior complexidade no próximo livro voltado para uso avançado do InDesign.

## Arrastar e soltar

Suponha que você tenha uma página como mostra a figura a seguir:

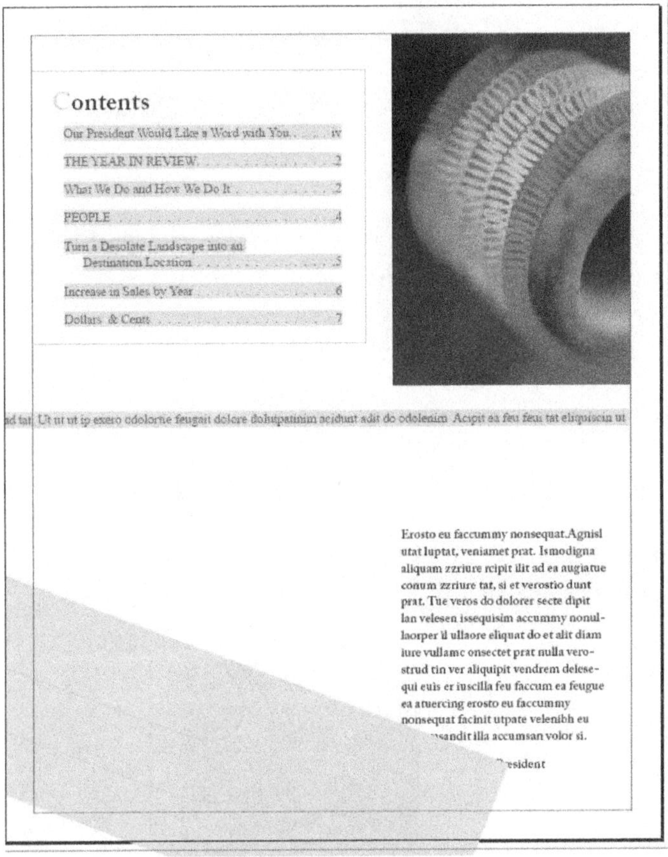


Na página, temos uma imagem no canto superior direito que está dentro de um quadro. Vou mostrar uma técnica para você substituir a imagem sem muito esforço.

Essa técnica poderá ser feita através do Adobe Bridge ou direto pelo Windows Explorer. Eu vou usar a técnica pelo Windows Explorer. Localize a imagem que deseja substituir.

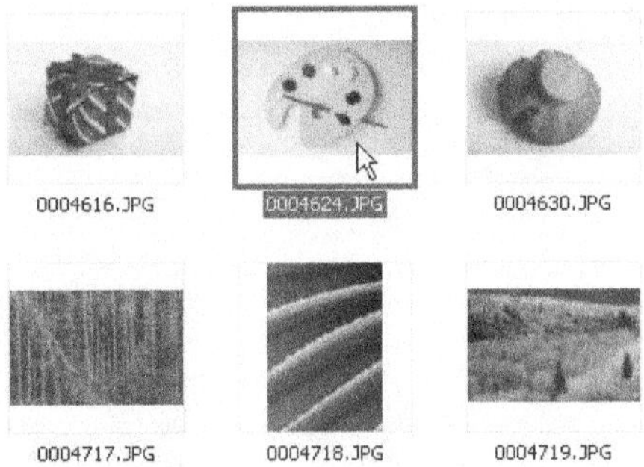


Clique, segure e arraste até a barra de status do Windows e pare o mouse sobre o botão do Adobe InDesign.

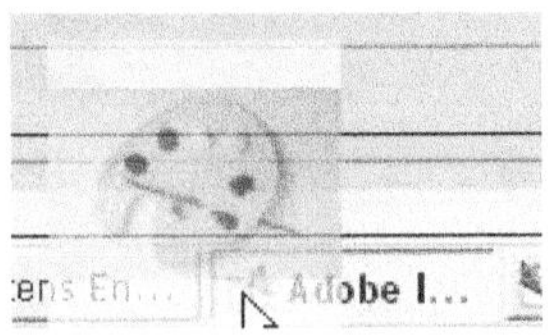


Automaticamente a tela do Adobe InDesign será exibida. Aponte o mouse sobre a imagem a ser substituída.

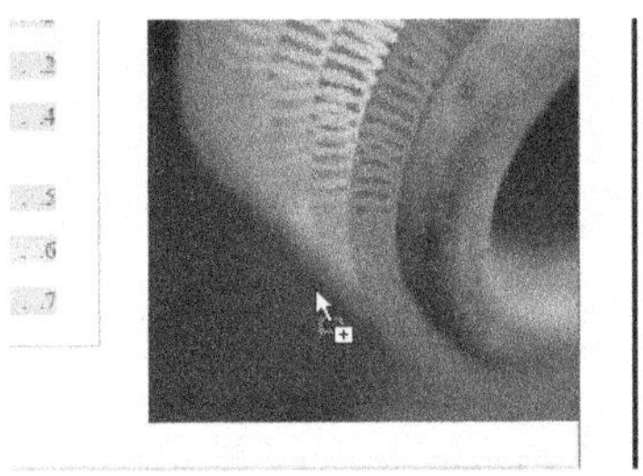

Pronto, basta soltar o mouse e o processo será concluído.

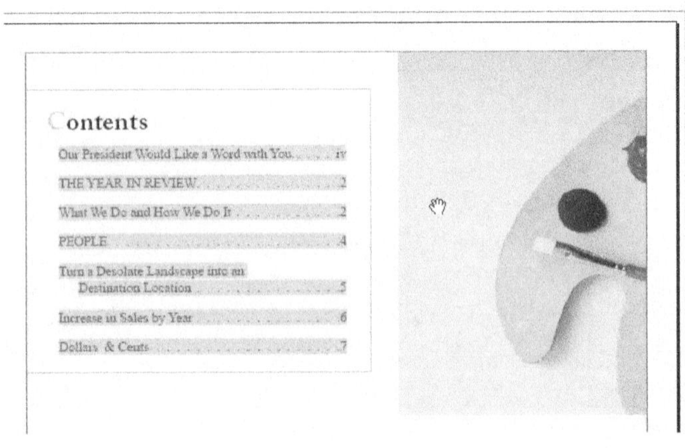

A nova imagem foi inserida sem o perfeito encaixe dentro do quadro. Use a ferramenta de seleção direta para redimensionar a caixa e ajustar a imagem à área disponível.

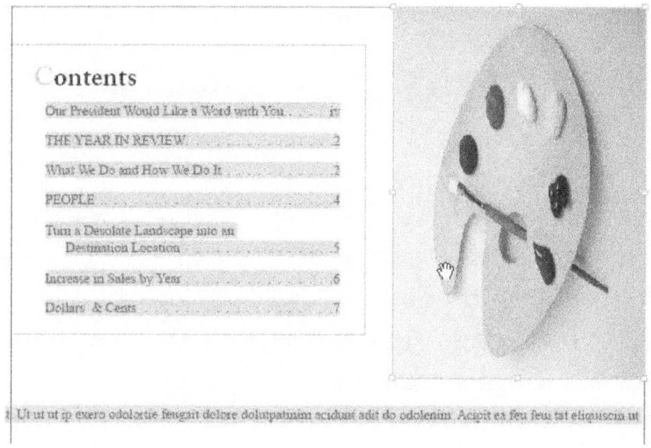

## Fundo Transparente

Abra uma imagem no Photoshop. Com as técnicas de seleção, selecione a área que quer transformar em transparente.

No Photoshop, clique em Ajuda > Exportar imagem transparente (Help > Export Transparent Image)

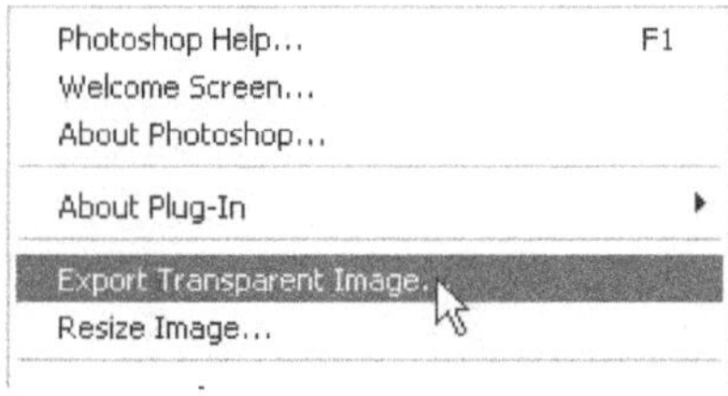


A caixa Export Transparent será exibida. Como foi selecionado uma área específica da figura onde desejo transformar em fundo transparente, eu selecionei a opção do meio na caixa de diálogo. Se você selecionar a primeira opção, o Photoshop entenderá como sendo uma imagem já em um fundo transparente e caso não seja será exibida uma mensagem de erro. A terceira opção permite que você volte até a figura e faça a seleção da área que deseja trabalhar.

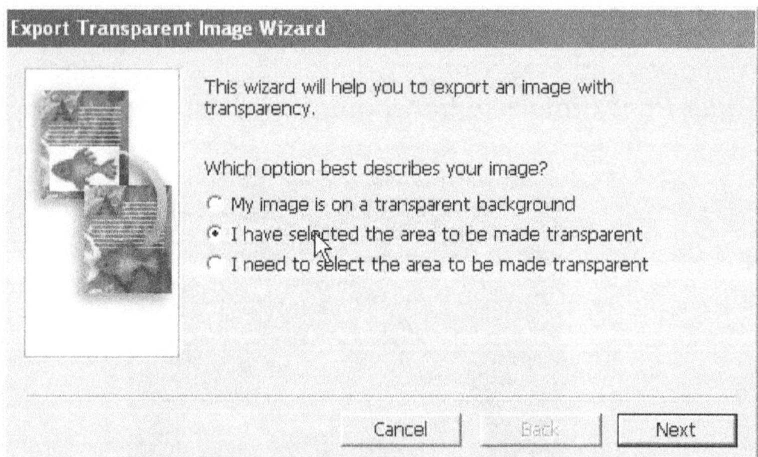


Clique em Next (próximo). Escolha se a imagem será utilizada para impressão ou para visualização na Web. No nosso caso, será para impressão (print).

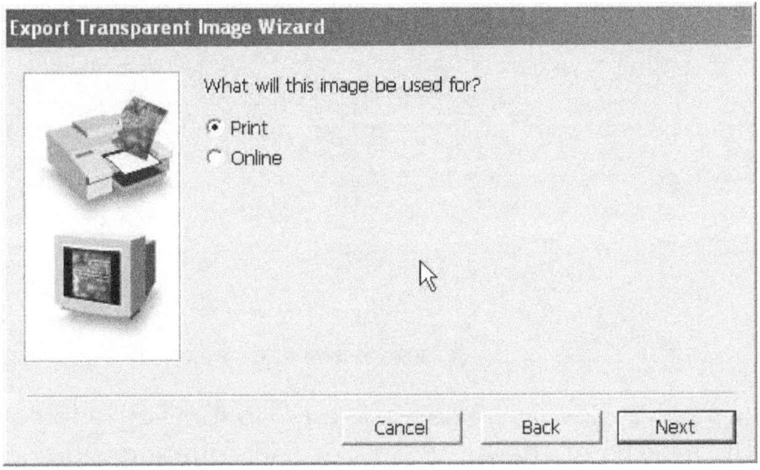


Clique em Next. O Photoshop perguntará sobre o destino da nova imagem. Lembre-se de salvar a imagem com um nome que faça referência ao fato de ela ser uma imagem com fundo transparente.

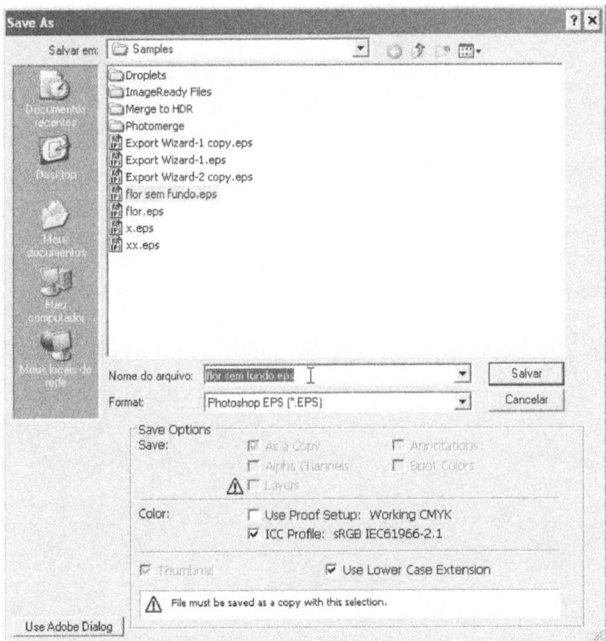


Escolha também o formato desejado para a imagem.

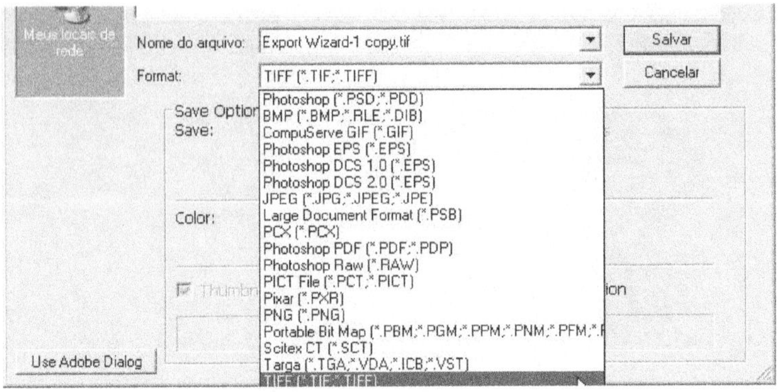


Na tela seguinte, caso você não esteja muito familiarizado com o formato Eps ou o Tiff, recomendo deixar as opções conforme sugestão do Photoshop, ou seja, apenas clique em OK.

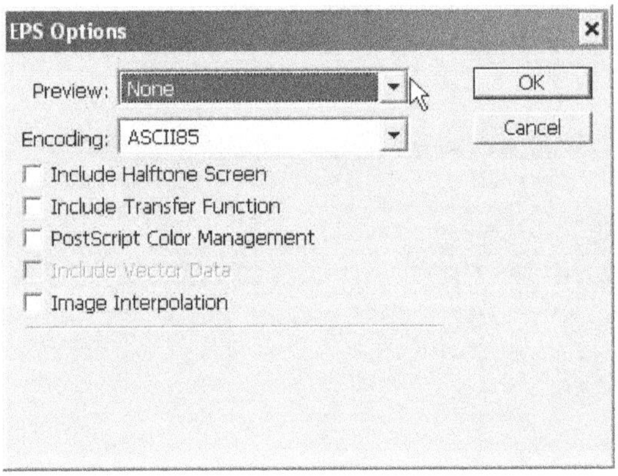


Finalmente, o Photoshop informará que o processo foi concluído com êxito.

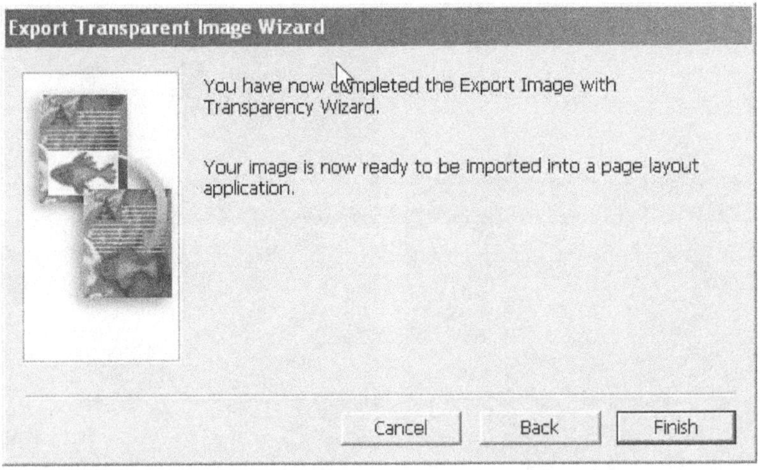


A imagem com fundo transparente.

Agora, vamos aplicar a imagem a um fundo existente no InDesign. Abra o documento e localize a página onde deseja inserir a imagem.

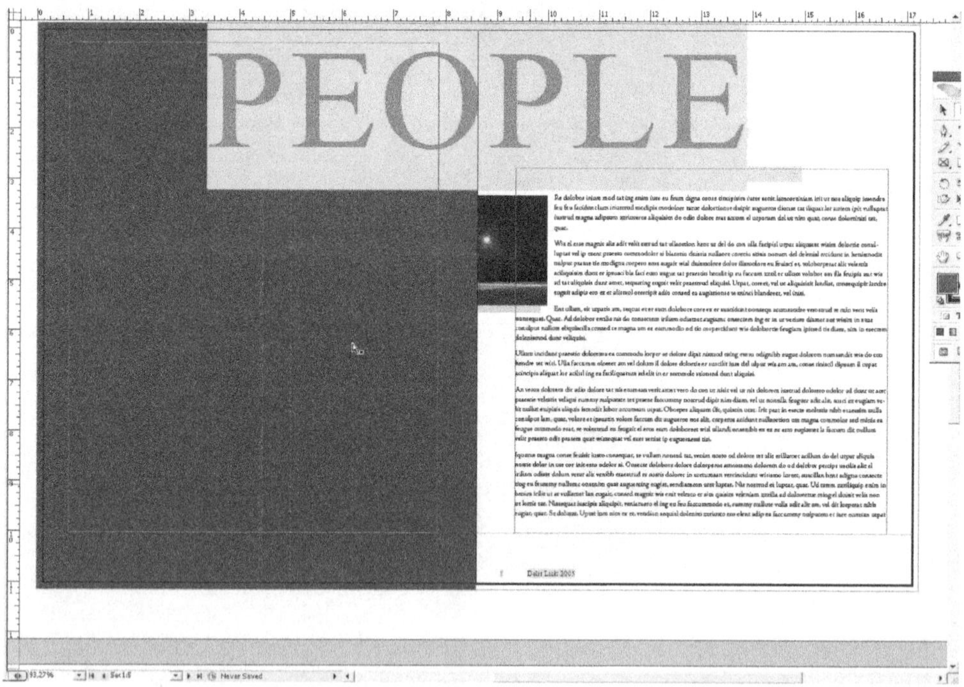


Irei inserir a figura criada sem fundo na página da esquerda. Localize, através do Windows Explorer, a pasta onde salvou a imagem sem fundo.

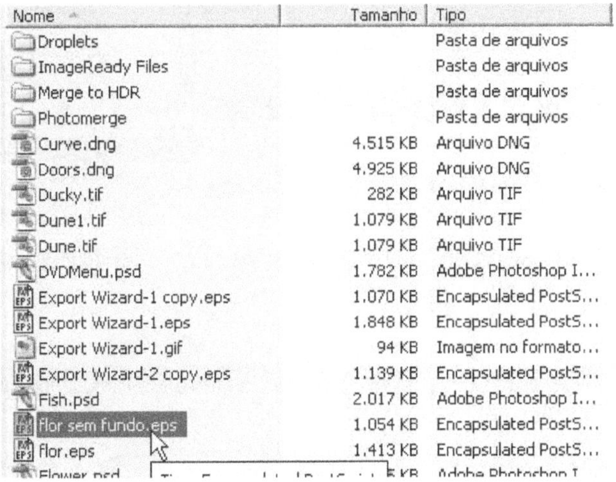


Clique e arraste a imagem sobre o botão do InDesign na barra de status do Windows.

Em seguida, posicione o mouse sobre a página com o fundo colorido e solte o mouse. A imagem será inserida sem dor de cabeça alguma.

## Sombreamento

Se você utiliza o CorelDRAW já deve estar acostumado a criar sombras para os elementos através das ferramentas do Corel. Agora, você sabia que é possível criar uma sombra, inclusive para textos, no InDesign?

Com a ferramenta texto, digite um texto qualquer.

Clique sobre o texto com o botão direito do mouse e escolha a opção Efeitos > Sombras.

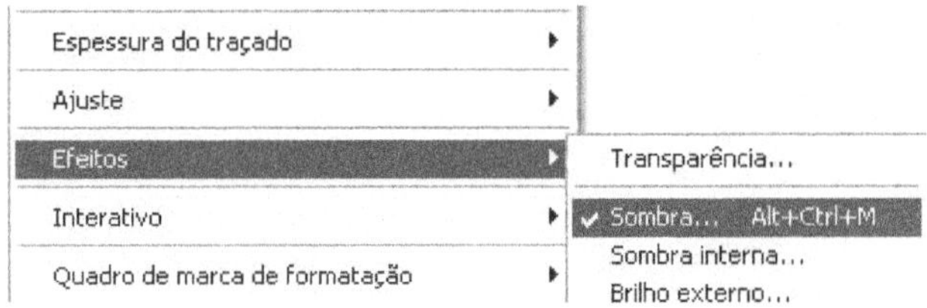


A caixa Sombras será exibida. Observe que, no lado esquerdo da caixa, você dispõe de uma série de outros efeitos.

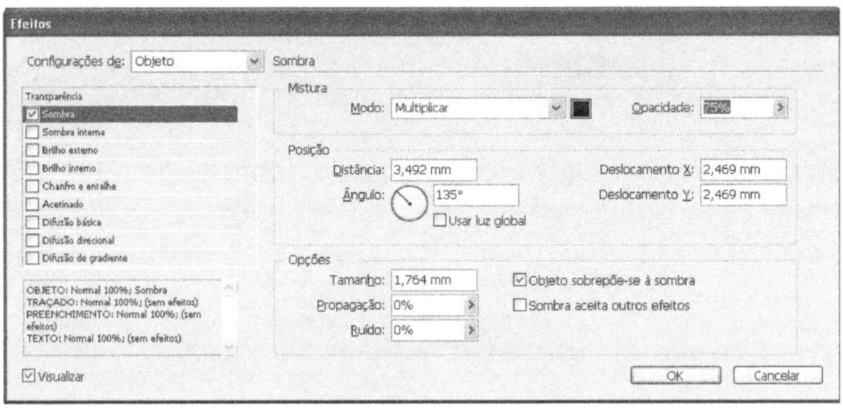


Certifique-se também que a caixa Visualizar está ativa.

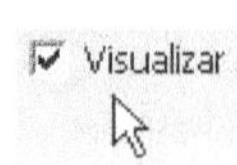


Determine a cor do sombreamento.

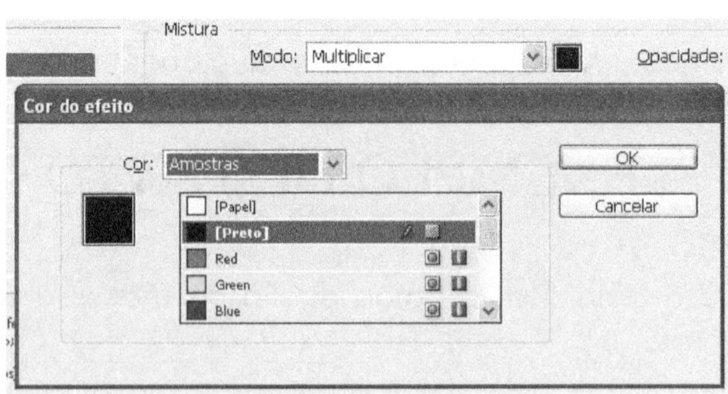


Como a opção Visualizar está ativa, toda alteração que você fizer na caixa sombreamento será imediatamente exibida pelo InDesign.

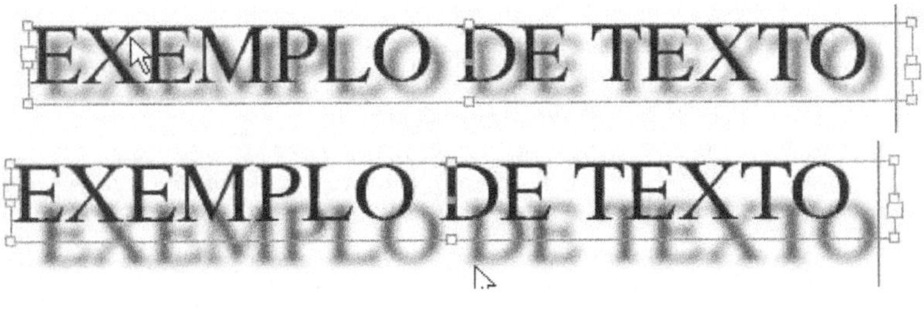


Observe que o mesmo procedimento é válido para objetos gráficos.

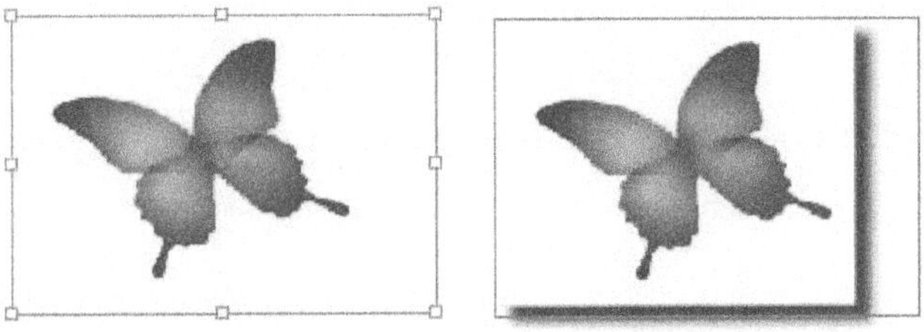

## 10, Nota 10...

Quando você precisar compartilhar um documento do InDesign com alguém e desejar transmitir alguma informação adicional, como, por exemplo, explanação sobre determinado parágrafo, mas de forma tal que essa explanação não faça parte do texto (ou seja, não possa ser impressa juntamente com o texto do documento) a melhor ferramenta a ser usada é a ferramenta de Nota disponível na barra de ferramentas.

No exemplo a seguir, eu abri um documento do InDesign e clique sobre um texto que quero fazer um comentário para um outro usuário que irá ler o documento antes de eu mandar para o cliente (como se ele fosse um revisor, exemplificando).

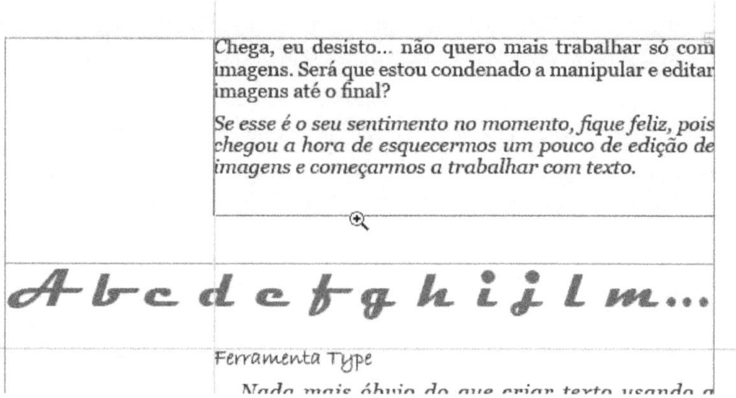


Clique na ferramenta Nota e, em seguida, no local onde deseja inserir a nota.

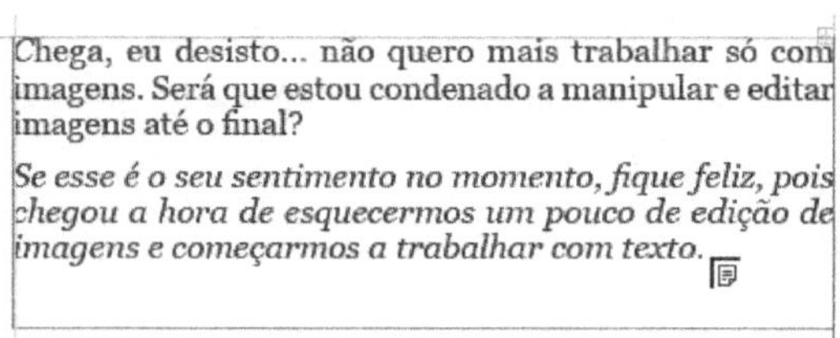


Aparecerá um símbolo e também será exibida a paleta Nota.

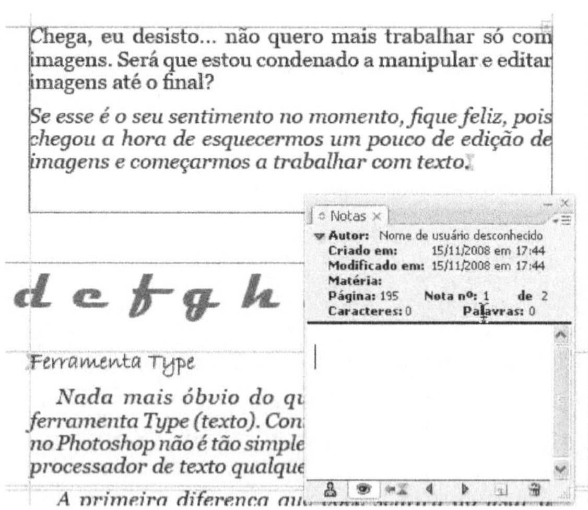


No espaço em branco da paleta, escreva a nota que deseja.

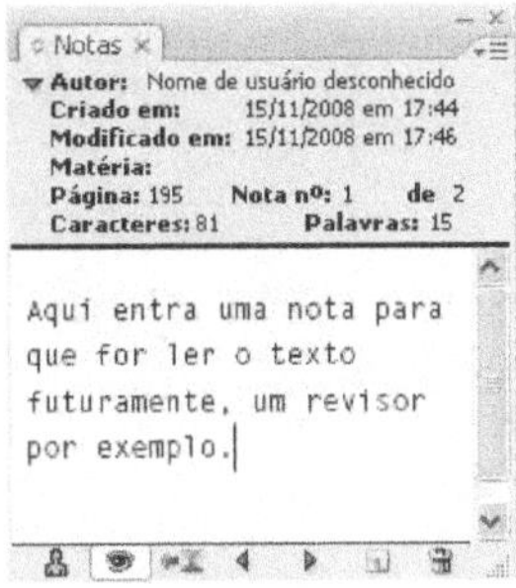


Depois de digitado, clique sobre o X para fechar a paleta. Ao passar o mouse sobre a nota, será exibido um balão com o texto.

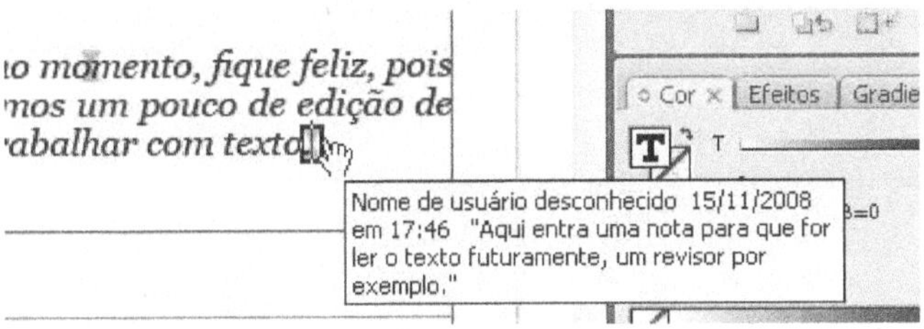


Um duplo clique sobre a nota também abre a paleta Notas.

# Na medida exata

Preocupado com real aparência do seu produto final? Então não se esqueça de fazer tudo milimetricamente preciso.

Dependendo do que você estiver produzindo no InDesign, um erro de posicionamento ou uma falha na distância entre elementos pode ser fatal. Para contornar esse tipo de problema, o InDesign tem na caixa de ferramentas a ferramenta Medida que lhe permite terminar com exatidão a distância, largura, ângulo, X e Y.

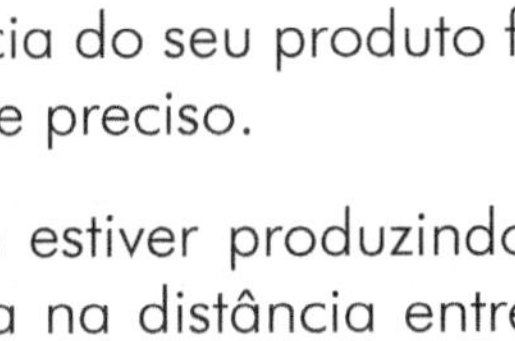


Quando você ativa a ferramenta Medida, o cursor do mouse muda para . Basta, então, clicar sobre o ponto inicial que deseja medir e mover o mouse em direção ao ponto final. A paleta Informações exibirá as medidas.

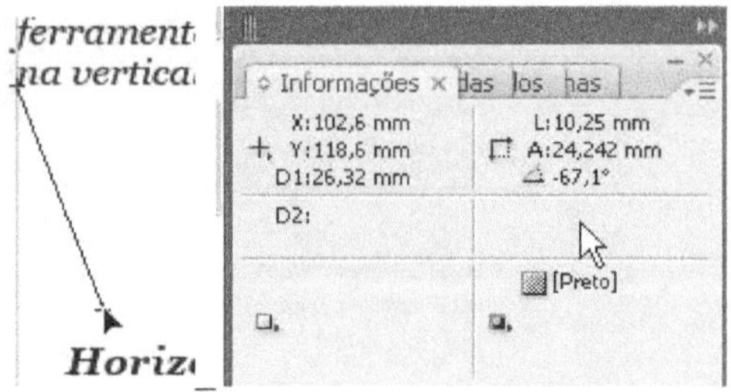


Quando você faz uma medida, ela permanecerá visível até você fazer outra medida.

Se você pressionar a tecla Shift enquanto faz a linha, o InDesign entenderá que você quer medir apenas usando ângulos múltiplos de 45 graus.

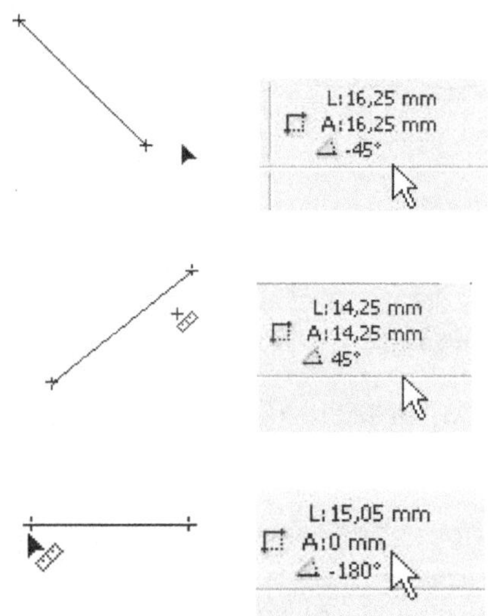


No exemplo a seguir, eu medi o ângulo entre os dois parágrafos. Para isso, faça a primeira linha e, em seguida, pressione e mantenha pressionado a tecla Alt enquanto faz a segunda linha.

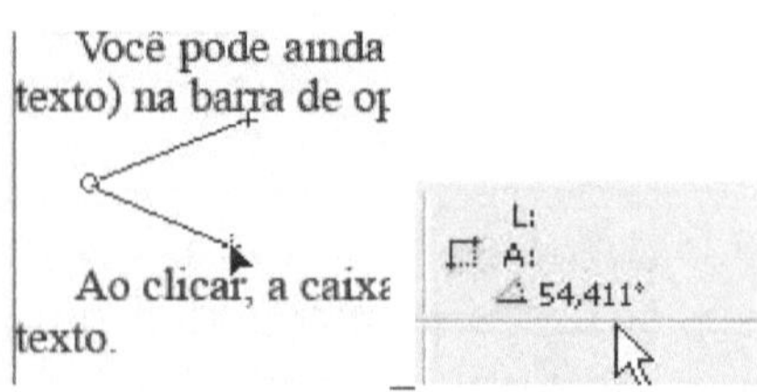


Observe que o ponto de encontro das duas linhas foi modificado para um círculo e assim você poderá verificar o ângulo através da paleta Informações. Na figura a seguir eu modifiquei o posicionamento da segunda linha (pressionando o Alt e clicando com o mouse para arrastar a linha) para poder determinar o ângulo entre o parágrafo e o fim da página.

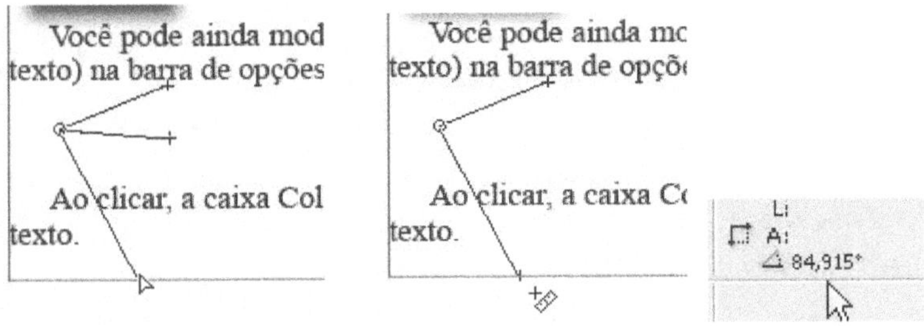


## Aplicação rápida

Em documentos que contêm vários estilos, pode ser difícil localizar o estilo desejado sem ter que percorrer uma longa lista. Com o comando 'Aplicação rápida', você pode localizar um estilo rapidamente digitando parte do seu nome. Pode usá-lo também para localizar e aplicar comandos de menu, scripts, variáveis e vários outros comandos que podem ser encontrados na caixa de diálogo Atalhos de teclado. Escolha Editar > Aplicação rápida ou pressione Ctrl+Enter.

Selecione o texto ou quadro ao qual deseja aplicar o estilo, comando de menu, script ou variável.

Comece a digitar o nome do item que você deseja aplicar.

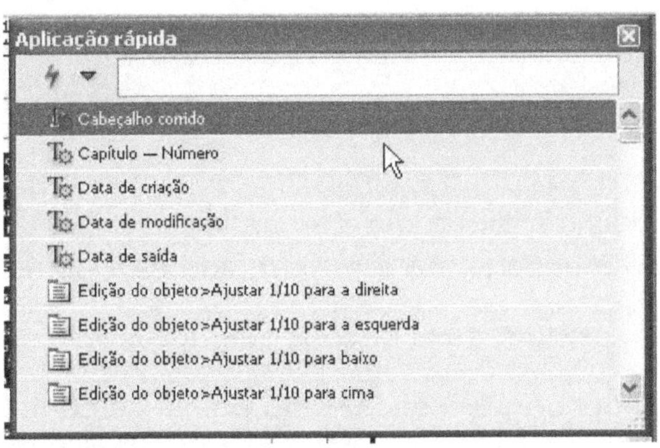

O nome digitado não precisa ser uma correspondência exata. Por exemplo, se digitar "tí" você obterá estilos como Título 1, Título 2 e Subtítulo; se digitar "ju", obterá comandos do menu Ajuda, como Menu Ajuda > Ajuda do InDesign.

## Estou escondido, mas existo

Provavelmente você nunca percebeu a existência de um menu no canto superior direito da tela do InDesign.

Experimente clicar sobre esse minúsculo e insignificante botão.

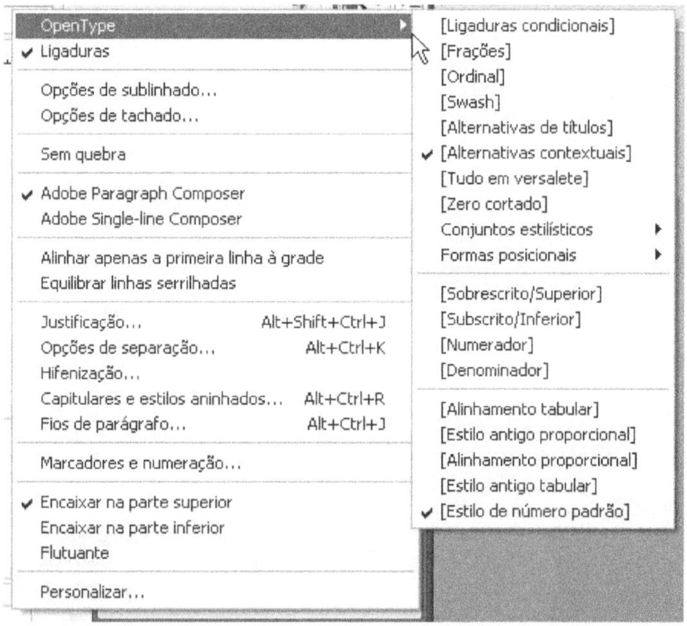


Ahá! Ficou surpreso com a quantidade de opções disponíveis, não é? Mas não se assuste, pois a maioria dos comandos existentes no menu são velhos conhecidos como a hifenização e os marcadores e numeração.

Por outro lado, existem duas opções que devem ser observadas.

A primeira é a opção para encaixe do painel de controle onde você pode optar por colocar o painel de controle na parte superior, inferior ou flutuante. Veja as imagens a seguir:

Superior

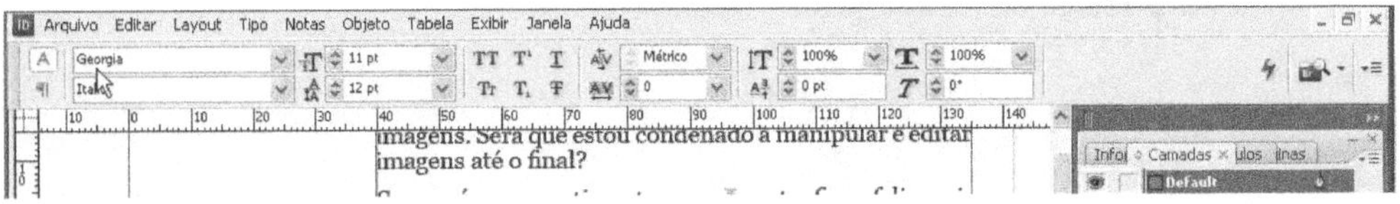


Inferior

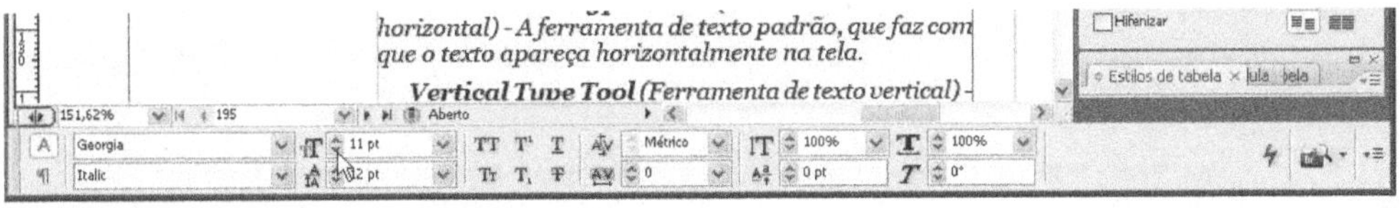


Flutuante (livre sobre a tela)

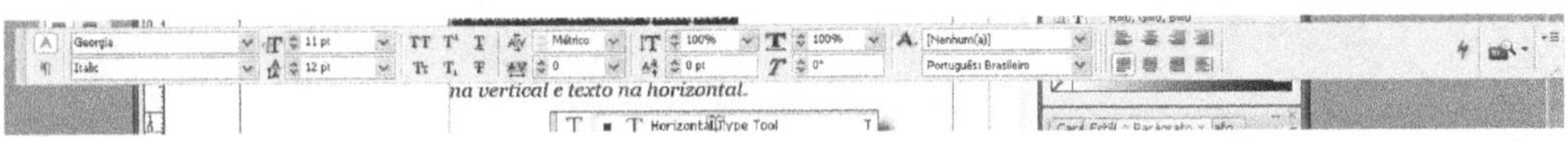


Essas configurações permitem um melhor aproveitamento da área de trabalho.

A segunda é a opção para personalizar o painel de controle. No menu, clique em Personalizar.

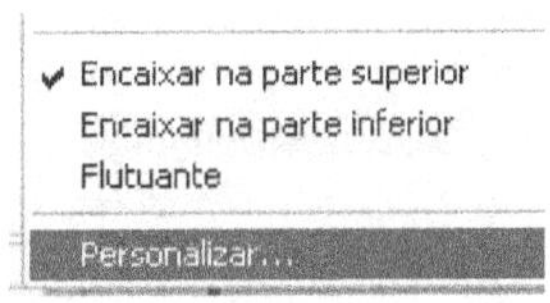


A caixa Personalizar o Painel de Controle será exibida.

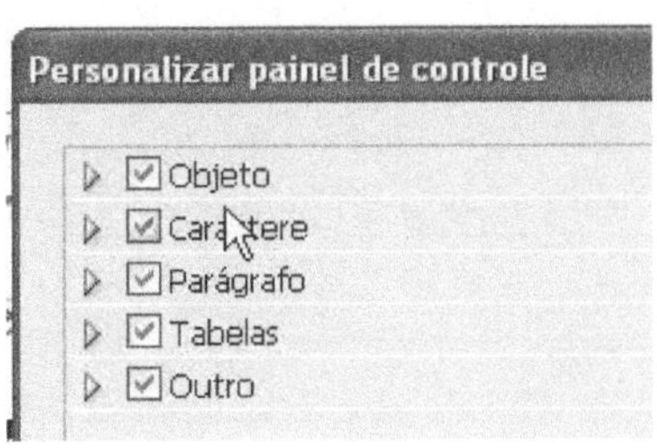


Nela você poderá determinar quais componentes de cada ferramenta poderão ser visualizados no painel de controle. Por exemplo, eu abri o item caractere e desmarquei a opção Fontes de caracteres. Com isso, removi do painel de controle as informações sobre a fonte em uso no parágrafo selecionado.

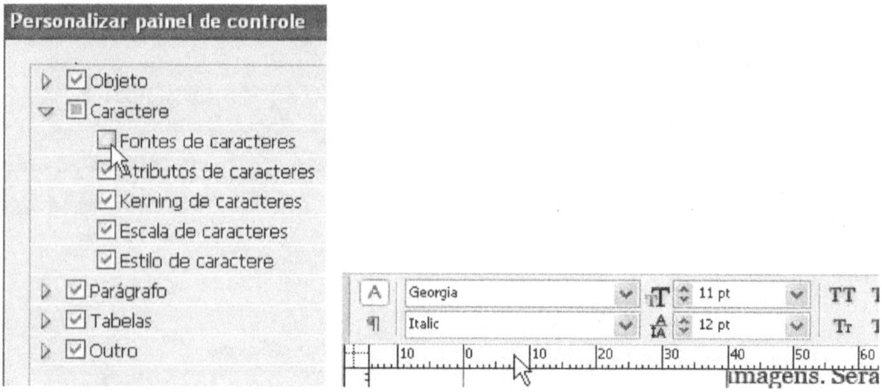

Você pode, por exemplo, remover o ícone do Adobe Bridge.

A brincadeira não acaba aqui. Esse livro é introdutório mas na continuação da obra falaremos de recursos e técnicas avançadas tais como animação, gerenciamento de conteúdo, XML, integração do InDesign com outros produtos Adobe etc. Você vai gostar.